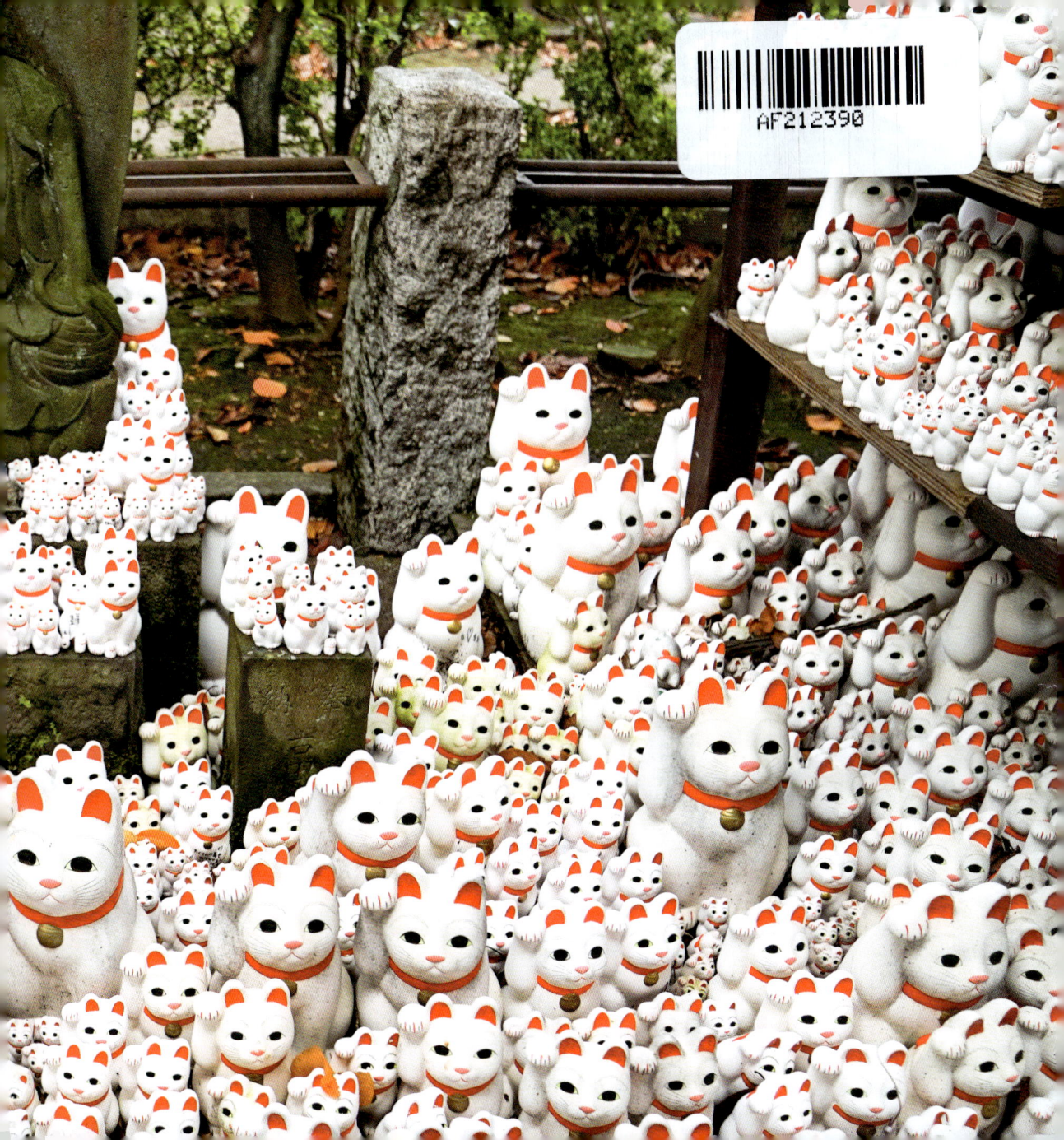

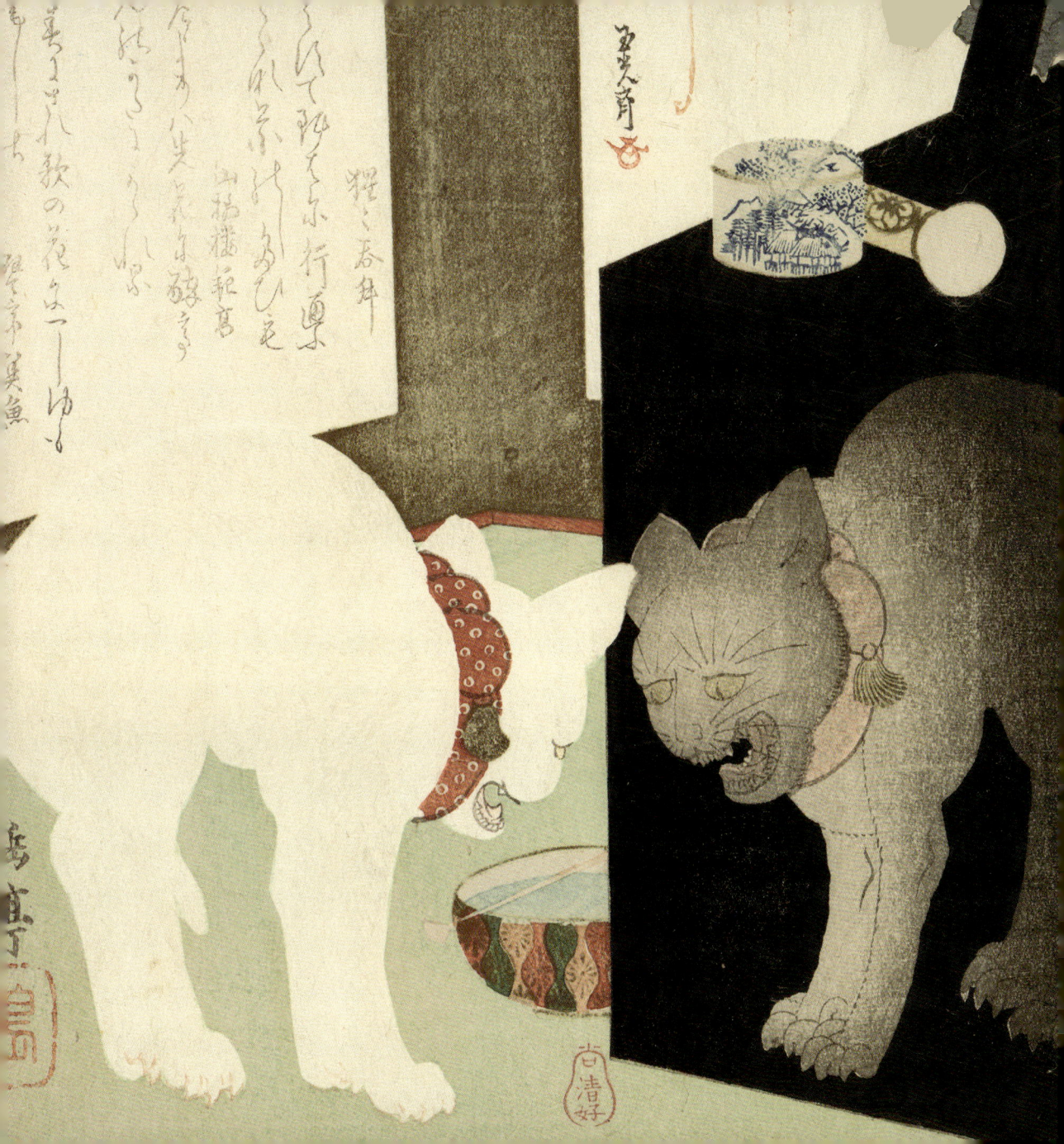

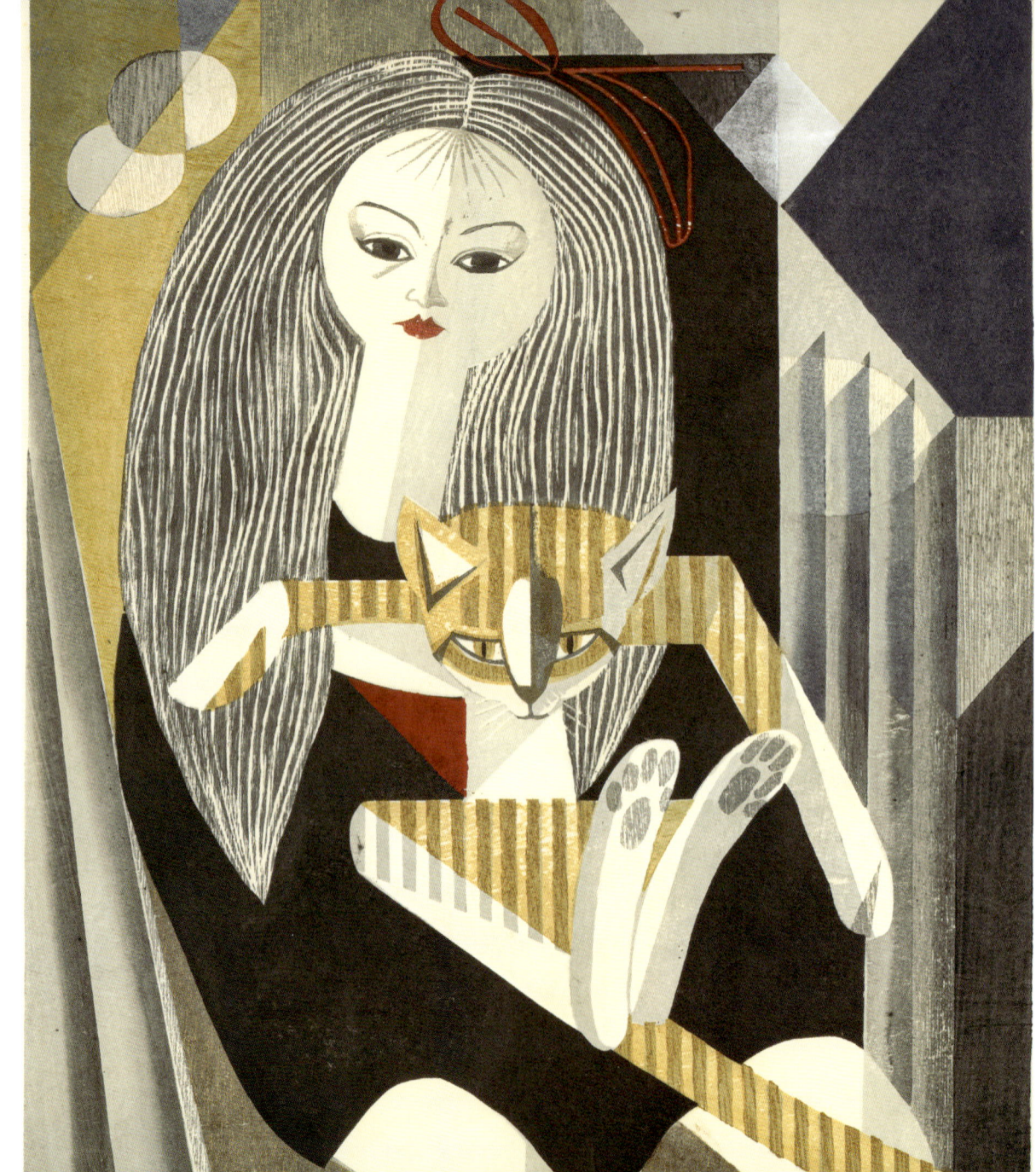

Divinos
felinos

Los gatos en el arte japonés

RHIANNON PAGET

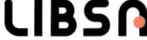
LIBSA

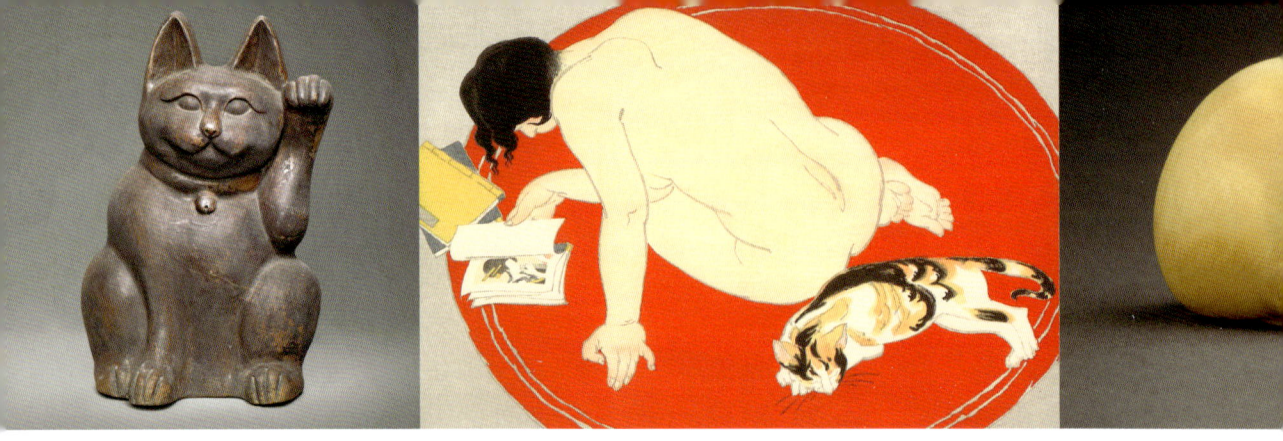

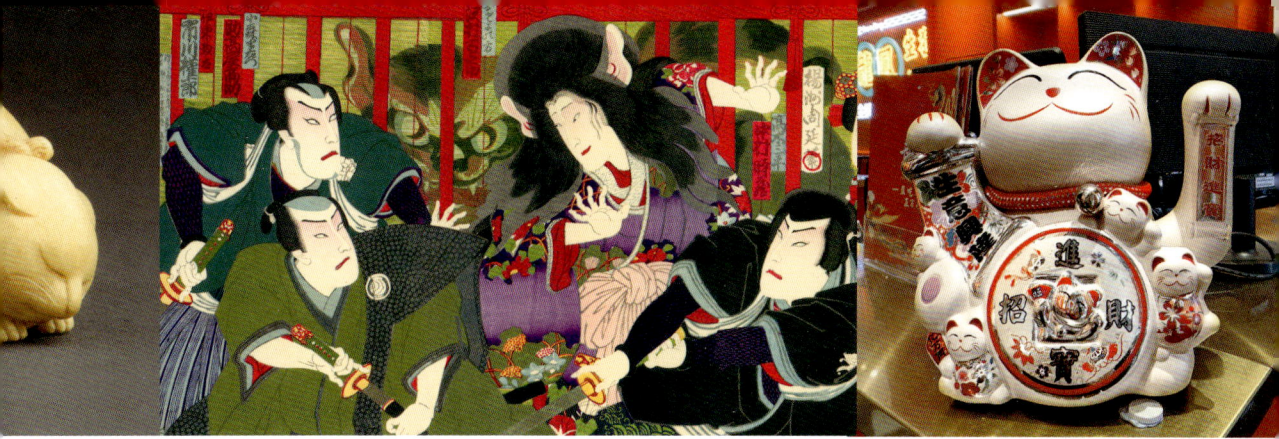

Breve historia de los gatos en Japón y en el arte japonés

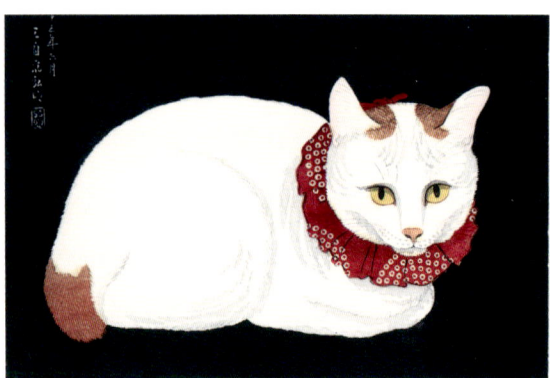

Japón es, sin lugar a duda, el epicentro mundial de la cultura felina. Una de sus exportaciones más famosas es el personaje de ficción Hello Kitty, una gata blanca con lazo rojo de expresión imperturbable. Concebida en 1974 por la diseñadora Shimizu Yūko (1946) para la empresa Sanrio, Kitty ha protagonizado una lista de productos de lo más variopintos: desde aspiradoras y platos de comida regionales hasta preservativos. Esta minina, que ha logrado resistir los picos y caídas del crecimiento y diversificación de la economía de posguerra, se ha erigido como la embajadora mundial de la cultura kawaii, o cuqui, proyectando una imagen amable y humana de Japón. En la actualidad, no cabe duda de que su reinado sigue siendo imbatible.

En un país de apartamentos minúsculos y jornadas laborales extenuantes, solo unos pocos privilegiados cuentan con el espacio suficiente o el estilo de vida propicio para tener un gato. Algunos felinos, gracias a su gran carisma, han conseguido tener seguidores locales antes de convertirse en estrellas a nivel internacional. Entre ellos destaca Maru (2007), un apacible ejemplar de raza scottish fold. Cientos de millones de personas en todo el mundo han podido ver, embelesados, cómo Maru se apretujaba dentro de una caja demasiado pequeña para su cuerpo rechoncho, con una determinación y una paciencia dignas de admirar, o cómo derrapaba por el suelo hasta meterse en una caja de cartón de cerveza vacía. En el momento en el que se está escribiendo este libro, Maru es el animal con más visualizaciones de todo YouTube.

Además de Maru, también podemos mencionar al ya fallecido Shiro (2002-2020), un gato de pelaje blanco y naranja que vivía en una zona rural de la prefectura de Iwate. Sus fotos y vídeos, en los que aparecía durmiendo dentro de una cesta o con flores, verduras e incluso una rana apoyados en equilibrio sobre su cabeza, saltaron a la fama en Instagram. En uno de sus vídeos, publicado en 2015, aparece Shiro, completamente imperturbable, mientras un caracol se le posa en la pata y su amigo Kuro intenta olfatearlo y lamerlo. El éxito de Shiro ha desencadenado una sucesión de gatos granjeros pachones, entre los que se encuentran Mofumofu ('Esponjoso') y Chibi ('Chiquitín'), que pueden verse con frecuencia en Instagram.

Además de eso, existen cafeterías de gatos para aquellos que quieran tener cerca mininos de carne y hueso o interactuar con ellos, donde los clientes pueden disfrutar de una bebida y un aperitivo en compañía de estas criaturas sagradas. Las cafeterías de gatos se originaron en Taiwán en 1998 y fueron especialmente populares entre los turistas japoneses. Este concepto se introdujo en Osaka en 2004 y

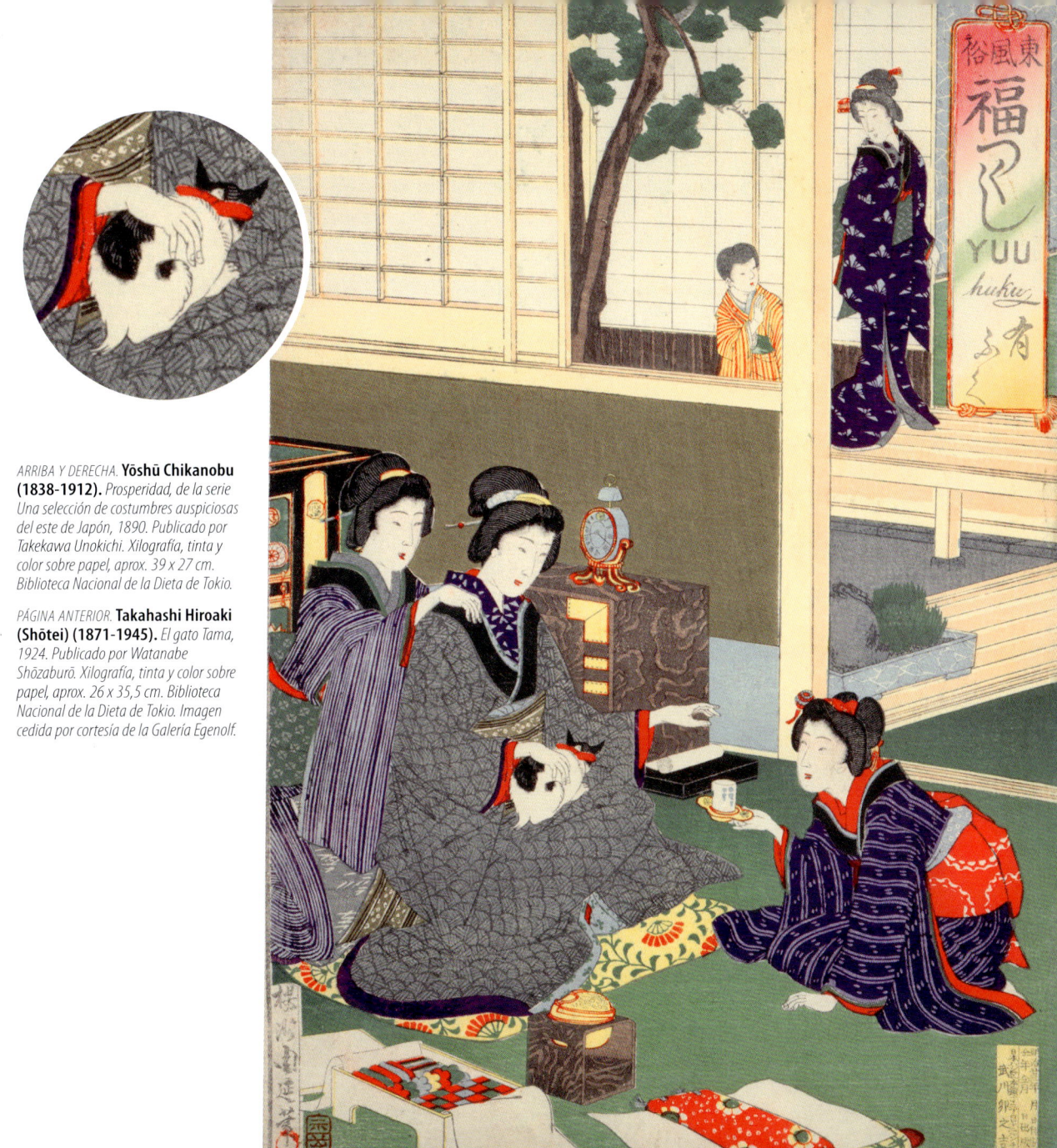

ARRIBA Y DERECHA. **Yōshū Chikanobu (1838-1912).** *Prosperidad, de la serie Una selección de costumbres auspiciosas del este de Japón, 1890. Publicado por Takekawa Unokichi. Xilografía, tinta y color sobre papel, aprox. 39 x 27 cm. Biblioteca Nacional de la Dieta de Tokio.*

PÁGINA ANTERIOR. **Takahashi Hiroaki (Shōtei) (1871-1945).** *El gato Tama, 1924. Publicado por Watanabe Shōzaburō. Xilografía, tinta y color sobre papel, aprox. 26 x 35,5 cm. Biblioteca Nacional de la Dieta de Tokio. Imagen cedida por cortesía de la Galería Egenolf.*

posteriormente se esparció por otros núcleos urbanos. Las islas de gatos también se han convertido en zonas populares entre los turistas locales y extranjeros. Se estima que los gatos de Aoshima, en el mar interior de Seto, superan en población a los humanos en un ratio de treinta y seis por uno. Asimismo, se dice que son descendientes de los gatos de navío. Además de eso, existen estaciones de trenes dirigidas por gatos, gatos policías y tiendas regentadas por gatos que atraen el dinero de los turistas y la buena voluntad de la comunidad. Igualmente, hay algunos sitios enmarcados dentro del folclore felino, como el templo Gōtokuji y el santuario de Imago, que se han erigido como destinos para peregrinos aulirofílicos, es decir, amantes de los gatos.

La fascinación de Japón por los gatos comenzó mucho antes del reinado de Kitty. Los diarios más antiguos que se conservan, que datan de más de 1000 años, contienen historias conmovedoras sobre gatos domésticos que, aun en la actualidad, logran conectar con cualquier persona que haya compartido su vida con la de un animal. Esta es una muestra más de que los humanos consiguieron formar vínculos emocionales con sus mascotas, independientemente de su rol como controladores de plagas.

No obstante, no fue hasta el periodo Edo (1615-1868) cuando los gatos empezaron a proliferar en la cultura visual. En esta época de relativa paz y estabilidad, el archipiélago japonés fue testigo del desarrollo de grandes ciudades como Edo (la actual Tokio), la irrupción de una clase protomedia altamente alfabetizada o una revolución de la información basada en la xilografía a nivel comercial. Uno de sus elementos principales fue el *ukiyo-e,* o 'pinturas del mundo flotante', género en el que se enmarcan la mayoría de las imágenes que aparecen en este libro. Los grabados *ukiyo-e* se publican por cientos, o incluso miles, y eran relativamente asequibles para la población común. Eran elaborados por diseñadores, grabadores de madera e impresores que trabajaban bajo las directrices de editoriales privadas.

Los implicados en la producción eran casi todos hombres, fiel reflejo de la división del trabajo en función del género que, por desgracia, ha permeado incluso en la época actual. Las estampas ukiyo-e, que se hacían por y para la clase obrera, definían, reflejaban y se inspiraban en lo que era popular en las calles, en la literatura y en los escenarios.

Entre ellas, podemos encontrar una gran cantidad de imágenes en las que aparecen gatos dando buena cuenta de los roedores, supuestamente el principal punto de unión entre humanos y felinos. Durante el periodo Edo, los gatos estaban completamente domesticados, pero el auge económico de la sericultura y los daños ocasionados por las ratas al comerse los gusanos de seda los volvieron indispensables.

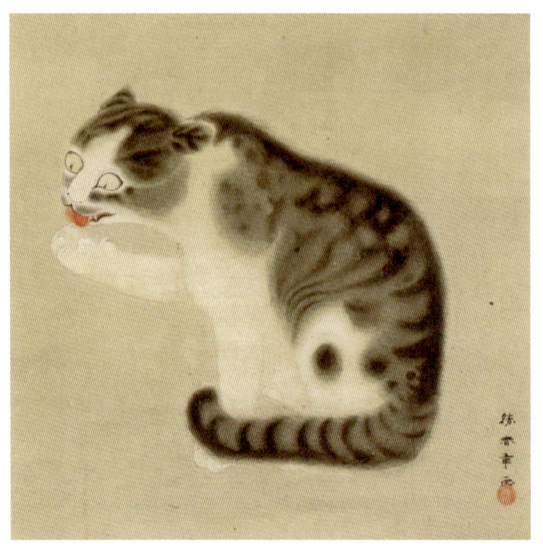

Katsukawa Shunshō (1726-1793). *Gato lamiéndose la pata, alrededor de 1789-92. Pergamino japonés, tinta y color sobre papel, 39,2 x 51,7 cm. Museo Británico. © Los Administradores del Museo Británico.*

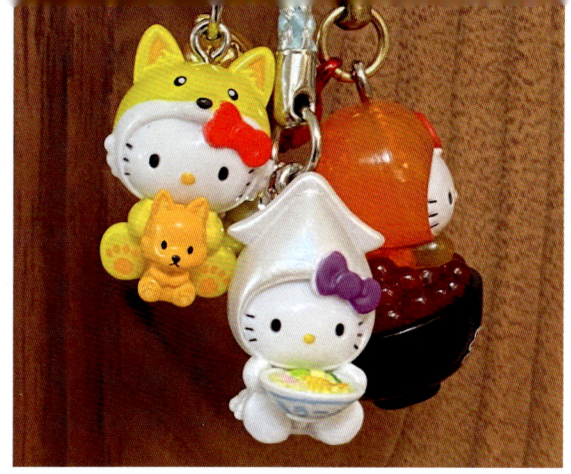

Colgantes para móviles de Hello Kitty inspirados en las especialidades regionales de Gotochi, en la prefectura de Hokkaidō.
El Gotochi Kitty es un pequeño artículo de recuerdo en el que aparece Hello Kitty tematizada como una especialidad regional determinada, o meibutsu. El cordón trenzado sirve para colgarlo en el móvil. Los tres que se muestran aquí representan un plato de fideos con calamares, un bol de arroz con huevas de salmón y el zorro rojo de Ezo de la prefectura de Hokkaidō. Este producto fue lanzado por primera vez en Hokkaidō en el año 1998 y al poco tiempo se diversificó también en otras zonas para su promoción. En la actualidad existen cerca de 3 000 variedades e incluso hay Gotochi Kitty de ciudades de fuera de Japón.

Al mismo tiempo, los japoneses se dieron cuenta de que los gatos, además de ser útiles, resultaban ser una compañía muy agradable. Su limpieza y su independencia los hicieron ser muy bienvenidos en los interiores de los hogares. Por otro lado, los perros, a excepción de aquellos de tamaño pequeño y carácter dócil, fueron expulsados, por lo que rara vez se los veía de puertas adentro. Los gatos tienen tolerancia escasa al ruido y a las perturbaciones, por lo que si un minino duerme plácidamente junto a la hoguera, significa que reina la paz y la tranquilidad y que el hogar es cómodo y distinguido.

Más allá de su atractivo inmediato, las imágenes de gatos pueden contener mensajes ocultos. Al igual que sucede con muchos otros animales del este de Asia, los gatos tienen asociados numerosos significados metafóricos y deseos de buena fortuna, algunos de ellos heredados del simbólico lenguaje chino y otros de origen indígena. En concreto, el *ukiyo-e* a menudo se basa en historias del teatro *kabuki,* en el rico folclore japonés, en cuentos de hadas y en inquietantes historias de miedo protagonizadas por felinos. En Japón, al igual que en Occidente, los gatos suelen asociarse, a menudo de manera despectiva, con las mujeres, la femineidad y la sexualidad femenina.

Tanto artistas como espectadores cayeron bajo el embrujo de los gatos o, al menos, ante la concepción que tenían de ellos. Quedaron cautivados, tal y como nos sucede a nosotros, por su belleza, gracia, flexibilidad y rango de expresiones. Disfrutaban de su compañía peluda al mismo tiempo que se divertían con sus extravagancias. Al proyectar en ellos una profunda variedad de emociones y temáticas, los humanos terminaron viendo a los gatos como héroes románticos, aristócratas arrogantes, aventureros intrépidos y hedonistas bohemios. Esta interacción también nos permite ver el mundo con una mirada más felina. Muchas de las obras que se muestran en este libro nos invitan a experimentar el mundo desde una perspectiva diferente: a apreciar la calidez de un rayo de sol, a atravesar toda una jungla de cebollas o a contemplar una araña de cerca.

Este libro es una aproximación, a través del arte japonés, a las múltiples vidas del gato, explicando cómo se entrelazaron sus caminos con los de los humanos, cómo se establecieron en la sociedad y los lazos emocionales que nos unen a ellos. El amor que compartimos por los felinos es tan grande que muchas de las imágenes que figuran aquí tienen un atractivo que trasciende cualquier diferencia cultural y social que pudiera haber. Y es que no existe otro animal que invierta sus recursos y emociones en cuidar de un ser de otra especie –e incluso llegue a tratarlo como a su propio hijo– sin que exista un motivo práctico. El hecho de tener una mascota reafirma la naturaleza única del ser humano y pone en entredicho la definición de nuestra condición como personas.

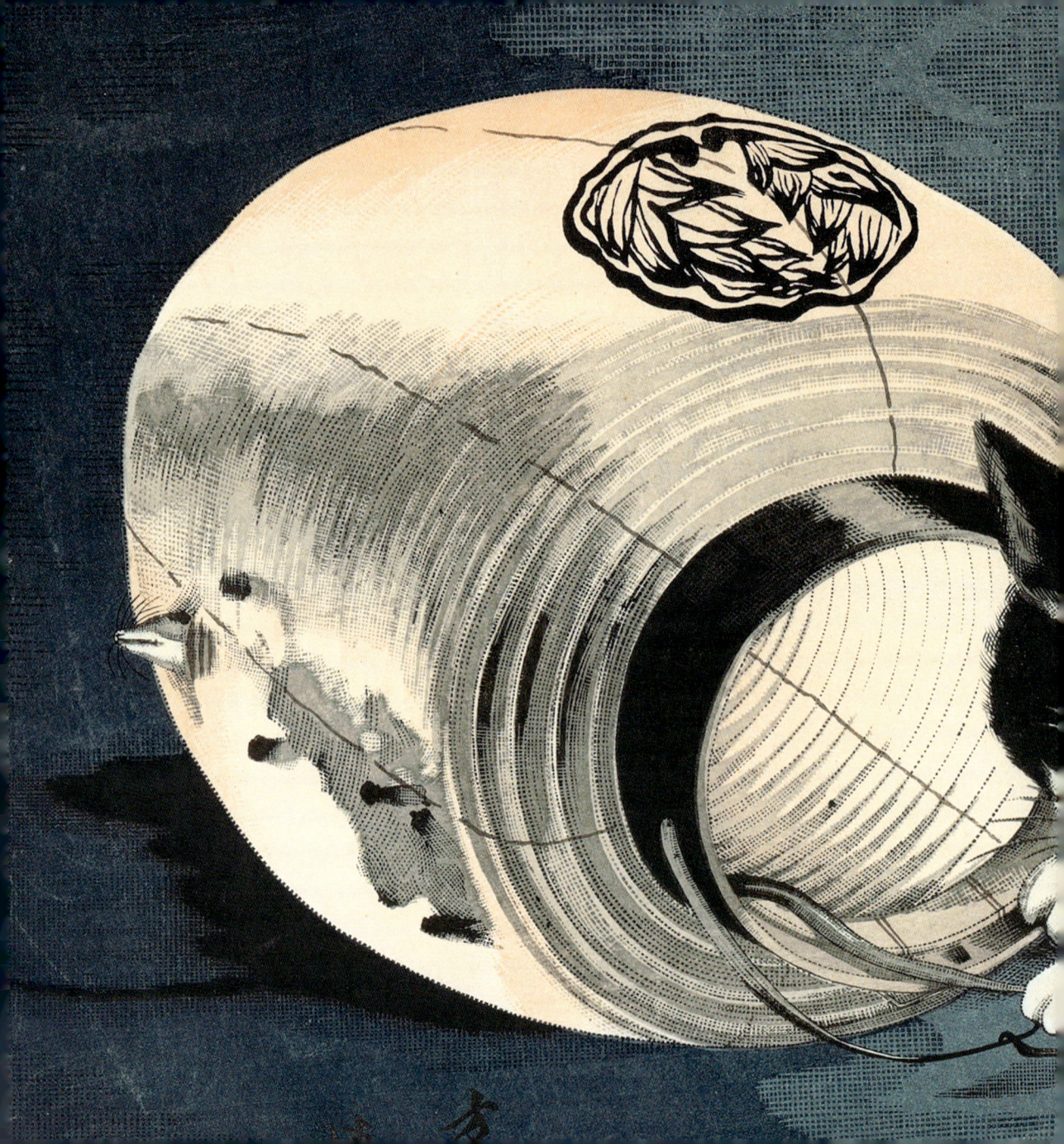

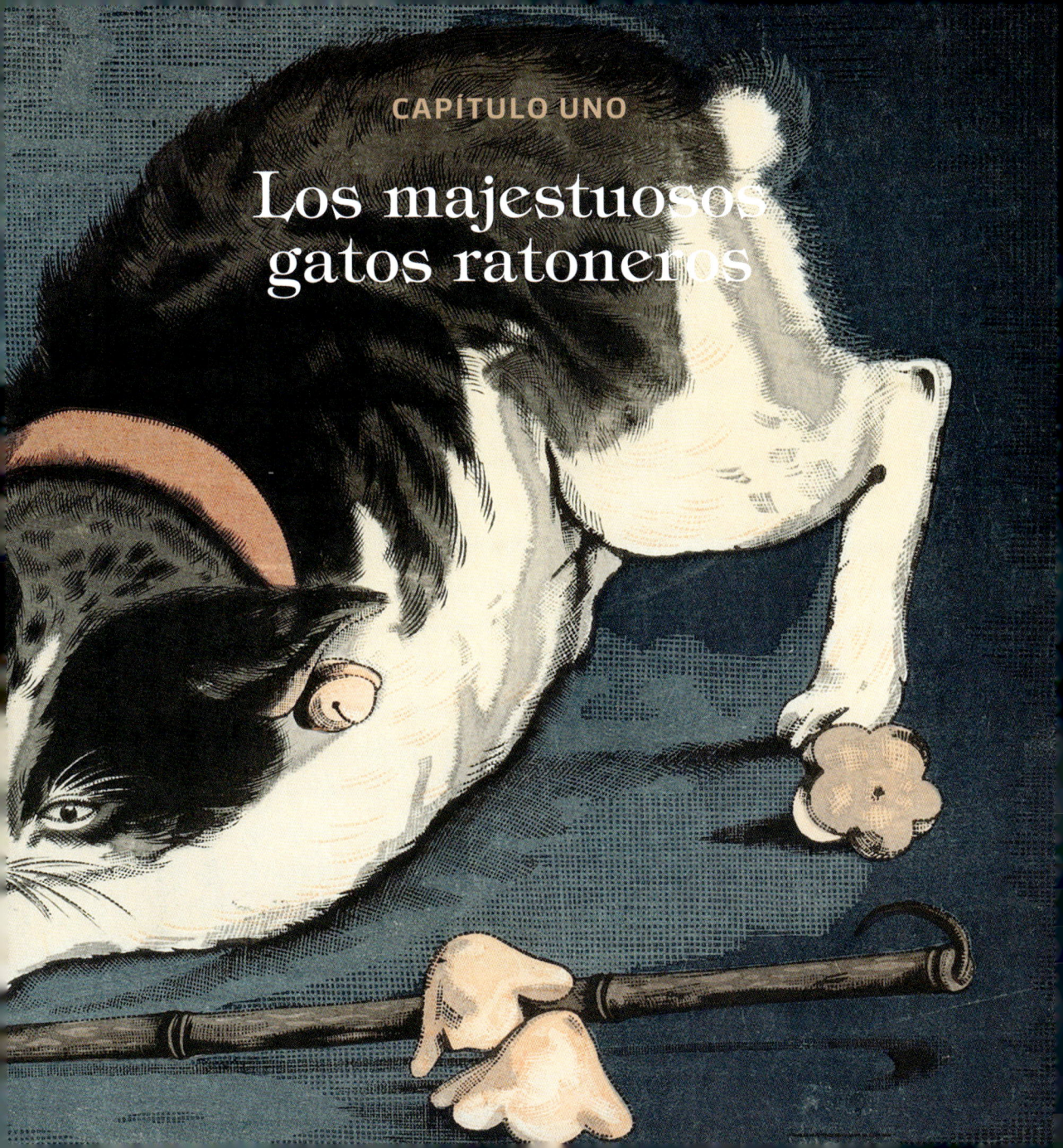

Los majestuosos gatos ratoneros

Que entre el gato

Los seres humanos abandonaron la vida nómada y se asentaron en aldeas a lo largo de todo el planeta. Empezaron a cultivar cosechas y a almacenar alimentos y semillas, lo que dio origen a nuevos nichos ecológicos para los roedores. De esta manera, estos intrusos peludos irrumpieron en nuestras despensas, nos contagiaron enfermedades y destrozaron telas, sábanas y documentos preciados para construir sus nidos.

En un momento determinado de la historia de Japón, los humanos empezaron a considerar a los gatos de gran utilidad gracias a su ayuda en el control de plagas de roedores. Debido a ello, su presencia empezó a ser tolerada, e incluso bien recibida, en los hogares.

El descubrimiento de restos esqueléticos de pequeños felinos, probablemente *yamaneko,* gatos de montaña endémicos del este de Asia, en yacimientos arqueológicos del periodo Jōmon (aproximadamente en el 10 500-300 a. C.) demuestra que los gatos convivieron con los humanos durante milenios. De hecho, es probable que sean antepasados de otros félidos salvajes en peligro de extinción: el gato leopardo de Tsushima y el gato de Iriomote. Los huesos que se recuperaron del periodo Yayoi (300 a. C.-250 d. C.) en las ruinas de Karakami, en la isla de Iki, prefectura de Nagasaki, son considerados las muestras más antiguas pertenecientes a gatos domésticos (*Felis catus*). Se cree que el *karaneko,* que significa 'gato chino' o 'gato Tang' debido a su pedigrí exótico, llegó a Asia desde Egipto y, por consiguiente, a Japón mediante embarcaciones procedentes

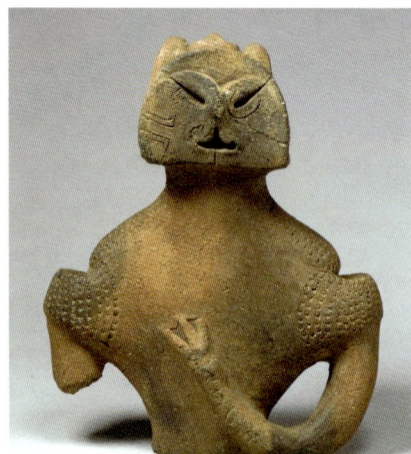

de China o Corea que transportaban pergaminos budistas que servían para proteger el valioso cargamento, durante los periodos Nara (710-794) o Heian temprano (794-1185).

La urbanización y el auge de la sericultura en las zonas rurales durante los primeros años de la Edad Moderna favorecieron la proliferación de roedores. La respuesta de las autoridades a las plagas de ratas o ratones (en japonés ambos se dicen *nezumi,* así que no queda muy claro quiénes eran los culpables), que se sucedían de manera periódica, generaron políticas que implicaban el uso de gatos. En 1602, en Kioto, se pidió a todos los dueños que soltaran a sus gatos para que dieran rienda suelta a sus instintos depredadores en servicio a la ciudadanía. Estas leyes fueron acompañadas de prohibiciones que impedían la compra y venta de gatos, presumiblemente para prevenir que la mercantilización o el robo interfirieran con sus deberes cívicos. El quinto sogún, Tokugawa Tsunayoshi (1646-1709), también conocido peyorativamente como el «sogún perro» debido a sus políticas de bienestar animal, volvió a prohibir llevar a los gatos con correa en 1685.

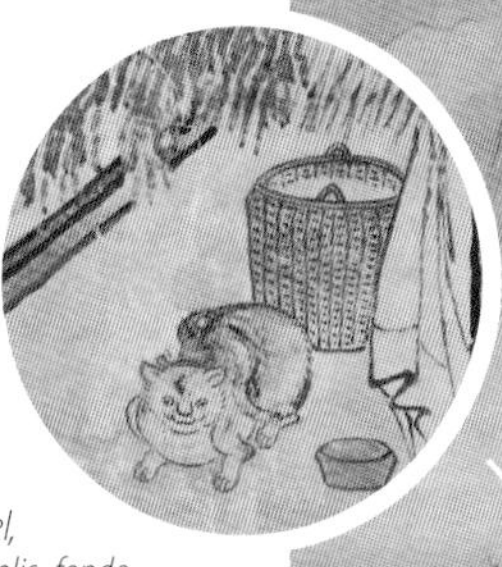

DERECHA. **Atribuido a Kano Sanraku (1559-1635).** *Otoño, de la colección El cultivo de arroz en las cuatro estaciones, década de 1620. Pintura sobre paneles de puertas corredizas; tinta, toques de color y oro sobre papel, 193,04 x 99,7 x 10,16 cm. Instituto de Artes de Minneapolis, fondo William Hood Dunwoody y donación de fondos de Louis W. Hill Jr.*

DEBAJO. **Kawanabe Kyōsai (1831-1889).** *Gato y ratón bajo una media luna, 1871-89. Xilografía, tinta y color sobre papel, 138,5 x 25,5 cm. Publicado por Sawamuraya Seikichi. Colección de Israel Goldman, Londres. Fotografía: Centro de Investigación en Artes, Universidad de Ritsumeikan.*

PÁGINA ANTERIOR. **Figura dogu de rostro felino (3000-2000 a. C.).** *Excavada en Kamikurokoma, prefectura de Yamanashi. Cerámica, 25,4 cm de alto. Museo Nacional de Tokio, obsequio de Miyamoto Naoyoshi.*

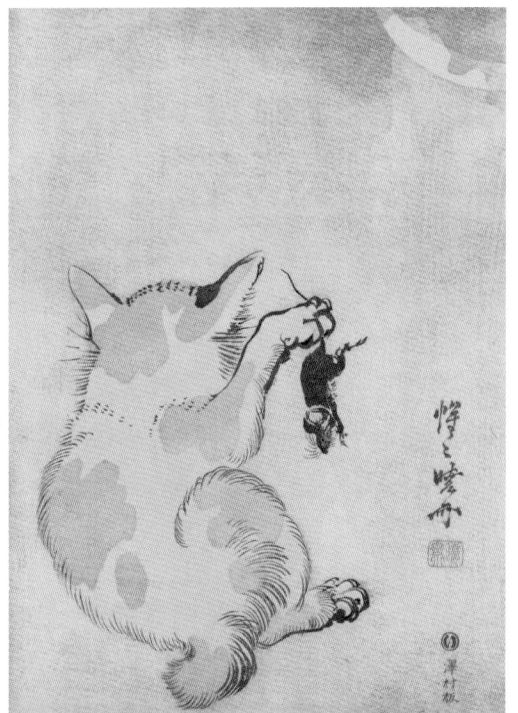

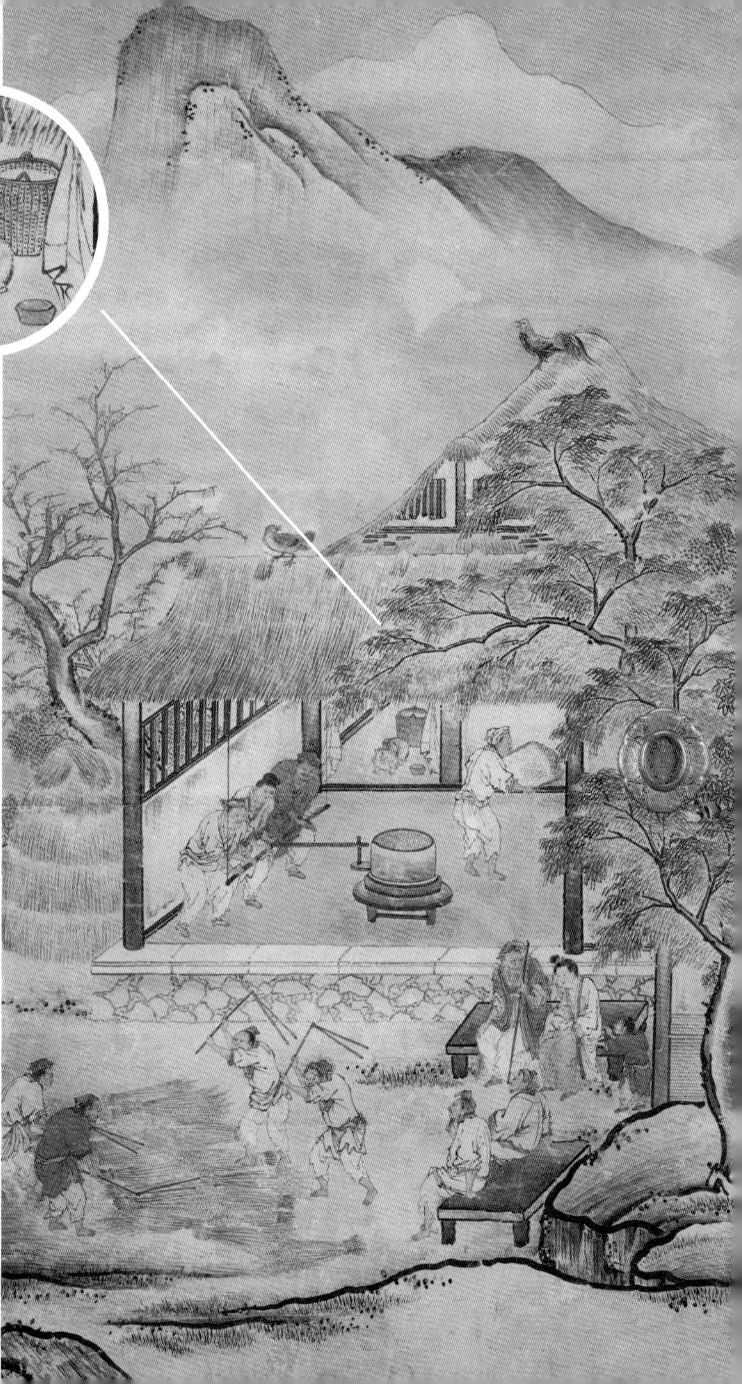

El libro de los gatos

Los budistas, presumiblemente, entraron en conflicto en cuanto al uso de gatos para el control de roedores o, como mínimo, se dieron cuenta de lo contradictorio que resultaba que su religión se enfocara en la compasión y la reencarnación entre especies, y que, por otra parte, se usara, a sangre fría, a aquellas criaturas pequeñas pero sensibles. *El libro de los gatos (Neko no sōshi)* es un ejemplo de *otogi-zōshi*, o 'fábula', basada en el edicto anteriormente mencionado de 1602, según el cual los habitantes de Kioto debían desatar a sus gatos. Entusiasmados ante esta libertad recién adquirida, los gatos aprovecharon para aventurarse en la ciudad inexplorada y aterrorizar a los roedores.

Gatos disfrutando su libertad recién adquirida. *Ilustración de El libro de los gatos (Neko no sōshi), alrededor de 1716-36. Impresión de una xilografía; tinta sobre papel, 16 x 23 cm. Biblioteca de la Universidad de Waseda.*

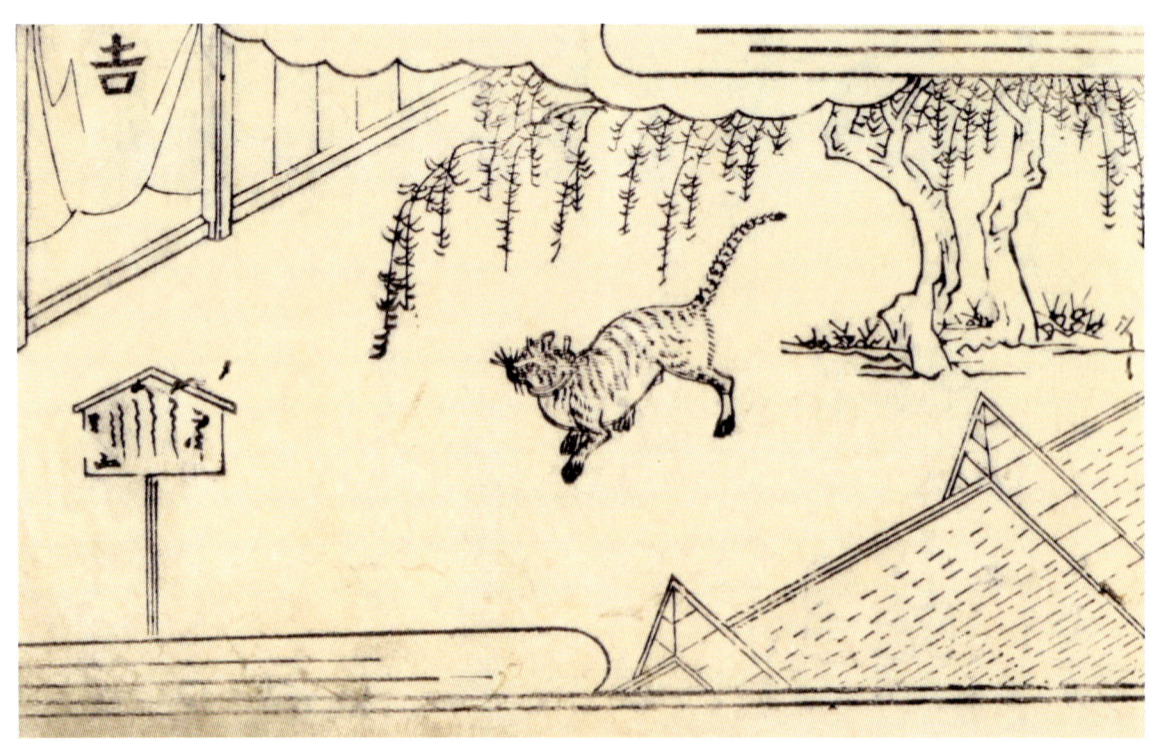

En la ciudad vivía un monje budista. Una noche, se le apareció un ratón en sueños, quejándose porque sus compañeros vivían en la miseria por culpa de los gatos y pidiéndole que lo ayudara. El monje, poco receptivo, sugirió que los ratones debían cambiar sus hábitos parasitarios y que así, a lo mejor, podían alterar su estado kármico.

A la noche siguiente, el monje soñó que se le acercaba un gato. El monje ordenó a los gatos que dejaran de matar y comerse a los ratones, y que en su lugar siguieran una dieta a base de arroz y pescado. El gato hizo caso omiso a su orden. ¿Por qué debían renunciar a la fuente de alimento que habían estimado oportuna los dioses?

El ratón se le apareció al monje por última vez, avisándole de que los ratones no tenían otra opción que huir de la ciudad. El cuento concluye con los ratones planeando mudarse al campo, donde podrían vivir del arroz y las patatas de los cultivos.

Aparición del gato ante el monje. *Ilustración de El libro de los gatos (Neko no sōshi), alrededor de 1716-36. Impresión de una xilografía; tinta sobre papel, 16 x 23 cm. Biblioteca de la Universidad de Waseda.*

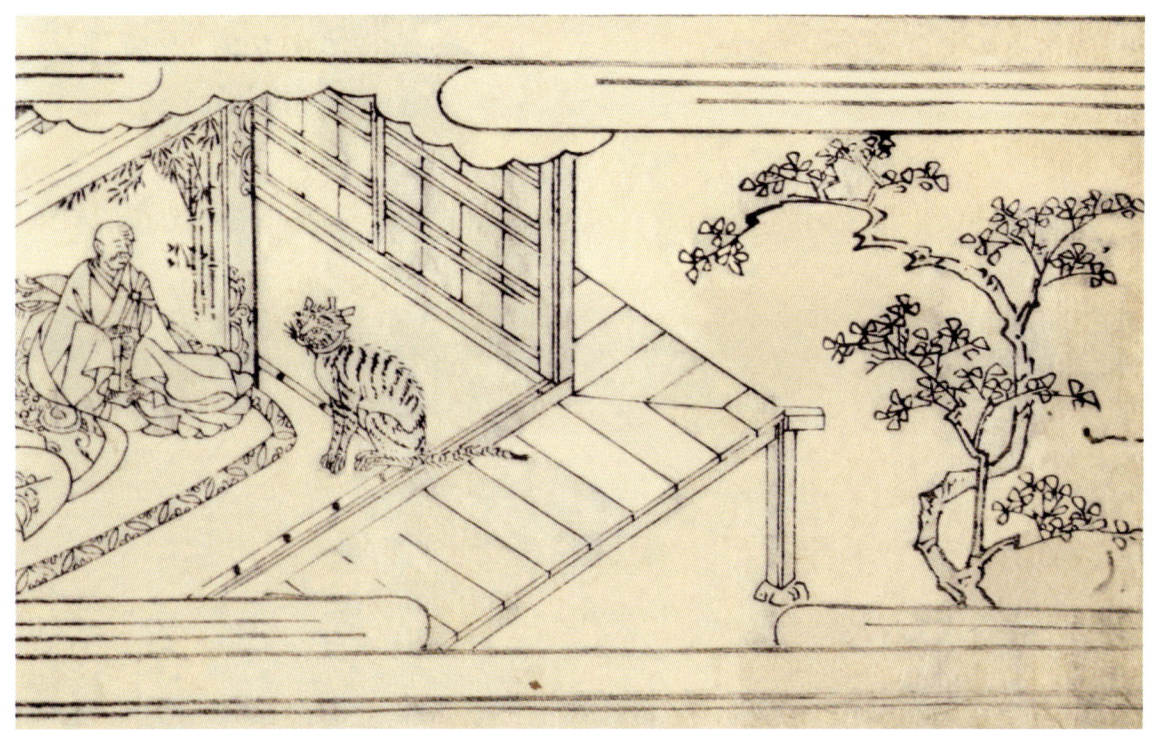

Gatos y sericultura

La sericultura se convirtió en una industria artesanal muy importante en la región de Tōhoku, al norte de Japón, y en la prefectura de Nagano, en la parte central del país, entre el siglo XVIII y principios del XX. Los gusanos de seda, sin embargo, eran un aperitivo irresistiblemente delicioso y nutritivo para los roedores, quienes solían devorar las larvas y roer los capullos de seda para poder llegar a las crisálidas que permanecían dentro.

Algunos expertos en sericultura como Yoshida Shikei, citado anteriormente, y Kamigaki Morikuni, autor de *Apuntes secretos de la crianza de gusanos de seda (Yōsan hiroku,* 1803), aconsejaron a los granjeros hacerse con

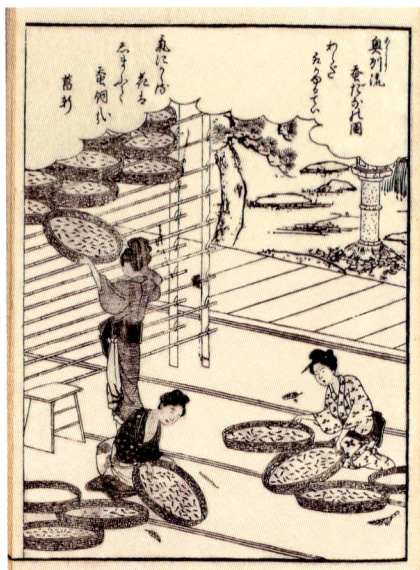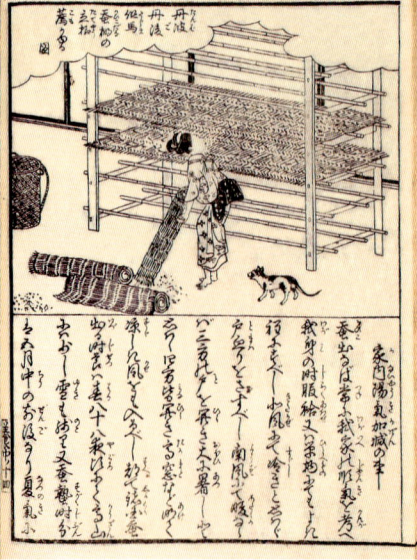

Kamigaki Morikuni (1753-1808), con ilustraciones de Nishimura Chūwa y Hayami Shungyōsai (1767-1823). *Apuntes secretos de la crianza de gusanos de seda (Yōsan hiroku),* 1803. Publicado por Suhara Yaheizaemon. Impresión de una xilografía, tinta sobre papel, aprox. 26 x 17 cm. Biblioteca de la Universidad de Waseda.

gatos para ayudarles a mitigar la amenaza. Durante los años de plaga, la demanda de gatos fue tal que su valor se elevó en el mercado hasta niveles insospechados. En 1791, el consejero político Mizuno Tamenaga se sorprendió al ver que los gatos de clase «superior» se vendían por siete *ryō* de oro y dos panecillos, los «normales», por cinco *ryō*, y los cachorros, por dos o tres *ryō* cada uno (*Yoshino zasshi*). En aquel momento, un *ryō* de oro equivalía a ciento cincuenta kilos de arroz: la cantidad necesaria para alimentar a una persona durante un año. En 1821, las ratas devoraron a los gusanos de seda en el norte de Japón, lo que, aparentemente, hizo que los precios se dispararan una vez más a cinco *ryō*: es decir, cinco veces el valor de un caballo (Matsuura Seizan, *Kashi yawa*).

Las estampas de sericultura que se representaban en las xilografías del siglo XIX solían incluir gatos, muestra de la importancia que adquirieron en esta industria. En uno de los grabados de Yoshikazu, un gato de cola corta inspecciona una bandeja con gusanos de seda recién nacidos, mientras su dueña cepilla con una pluma las hojas de la morera que no han sido devoradas por las larvas. Como la sericultura se consideraba un trabajo de mujeres, los artistas de grabados solían abordar el tema a través de la lente de las *bijin-ga*, o 'ilustraciones con mujeres bellas', reforzando así la asociación cultural entre lo femenino y los felinos, tema que se tratará con mayor profundidad más adelante. Asimismo, se creía que las gatas con marcas negras y blancas, como la que aparece en la obra de Yoshikazu, y pelaje *mike* o tricolor (es decir, blanco, naranja y marrón o negro) estaban destinadas a ser buenas ratoneras. Por el contrario, se consideraba que los machos, especialmente los atigrados (también conocidos como *toraneko*), no contaban con dicha aptitud.

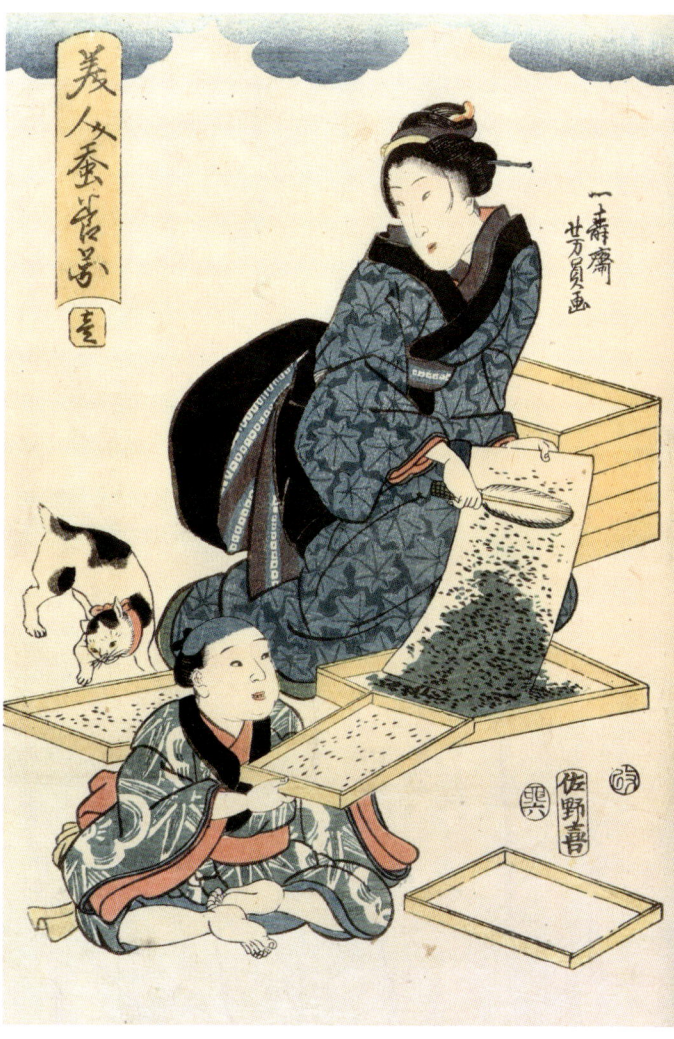

Utagawa Yoshikazu, activo entre 1850-1870, aprox. *Escenas de mujeres bellas criando gusanos de seda, n.º 1, 1855. Publicado por Sanoya Kihei. Xilografía, tinta y color sobre papel, 33,3 x 22,3 cm. Colección de nishiki-e Tejidos de seda, Museo Nacional de Ciencia y Naturaleza, Universidad de Agricultura y Tecnología de Tokio.*

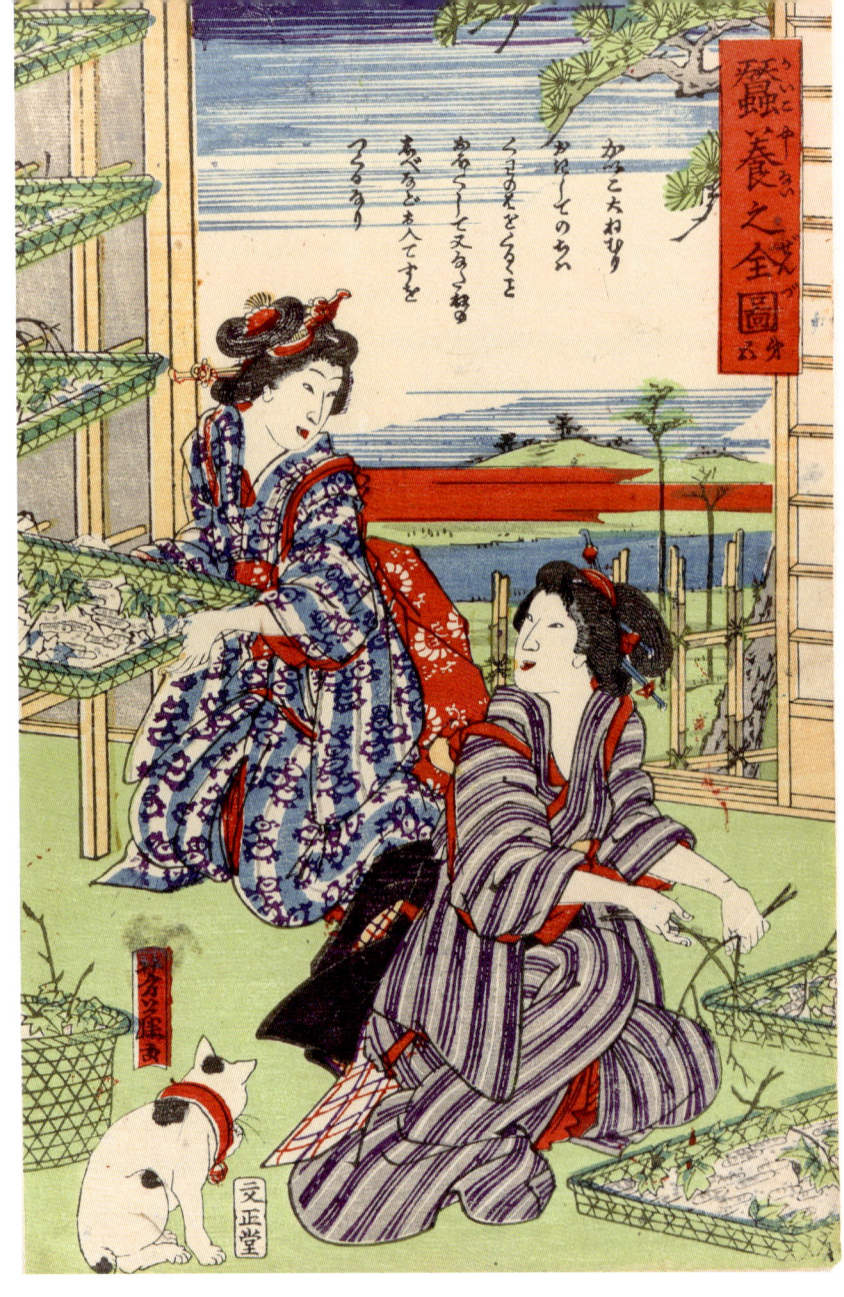

蠶養之全圖

Utagawa Yoshifuji (1828-1887).
Imágenes completas de la cría de gusanos de seda, n.º 5, 1877. Publicado por Kobayashi Taijirō. Xilografía, tinta y color sobre papel, 36,4 x 24,6 cm. Colección de nishiki-e Tejidos de seda, Museo Nacional de Ciencia y Naturaleza, Universidad de Agricultura y Tecnología de Tokio.

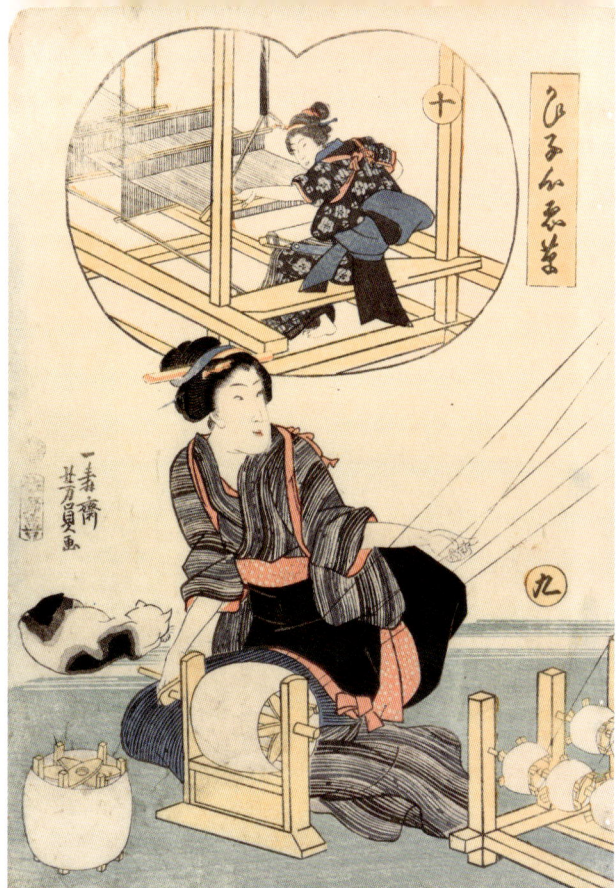

ARRIBA. **Utagawa Yoshikazu, activo entre 1850 y 1870, aprox.** *Principios de la sericultura, n.ᵒˢ 9 y 10, 1859. Publicado por Sanoya Kihei. Xilografía, tinta y color sobre papel, 36,7 x 25,2 cm. Colección de nishiki-e Tejidos de seda, Museo Nacional de Ciencia y Naturaleza, Universidad de Agricultura y Tecnología de Tokio.*

ABAJO. **Utagawa Yoshikazu, activo entre 1850 y 1870, aprox.** *Principios de la sericultura, n.ᵒˢ 3 y 4, 1859. Publicado por Sanoya Kihei. Xilografía, tinta y color sobre papel, 36,8 x 25,4 cm. Colección de nishiki-e Tejidos de seda, Museo Nacional de Ciencia y Naturaleza, Universidad de Agricultura y Tecnología de Tokio.*

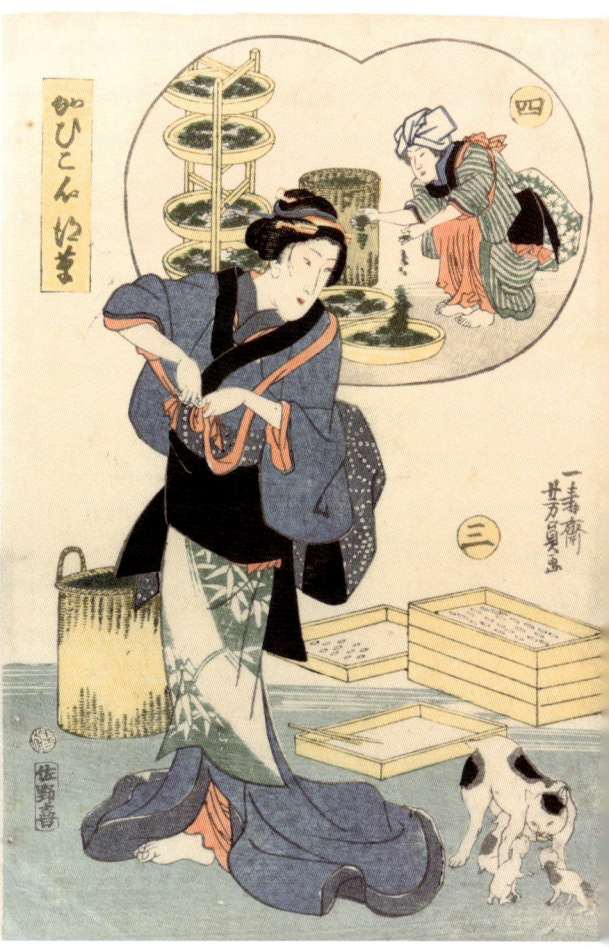

Magia ratonera

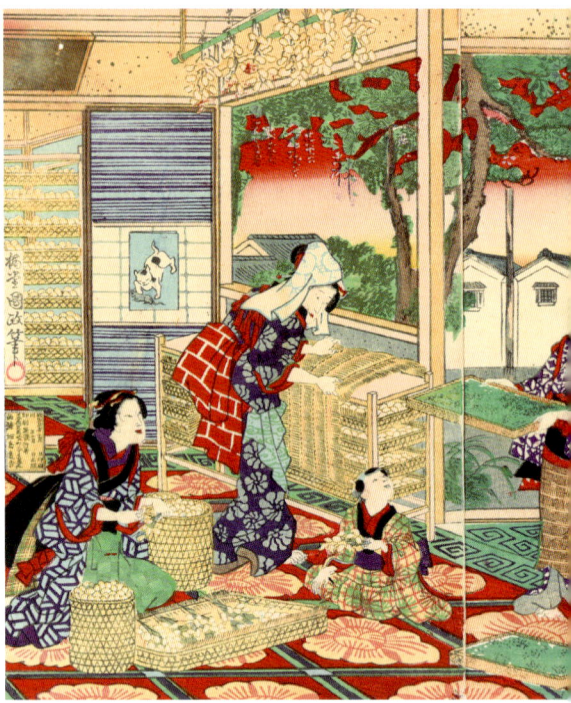

Aquellos que no querían o podían hacerse cargo de la manutención de un gato podían recurrir al poder mágico de las imágenes de felinos. En torno a la década de los 70, en respuesta a las solicitudes de ayuda de los productores de seda con los roedores, el señor feudal Nitta Iwamatsu Atsuzumi, en la actual prefectura de Gunma, empezó a elaborar unas pinturas sencillas con tinta protagonizadas por gatos, que tenían el objetivo de mantener a raya a los roedores. Las siguientes tres generaciones de los cabezas de la familia Nitta siguieron creando estas obras, conocidas como Nitta neko.

Los emprendedores, como siempre, encuentran oportunidades en los momentos de crisis. El escritor Ōta Nanpō (1749-1823) escribió sobre cómo un monje llamado Hakusen había empezado a vender ilustraciones de gatos y tigres que, presuntamente, tenían el poder de repeler a los roedores. Varios santuarios de la zona productora de seda de

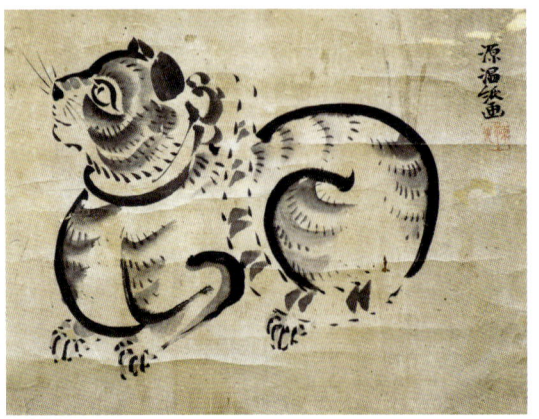

Japón se encargaban de producir y vender unos amuletos sencillos de madera llamados ofuda, que tenían imágenes de gatos y servían para ayudar a ahuyentar a los roedores.

En el diseño de arriba de Kunimasa IV aparecen varias mujeres realizando distintas tareas relacionadas con la producción de seda, como recolectar los huevos, cortar las hojas frescas de la morera y clasificar, hervir y desenredar los capullos (estas tareas, de hecho, conllevan muchas semanas de tiempo). Asimismo, en la escena se encuentran desplegando sus poderes protectores la deidad tutelar de la sericultura, Manari Myōjin, cuyo retrato está pintado en la parte derecha del pergamino, y un gato que está atrapando una rata en el amuleto que está adherido en una puerta, a la izquierda.

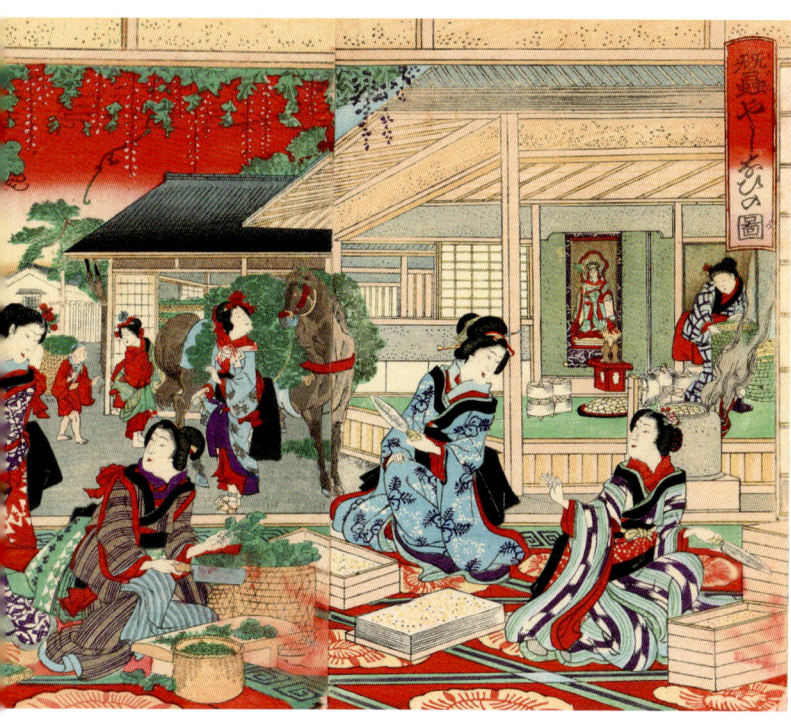

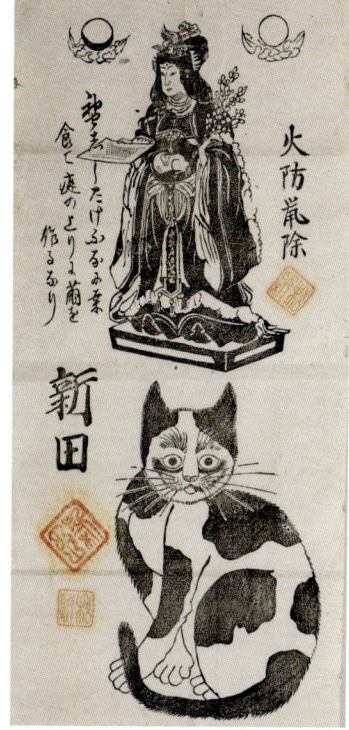

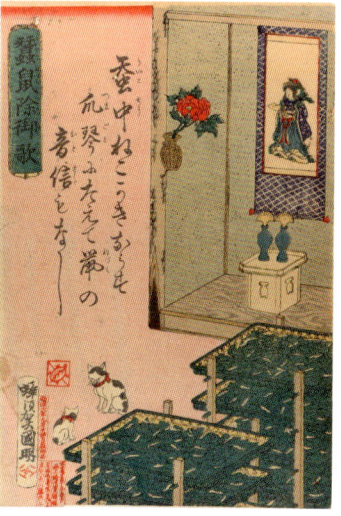

ARRIBA. **Utagawa Kunimasa IV (1848-1920).**
*Imágenes de la cría de gusanos de seda, 1888.
Publicado por Tsunashima Kamekichi. Tríptico de
xilografías, tinta y color sobre papel, 37,1 x 73,1 cm.
Colección de nishiki-e Tejidos de seda, Museo Nacional
de Ciencia y Naturaleza, Universidad de Agricultura y
Tecnología de Tokio.*

PRIMERA A LA IZQUIERDA. **Iwamatsu Atsuzumi
(1738-1798).** *Nitta neko, alrededor de los años
1770-1797. Pintura sobre pergamino japonés, tinta y
color sobre papel, 32,5 x 35,5 cm. Museo de Historia de
Nittaso.*

ARRIBA A LA DERECHA. **Posiblemente inspirado
por Nitta Sadayasu, fecha desconocida.**
*Amuleto de protección contra el fuego y los ratones,
alrededor de la década de 1890. Xilografía, tinta y color
sobre papel,
65,2 x 29,5 cm. Museo de Historia de Nittaso.*

ABAJO A LA DERECHA. **Utagawa Kuniaki II
(1835-1888).** *Poema para alejar a las ratas de los
gusanos de seda, 1885. Publicado por Arakawa Tōbei.
Xilografía, tinta y color sobre papel, 36,9 x 25,4 cm.
Colección de nishiki-e Tejidos de seda, Museo Nacional
de Ciencia y Naturaleza, Universidad de Agricultura y
Tecnología de Tokio.*

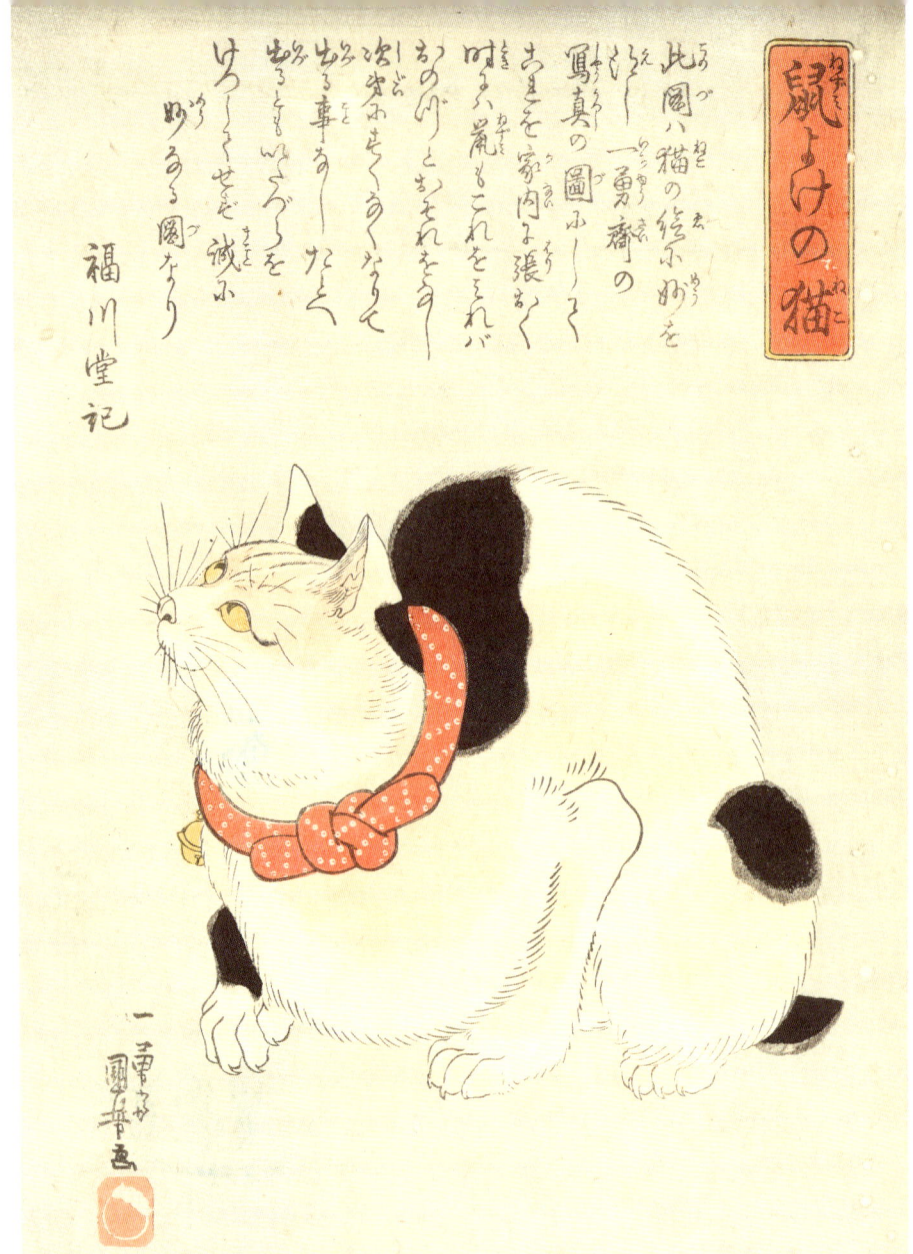

鼠よけの猫

此圖八猫の繪ふ好を
一勇齋の
寫眞の圖ふ〳〵
まゝを家内ふ張おく
때大鼠もこれを〜れば
おのげとまぬれをす
出る事もくのく〳〵
出る事もく〳〵たく
けろ〳〵せぞ誠ふ
妙なる圖なり

福川堂記
一勇齋
國芳画

**Utagawa Kuniyoshi
(1798-1861).** *Gato de
prevención de ratones,
alrededor de la década de
1850. Publicado por
Kawaguchiya Uhei. Xilografía,
tinta y color sobre papel, aprox.
39 x 27 cm. Museo Nacional de
Tokio.*

Gatos de prevención de ratones

Ojos amarillos en alerta y bigotes y orejas preparados para la acción: la estructura ósea del gato se contrae y una de sus patas se eleva, suavemente, lista para precipitarse. La imagen de la izquierda de un «gato de prevención de ratones» *(nezumi yoke no neko)* amenaza con una muerte instantánea a todo aquel roedor que la observe. La inscripción, firmada por el editor, explica que la imagen fue elaborada a partir de una escena real por el artista experto en gatos, Ichiyūsai, también conocido como Utagawa Kuniyoshi. El collar, confeccionado minuciosamente a partir de una tela crepé de seda teñida, y cosido con hilo de latón dorado, es habitual en los gatos que aparecen en este tipo de grabados, y es un indicativo de su estatus como miembros valiosos de la familia.

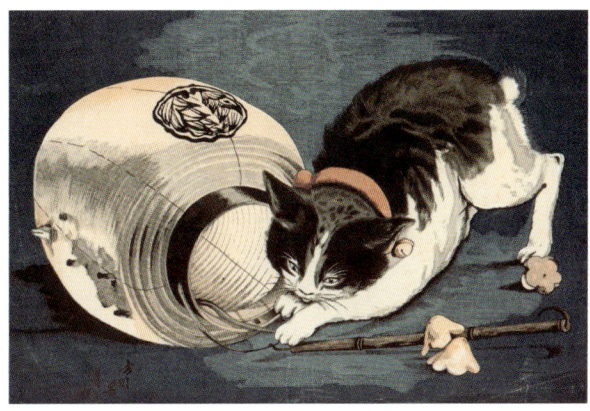

Kobayashi Kiyochika (1847-1915). *Gato y rata en un farolillo, 1877. Publicado por Matsuki Heikichi. Xilografía, tinta y color sobre papel, aprox. 34,2 x 46,2 cm. Colección privada.*

NEKOGAMI

En las prefecturas de Fukushima, Miyagi e Iwate, podemos encontrar tumbas y monumentos de piedra en memoria de algunos gatos, e incluso de *nekogami*, o 'dioses gatos'. El epicentro de este fenómeno es la ciudad de Marumori, en Miyagi, que cuenta con ochenta y un monumentos históricos de piedra –más de la mitad de todos los que se conocen en Japón–, que se esculpían con forma de gato, llevaban talladas imágenes de felinos o estaban inscritas con textos relacionados con los *nekogami*. La primera de estas tumbas, con fecha de 1810, es también el monumento de piedra más antiguo de la región de Tōhoku. Estos monumentos eran un claro símbolo del valor de los gatos en las comunidades sericultoras. Es posible que estas tumbas tuvieran dos objetivos: por un lado, de acuerdo con el saber popular, evitar que los gatos viejos pudieran acabar poseídos y, por otro lado, ganarse el favor de la altísima población felina.

Gatos heroicos y ratas diabólicas

Las ratas suponían una amenaza tan grande para la salud y prosperidad de los humanos, que su maldad fue magnificada en la imaginación colectiva. Japón está repleto de leyendas protagonizadas por roedores monstruosos de enorme tamaño y astucia. Durante el periodo Edo, había numerosos bestiarios y antologías de leyendas extrañas que describían cómo los kyūso, o 'ratas viejas', adquirían poderes sobrenaturales al llegar a una edad avanzada. Asimismo, se rumoreaba que estas bestias atacaban y seducían a las gatas de las casas y concebían camadas de mininos.

«La asombrosa técnica del gato» es un cuento cómico que aparece en la colección de ensayos satíricos sobre esgrima, *El taoísta campesino (Inaka Sōshi,* 1727), de Issai Chozan (1659-1741). Un espadachín llamado Shōken sufre los tormentos de una gran rata en su hogar. Shōken se las arregla para acorralar a la intrusa en una habitación y ordena a su gato que la despache, pero la rata se abalanza a la cara del gato y este huye, aullando. Shōken decide entonces reclutar a los gatos ratoneros más renombrados del vecindario y los suelta en la habitación. Uno de ellos se acerca con confianza, pero la rata vuelve a lanzarse contra él y hunde los dientes en su cuerpo con fuerza. El resto de gatos retroceden, horrorizados. Shōken irrumpe encolerizado y empieza a golpear violentamente a la rata con una espada de madera, pero esta consigue escabullirse y Shōken termina destrozando la habitación.

En ese momento, el hombre recuerda unos rumores sobre un gato anciano del distrito vecino que tiene fama de ser un ratonero de primera categoría, por lo que decide enviar a su criado para que contrate sus servicios. Cuando el criado regresa, Shōken no queda demasiado impresionado: el gato no parece diferenciarse en nada del resto. Pero cuando lo suelta en la habitación, la rata se queda petrificada de miedo.

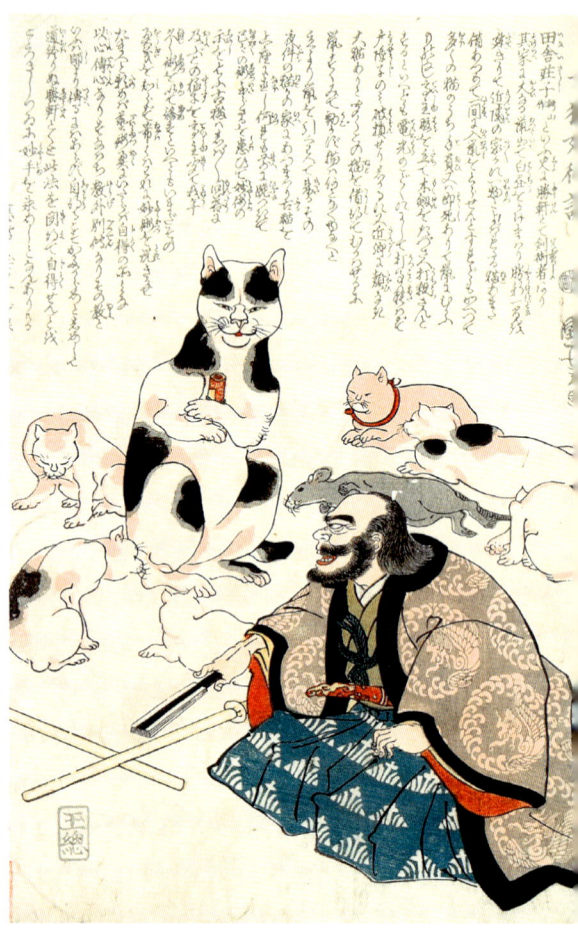

Utagawa Kuniyoshi (1798-1861). *La asombrosa técnica del viejo gato, alrededor de 1847-48. Publicado por Tamaya Sōsuke. Xilografía, tinta y color sobre papel, aprox. 39 x 27 cm. Biblioteca Metropolitana de Tokio.*

Ogata Gekkō (1859-1920). *La rata de Kuroishi en la provincia de Mutsu y el gato del templo Jōkyō-ji, de la serie Miscelánea de Gekkō, 1896. Publicado por Matsuki Heikichi. Xilografía, tinta y color sobre papel, aprox. 39 x 27 cm. Biblioteca de la Dieta Nacional de Tokio.*

El gato se acerca a ella lentamente, la agarra con la boca y la expulsa de allí por la fuerza.

Impresionados, los otros gatos se reúnen en la casa de Shōken y le suplican al anciano que comparta con ellos su técnica secreta. «¡Aunque todos somos conocidos por nuestro valor y astucia, nunca nos habíamos cruzado con una rata tan horrible! No éramos rivales para ella, ¡y sin embargo tú la has derrotado sin pestañear!». Después de eso, se sucede un debate y el gato anciano empieza a explicar detenidamente los principios del camino marcial *(budō)*, haciendo referencia a Mencio, al Libro de los cambios *(I Ching)* y a la filosofía zen, ante su atento público. En el grabado de Kuniyoshi (izquierda), el gato anciano sostiene un pergamino entre sus patas: el *Pergamino del tigre, o Tora no maki,* un libro de estrategia originalmente dirigido a guerreros.

La imagen de Ogata Gekkō, a la derecha, en la que aparece una rata gigante enzarzada en un combate con un gato, está relacionada con una versión de un cuento del norte de Japón registrada por el experto en folclore, Yanagita Kunio (1875-1962). Hace mucho tiempo, en el pueblo de Kuroishi, había un templo llamado Shōhōji. Muchos monjes sirvieron allí, pero todos ellos fueron devorados por los demonios, por lo que el templo permanecía vacío. Un día, un monje itinerante que está de paso por el pueblo pide que le dejen quedarse una noche en el templo. Una vez allí, y consciente de los posibles peligros que existen, el monje se esconde dentro de un gran recipiente antes de quedarse dormido. Cuando llega la noche, los demonios se acercan y empiezan a bailar y a gritar, mientras buscan el origen del olor a carne humana. A la vez que cruzan el templo, cantan lo siguiente: «No vayas a Tanba-no-kuni a chivarte a Denjōbō». Finalmente, no logran encontrar al monje y terminan marchándose del lugar.

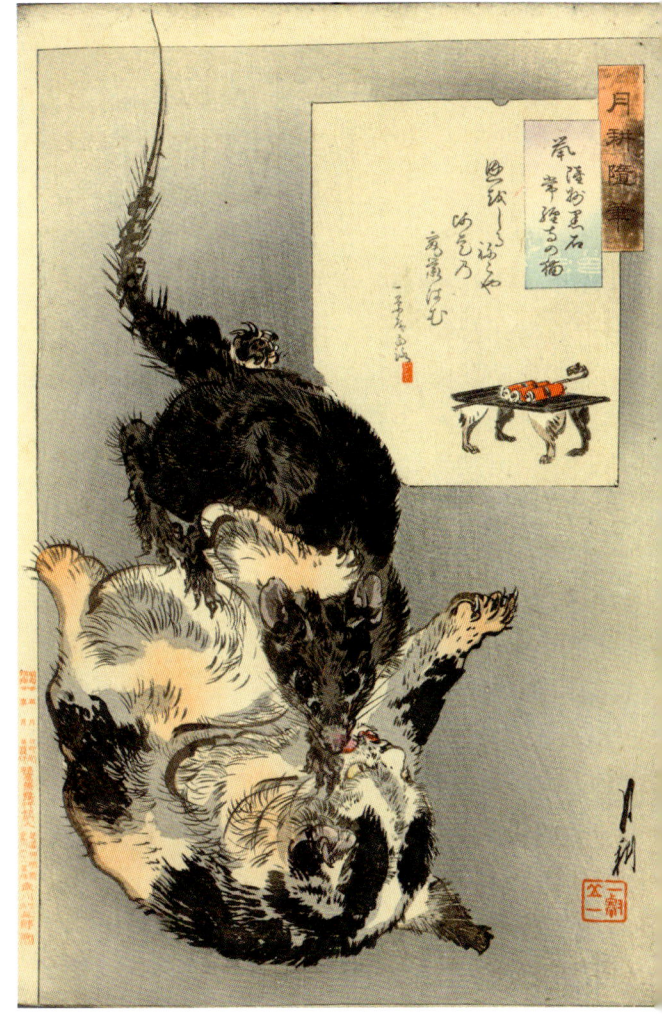

A la mañana siguiente, los habitantes del pueblo llegan al templo y se sorprenden al descubrir que el monje está sano y salvo. Le invitan a hacerse cargo del templo, a lo que él acepta con la condición de poder viajar a Tanba-no-kuni para solicitar la ayuda de Denjōbō, que resulta ser un gato.

Después de meditar la situación, Denjōbō le explica que los demonios son fantasmas de ratas ancestrales, y que necesita la ayuda de su hermano para poder exterminarlos. Denjōbō se marcha, pues, en su búsqueda, y el monje cuelga una imagen de un gato en el templo como sustituto durante su ausencia. Diez días después, Denjōbō regresa con su hermano, y los

dos gatos acaban con los demonios ratas, perdiendo la vida a cambio. El monje les organiza un entierro apropiado y, con las patas de las ratas, hace un soporte para pergaminos budistas, tal y como se muestra en el grabado de Gekkō.

Lafcadio Hearn, periodista y escritor nacido en Grecia que se instaló en Japón en 1890, y que más tarde obtuvo la ciudadanía japonesa, contó una historia relacionada. En este cuento de hadas, un joven artista de gran talento busca refugio en un templo abandonado, sin saber que este está poseído por una rata gigante. Antes de irse a dormir, se pone a pintar gatos en un biombo para relajarse. Durante esa noche, una terrible conmoción sacude el edificio. A la mañana siguiente, el chico observa que la habitación está desordenada y que hay una rata enorme destripada en el suelo. Además, los gatos que pintó la noche anterior tienen manchas de sangre en la cara y las patas.

El niño que dibujaba gatos forma parte de una colección de veinte libros de cuentos para jóvenes lectores de habla

Ilustrado por Suzuki Kason (1860-1919); traducido al inglés por Lafcadio Hearn (1850-1904). *Cuento de hadas japonés, El niño que dibujaba gatos, publicado por primera vez en 1899; esta edición data de la década de 1920. Publicado por Hasegawa Takejirō y Martin Hopkinson & Company, LTD. Libro xilográfico (chirimen-bon), tinta y color sobre papel crepé y encuadernado con cordón de seda, 19,5 x 13,7 cm. Museo de Arte John y Mable Ringling, obsequio de Charles y Robyn Citrin, 2018.*

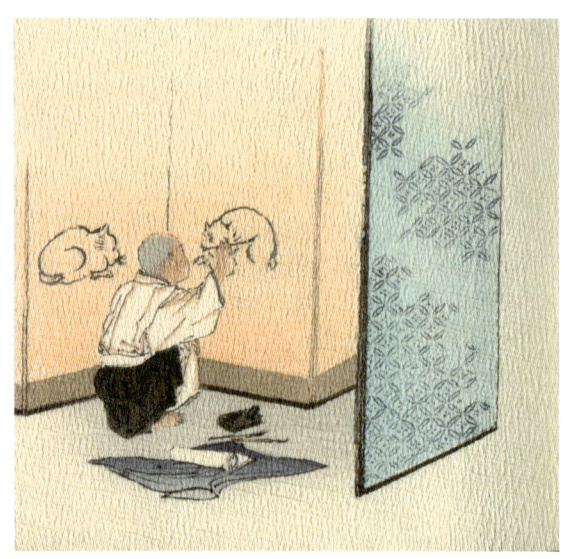

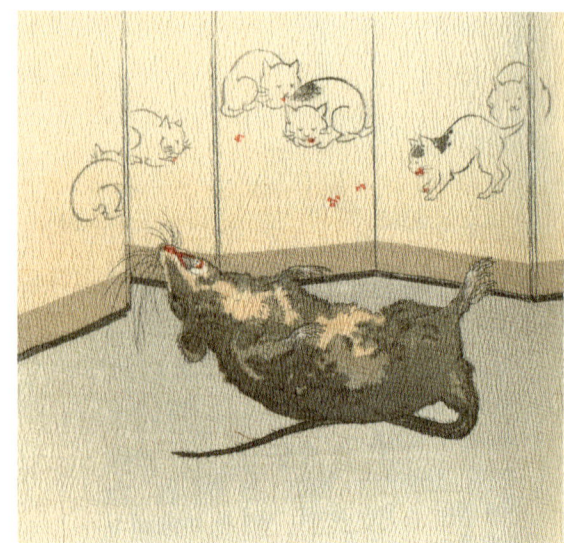

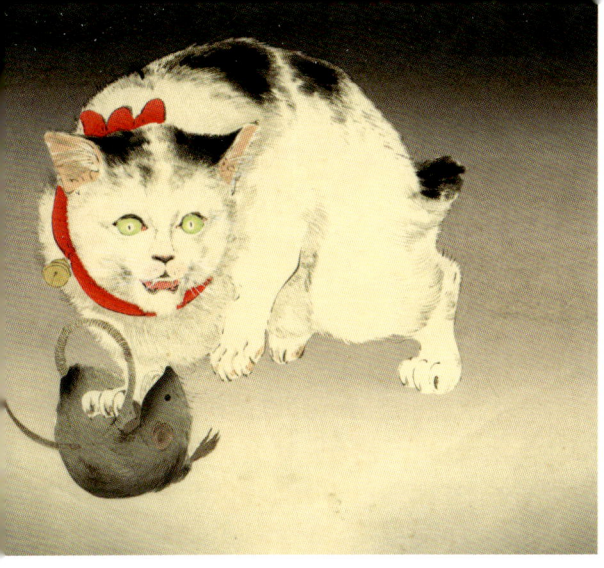

inglesa, concebida por el editor Hasegawa Takejirō (1853-1938). Hasegawa encargó a varios autores y traductores occidentales, como Hearn, escribir el libro, y a varios artistas locales, como Suzuki Kason, realizar las ilustraciones. Los libros fueron elaborados de manera exquisita con materiales de lujo. En ediciones ligeramente posteriores se utilizó papel crepé, como en el caso de este volumen. Los libros gozaron de gran éxito y continuaron imprimiéndose hasta bien entrado el siglo XX.

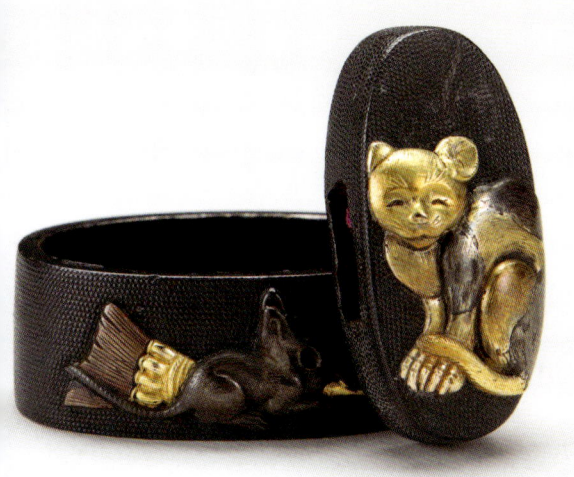

ARRIBA DEL TODO. **Kobayashi Kiyochika (1847-1915).** *El gato con cien ojos en ocho direcciones. Publicado por Matsuki Kihei. Xilografía, tinta y color sobre papel, 37 x 26,5 cm. Imagen cedida por cortesía de la Galería Shukado.*

ARRIBA. **Espada con empuñadura y pomo (fuchi-kashira) con gato y rata, alrededor del s. XVIII.** *Aleación de cobre y oro (shakudō), oro, plata y cobre. Instituto de Artes de Minneapolis, herencia de Louis W. Hill Jr.*

EL «AR-MIAU» PERFECTA

Durante la época de paz relativa del periodo Edo (1615-1868), el armamento de los samuráis pasó de ser un equipamiento militar esencial a suponer toda una declaración de estatus, riqueza, lealtad y gusto personal. Su armario tradicional incluía complementos a juego para la espada, entre los que destacaban el *fuchi*, un aro que se colocaba en la parte superior de la empuñadura, y el *kashira,* una tapa que cubría la base de la misma. Este conjunto tiene como motivo decorativo un gato con los ojos entrecerrados y una rata con una escoba. Cuando se encajan en la espada, crean la ilusión de que la rata está observando al gato.

Felinos pescadores, cazadores de insectos y críticos de arte

Las prioridades de los gatos, como es lógico, no siempre están en sintonía con las de los humanos. Esos mismos instintos depredadores que resultan tan útiles para las personas se vuelven en contra de algunos pobres animales, lo que resulta nefasto para la biodiversidad en multitud de zonas del planeta. En tiempos de mayor inocencia, los artistas dieron pie a un género de escenas alegres protagonizadas por gatos curiosos a los que les gustaba acechar arañas, sumergir sus patas en la pecera o abalanzarse sobre ranas con no demasiada suerte.

Los dos grabados que están en las páginas siguientes, en los que aparecen unos gatos intentando atacar a unas mariposas y gallinas pintadas, muestran algunas variaciones interesantes de este tema. En el diseño de Kuniyoshi se representa a una joven sentada en su escritorio: es la hija (alrededor de 1006-1021) de Fujiwara no Yukinari (972-1027), cortesano y reputado experto en caligrafía. Esta joven sin nombre también era una calígrafa consumada. De acuerdo con la inscripción, las mariposas pintadas por la hija de Yukinari eran tan realistas, que su gato, que hasta el momento se encontraba descansando tranquilamente en su regazo, se había lanzado como un resorte hacia ellas, volcando el bote de pinceles y destrozando el papel a su paso. Es posible que esta anécdota apócrifa esté relacionada con un episodio del *Diario de Sarashina* (alrededor de 1059). Su autora, que había recibido un cuaderno con escritos de la hija de Yukinari para usar su caligrafía como modelo, estaba convencida de que el gato perdido que habían adoptado su hermana y ella (o, mejor dicho, «secuestrado») era la reencarnación de la hija de

Ohara Shōson (1877-1945). *Gato junto a pecera, 1931. Publicado por Watanabe Shōzaburō. Xilografía, tinta y color sobre papel, 36,5 x 23,8 cm. Museo de Arte Chazen, herencia de John H. Van Vleck.*

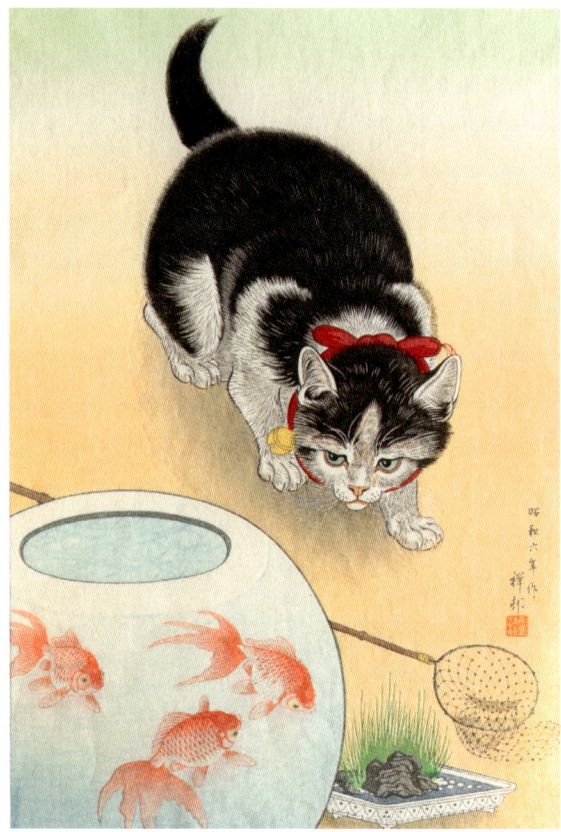

Yukinari, quien había fallecido recientemente a causa de la viruela.

La escena del gato y las mariposas también evoca la legendaria rivalidad entre los artistas Zeuxis y Parrhasius que se describe en la *Historia natural* de Plinio del siglo I d. C. Las uvas pintadas por Zeuxis son tan realistas que los pájaros se acercan a ellas para intentar cogerlas. En respuesta, Parrhasius hace una cortina tan convincente que Zeuxis le pide que la abra para poder ver cuál es el reto de su rival, consiguiendo así batirle en su propio juego. Aunque no podemos asegurar

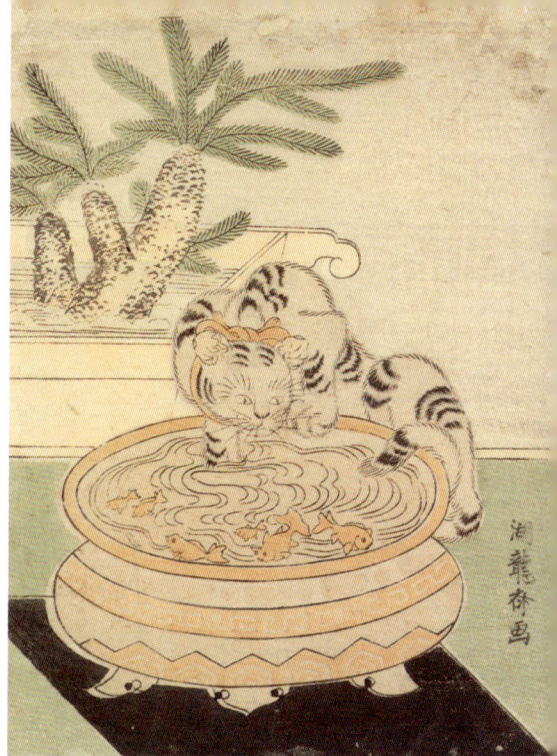

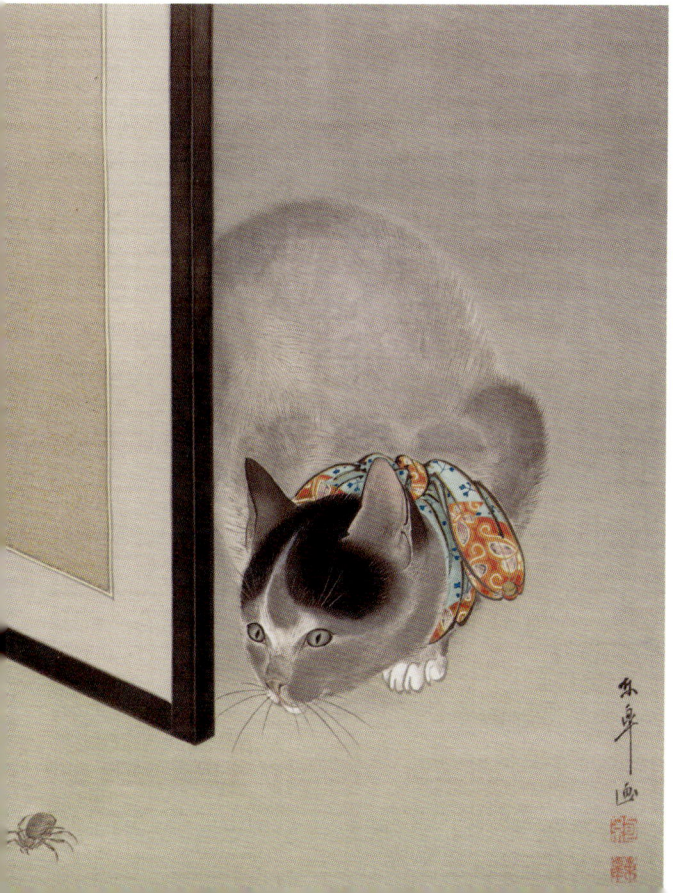

ARRIBA. **Isoda Koryūsai (1735-1790).** *Gato metiendo la zarpa en una pecera, alrededor de 1774. Xilografía, tinta y color sobre papel, 25,6 x 19,1 cm. Museo de Arte, Escuela de Diseño de Rhode Island, Providence, obsequio de la Sra. Gustav Radeke.*

IZQUIERDA. **Oide Tōkō (1841-1905).** *Gato observando una araña, alrededor de 1888-92. Hoja de álbum, tinta y color sobre seda, 37,5 x 27,9 cm. Museo Metropolitano de Arte, colección de Charles Stewart Smith, obsequio de la Sra. Charles Stewart Smith, Charles Stewart Smith Jr. y Howard Caswell Smith, en memoria de Charles Stewart Smith, 1914.*

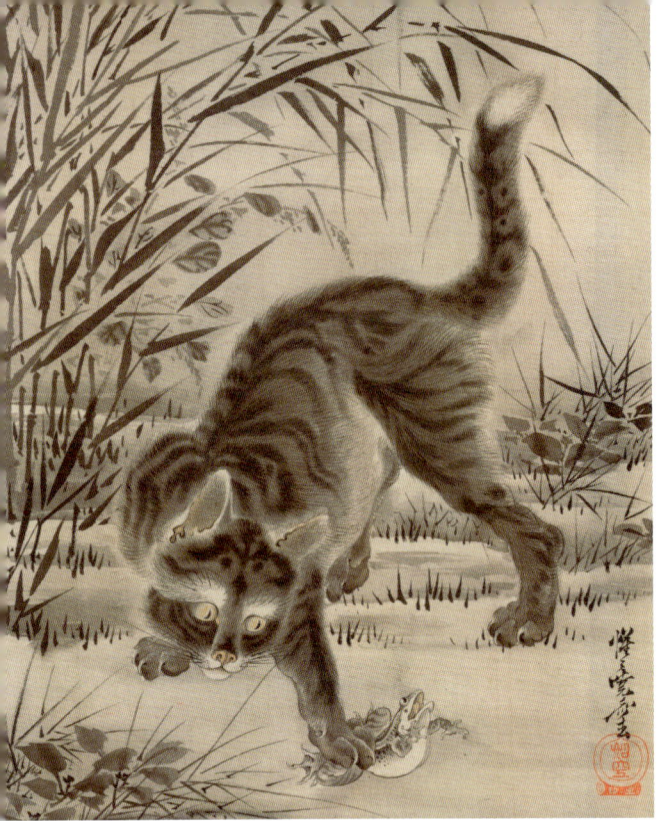

que Kuniyoshi supiera de la existencia de la historia de Plinio, es probable que Kiyochika, que estuvo en activo casi medio siglo más tarde, sí la conociera. Durante la década de 1870, empezó a crear diseños que simulaban el realismo y las cualidades formales del arte, la fotografía y las tecnologías de impresión occidentales, ya que buscaba averiguar si la xilografía era capaz de satisfacer la demanda actual de representaciones objetivas del entorno. El gato blanco que araña las gallinas pintadas en el óleo de esta imagen resuelve esta incógnita.

IZQUIERDA. **Kawanabe Kyōsai (1831-1889)**. *Gato atrapando una rana, alrededor de 1887. Hoja de álbum, tinta y color sobre seda, 35,9 x 27 cm. Museo Metropolitano de Arte, colección de Charles Stewart Smith, obsequio de la Sra. Charles Stewart Smith, Charles Stewart Smith Jr. y Howard Caswell Smith, en memoria de Charles Stewart Smith, 1914.*

DEBAJO. **Kobayashi Kiyochika (1847-1915)**. *Gatos y lienzo, alrededor de 1879-1881. Publicado por Matsuki Heikichi. Xilografía, tinta y color sobre papel, 24,13 x 36,2 cm. Museo de Arte del Condado de Los Ángeles, obsequio de Carl Holmes.*

PÁGINA SIGUIENTE. **Utagawa Kuniyoshi (1798-1861)**. *La hija de Dainagon Yukinari, de la serie Historias de mujeres sabias y esposas fieles, alrededor de 1841-42. Publicado por Ibaya Sensaburō. Xilografía, tinta y color sobre papel, aprox. 39 x 27 cm. Imagen cedida por cortesía de la Galería Egenolf.*

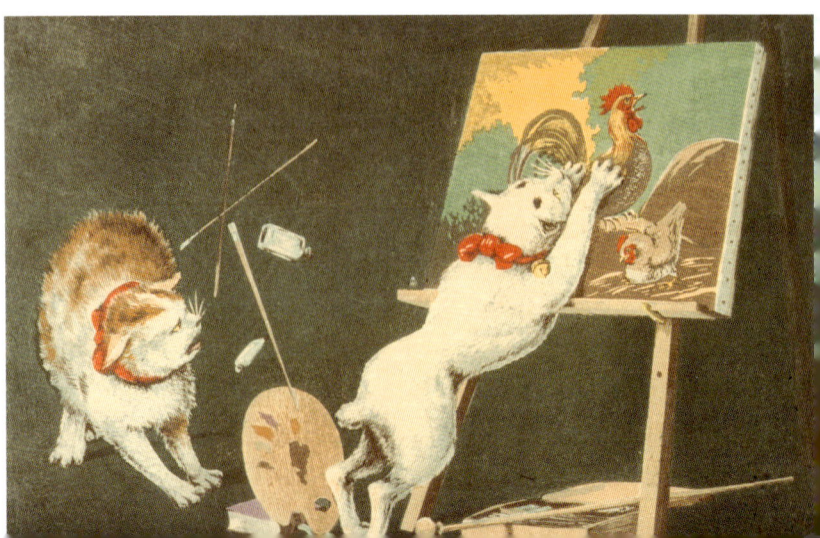

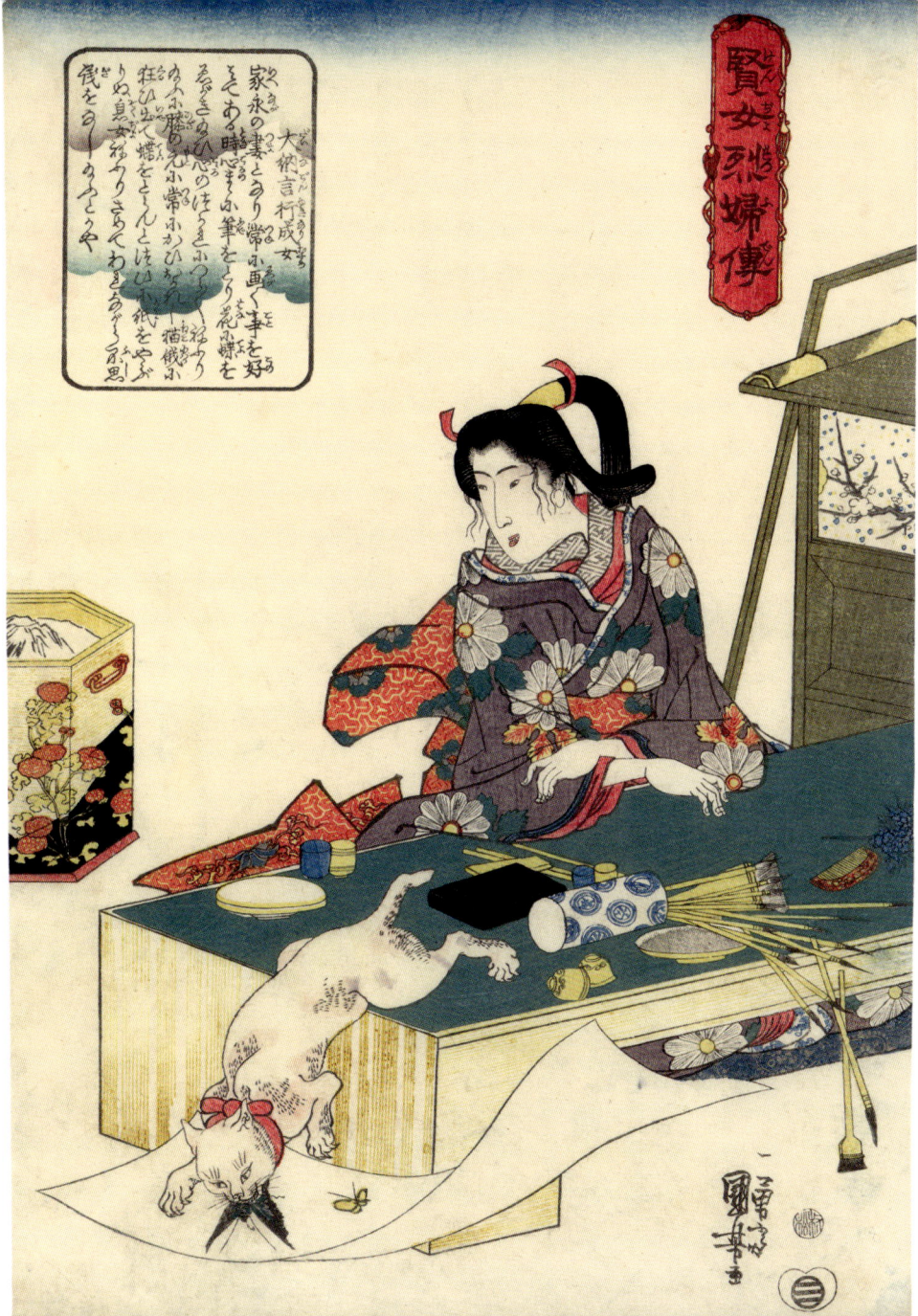

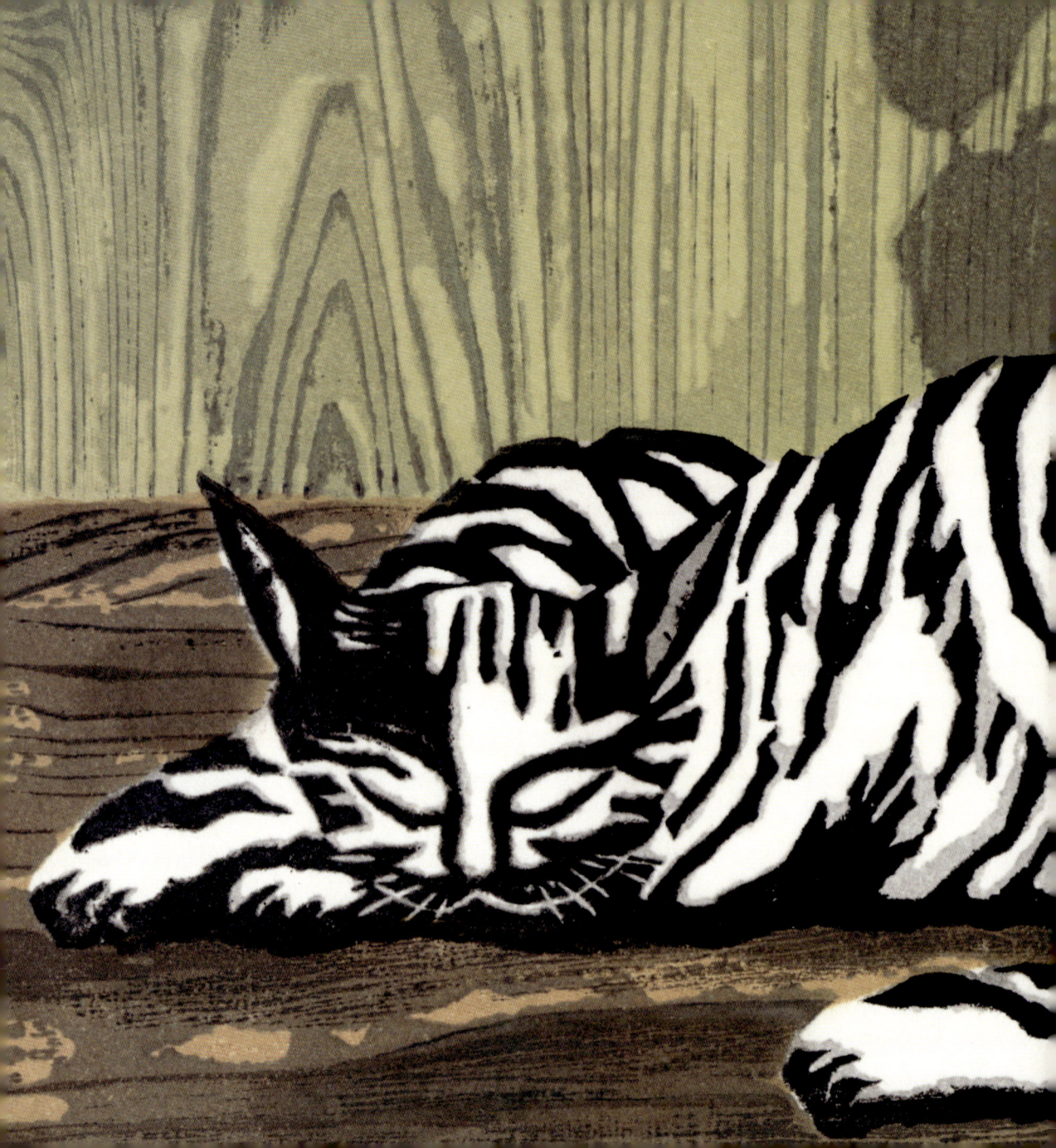

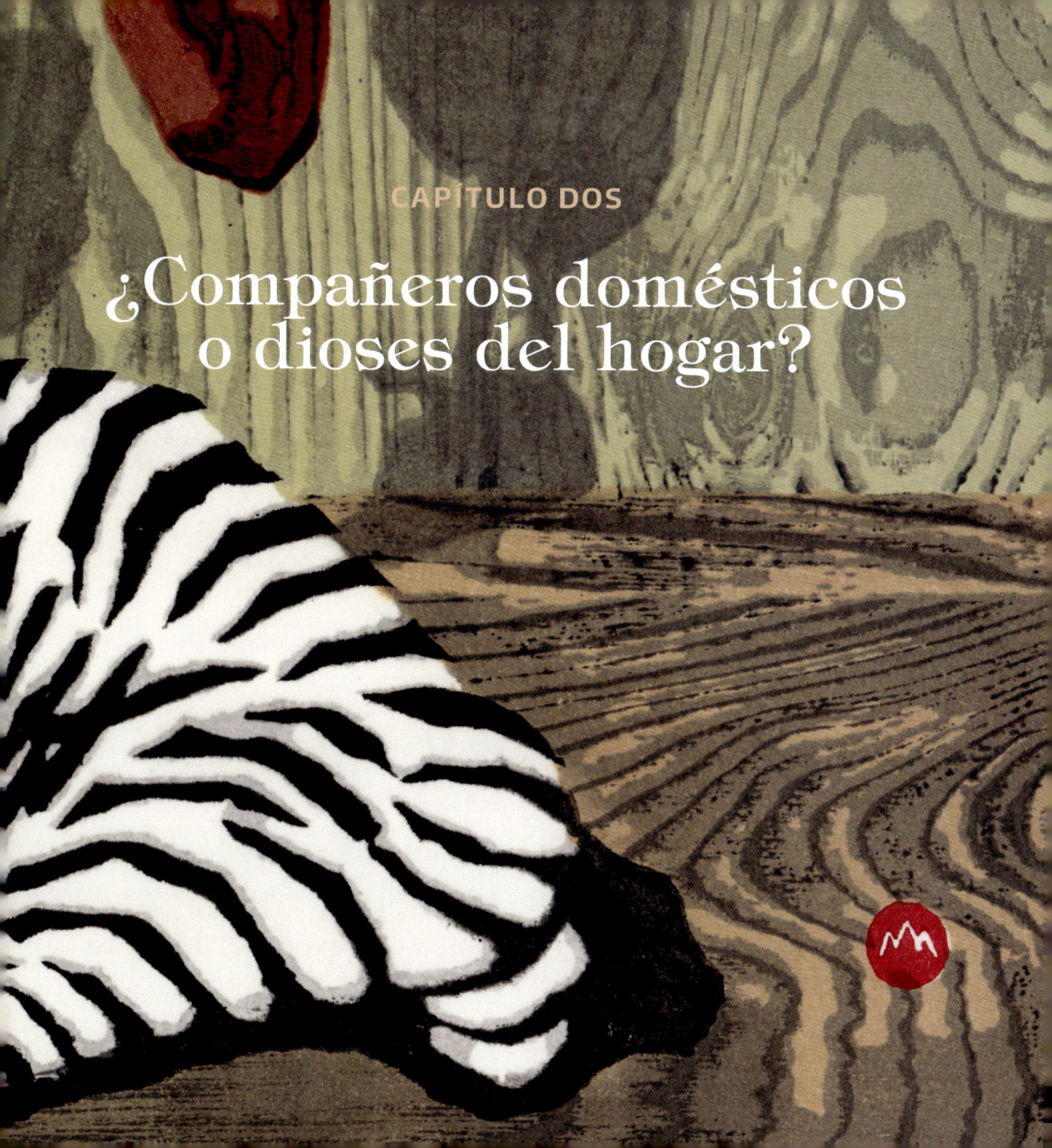

CAPÍTULO DOS

¿Compañeros domésticos o dioses del hogar?

Mascotas de la realeza

«La gata, que vivía en el palacio, había recibido el tocado de nobleza;
la llamaban Dama Myōbu y, como era muy bonita,
Su Majestad cuidó de que se la tratara con sumo cuidado».
—Sei Shōnagon, El libro de la almohada (1002)

Los gatos se convirtieron en una parte indispensable en la vida de los humanos gracias a la ayuda que les proporcionaban ahuyentando a las plagas, pero, no satisfechos con ello, pronto se ganaron también un hueco en sus hogares, corazones y regazos. En calidad de mascotas, podían disfrutar de un suministro seguro de comida, refugio y calor, así como de protección frente a depredadores de mayor tamaño. Sus cualidades encantadoras –carácter agradable, inclinación por hacer tonterías y travesuras, hábitos discretos y cuerpos suaves y calentitos– los convirtieron en miembros muy valiosos de la familia. Y es que no cabe duda: la vida con gatos es mejor.

Las crónicas y registros del periodo Heian (794-1185) demuestran que la nobleza estimaba en gran medida a los felinos por su aspecto y condición física, y por considerarlos criaturas sensibles en sintonía con el estado de ánimo de sus compañeros humanos. Asimismo, aunque los gatos fueran erigidos como símbolos peludos de estatus y moneda blanda en la economía del favor político, no cabe duda de que varios de estos aristócratas amantes de los felinos establecieron con ellos unos vínculos emocionales profundos. El registro más temprano en el que se menciona un gato como mascota se encuentra en el diario del emperador Uda (866-931), que por aquel entonces tenía 22 años, y que, además, es el diario de la corte japonesa más antiguo que se conserva en la actualidad. El día 11 de marzo del año 889, el joven emperador escribía lo siguiente:

«Ahora que gozo de un momento de tiempo libre, me gustaría escribir sobre mi gata. Se trata de una gata negra que me obsequió el anterior emperador [es decir, el emperador Kōkō, padre de Uda], desde Minamoto no Kuwashi, por el final de su servicio.

»El color de su pelaje es de lo más inusual. Otros gatos son de color negro ceniciento, pero esta gata tiene un pelo negro intenso como la tinta. Su longitud aproximada es de un shaku y seis sun (45 cm), y su altura es de seis sun (18 cm).

»Cuando se acurruca, se hace tan pequeña como una semilla de mijo negra, y cuando se estira, es tan larga como un arco tensado.

»Sus pupilas brillan como agujas y sus orejas se yerguen, rectas y firmes, como cucharas. Cuando se agacha, se hace una bola y no deja que se vislumbren sus patas o su cola. Parece una joya sacada de una cueva. Cuando camina, se mueve silenciosa, como un dragón negro surcando las nubes.

»Tiene una predilección innata por las prácticas taoístas de cuerpo y mente, y le gusta realizar los "ejercicios de los cinco pájaros". Aunque se quede con la cabeza y cola cerca del suelo, cuando arquea la espalda, se eleva hasta alcanzar una altura de dos shaku (60 cm). Quizá el bello lustre de su manto se deba a este régimen de ejercicios taoístas.

»Además, es más hábil cazando ratones por la noche que el resto de gatos.

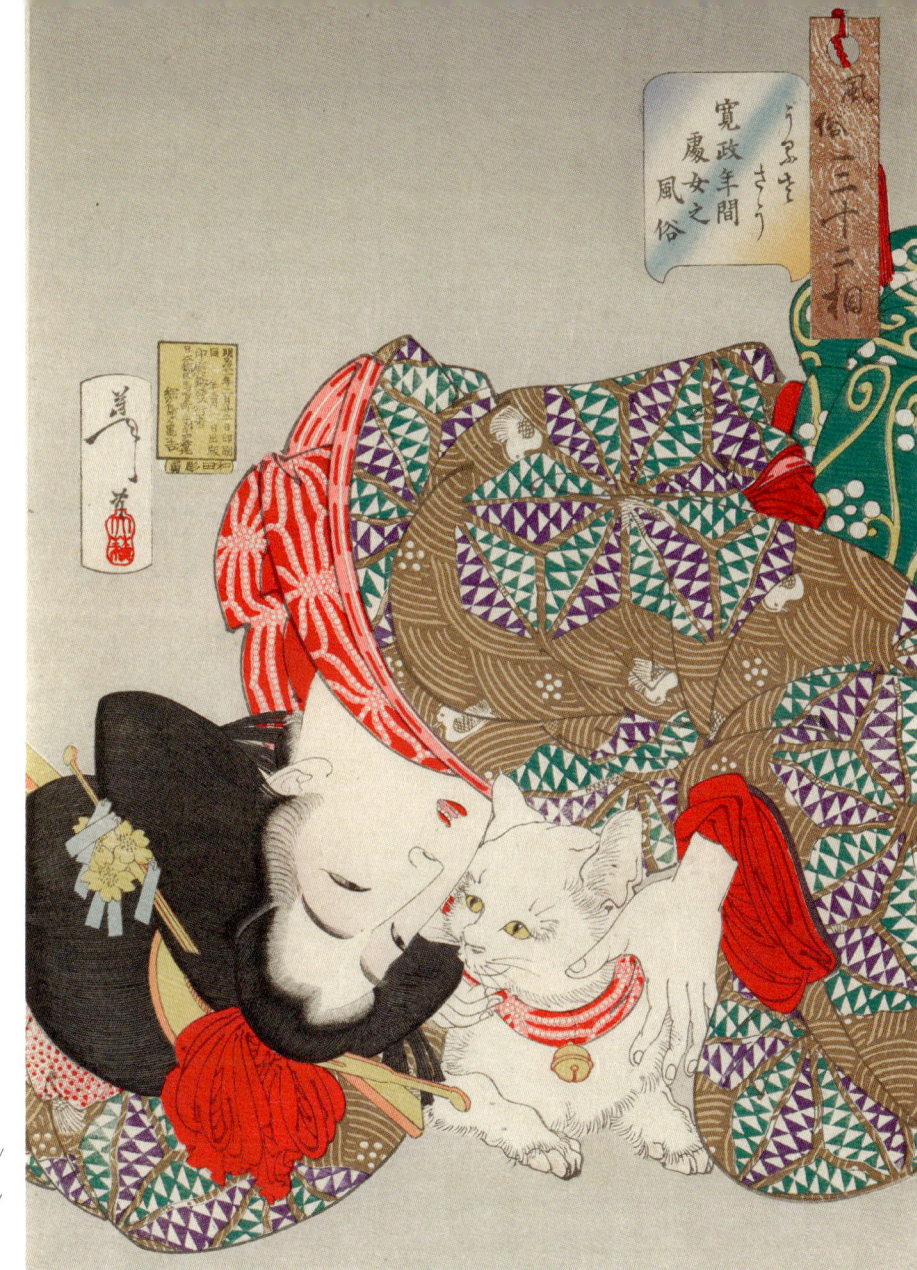

**Tsukioka Yoshitoshi
(1839-1892).**
*Comportamiento de una
doncella molesta de la era
Kansei, febrero de 1888.
Publicado por Tsunajima
Kamekichi. Xilografía, tinta y
color sobre papel, 37,31 x
25,4 cm. Instituto de Artes de
Minneapolis, fondo de
dotación Mary Griggs Burke,
fundado por la Fundación
Mary Livingston Griggs y Mary
Griggs Burke, obsequios de
varios donantes, intercambio y
obsequio de Edmond Freis, en
recuerdo de sus padres, Rose
y Leon Freis.*

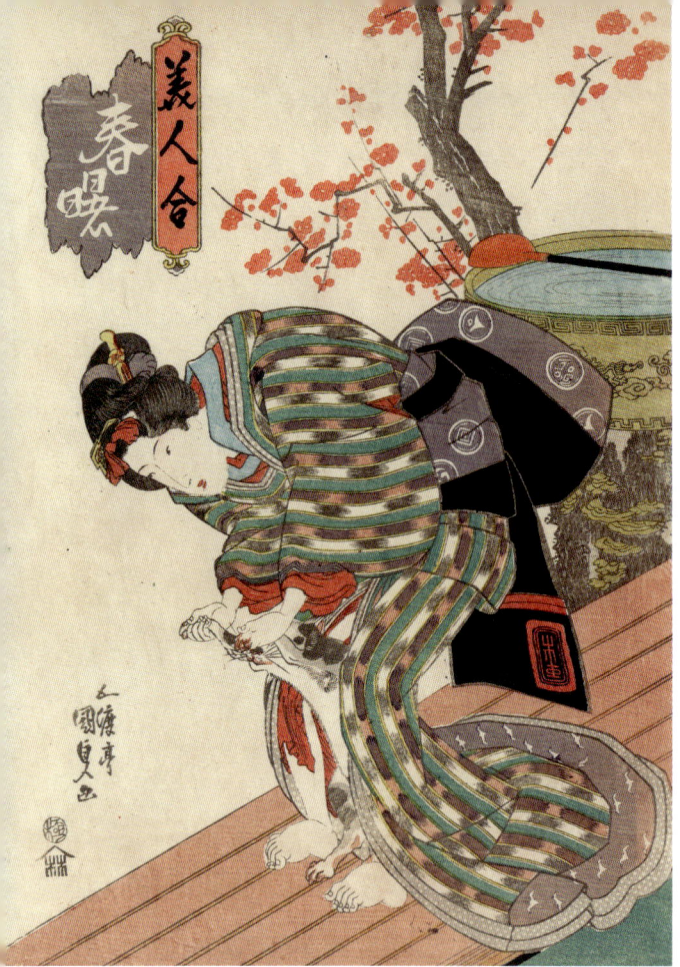

Utagawa Kunisada (1786-1865). *Mujer jugando con un gato, de la serie El comienzo de la primavera: una competición de bellezas, alrededor de la década de 1820. Publicado por Iseya Rihei. Xilografía (nishiki-e), tinta y color sobre papel, 36,3 x 26 cm. Museo de Bellas Artes de Boston, colección de Nellie Parney Carter —donación de Nellie Parney Carter.*

«Mi padre la acogió durante unos días antes de entregármela. Me acompaña desde hace cinco años y todas las mañanas le ofrezco gachas de arroz hechas con leche. Hago esto no porque vea algo particularmente especial en ella, sino porque, aunque se trate de una criatura tan pequeña, fue el emperador quien me la entregó, y por eso es un tesoro para mí.

Una vez me acerqué a ella y le dije: "Tu mente contiene las fuerzas del yin y del yang, y tu cuerpo está realizado a la perfección. Tú me entiendes". La gata emitió un gran suspiro y me miró fijamente al rostro, pero como si su corazón fuera a estallar de la emoción, no fue capaz de pronunciar ninguna palabra en respuesta».

En el año 999, el miembro de la corte Fujiwara no Sanesuke (957-1046) anotó en su diario, Shōyūki, que una de las gatas del palacio imperial dio a luz, y que los ministros de la Izquierda y la Derecha tuvieron que asistir a las ceremonias de nacimiento, además de designarse a una cortesana como enfermera de la camada. Esta práctica, no obstante, no era habitual; de hecho, según Sanesuke, este escándalo desató oleadas de risas por toda la corte.

Hubo gatos del palacio imperial que recibieron rangos cortesanos. *El libro de la almohada*, de Sei Shōnagon, comienza con una anécdota relacionada con una gata llamada Dama Myōbu, que constaría como el primer registro histórico de un gato con nombre propio. Dama Myōbu –que quizás fuera uno de los cachorros de la camada a la que hacía referencia Sanesuke– ostentaba el título de quinto rango y estaba totalmente consentida por el emperador de aquel momento, Ichijō (986-1011). Un día, la enfermera de la gata, molesta al verla disfrutando del sol sin mayor preocupación, provocó a uno de los perros del palacio para que la atacara. Horrorizado por el trato que había recibido su amada mascota, el emperador ordenó que golpearan y desterraran al perro, y despidió a la enfermera de su puesto.

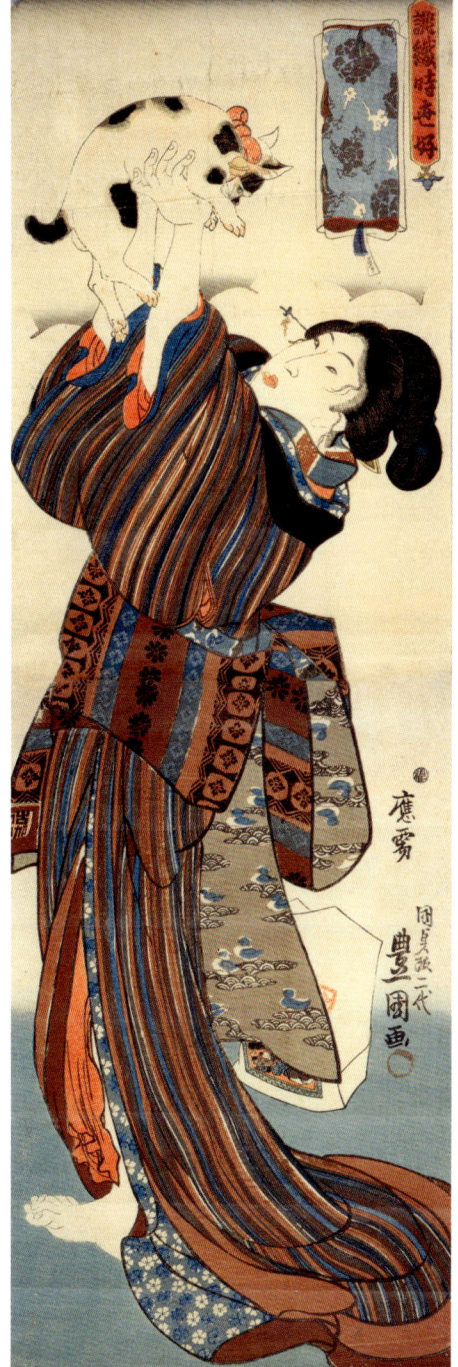

Desde finales del siglo XVII, existen evidencias de que los plebeyos tenían gatos como mascotas. El médico y naturalista alemán Engelbert Kaempfer, destinado en la isla artificial de Dejima, en Nagasaki, entre los años 1690-92, quien no tenía oportunidad de observar a las mujeres de la aristocracia en sus hogares, escribió lo siguiente sobre los felinos mimados de Japón:

«Tienen un tipo de gato particularmente bello [sic] que es un animal doméstico para ellos, al igual que para nosotros».
«Son de un color blanquecino con manchas grandes amarillas y negras, y tienen una cola muy corta, como si se la hubieran cortado a propósito. No están interesados en cazar ratones pero les encanta que los lleven en brazos y los acaricien,
sobre todo si son mujeres».
Engelbert Kaempfer,
La historia de Japón, vol. 1 (1727)

Utagawa Kunisada (1786-1865). *Mujer jugando con un gato, de la serie Telas por encargo del gusto actual, alrededor de 1843-1847. Publicado por Yamashiroya Jinbei. Díptico con xilografías, tinta y color sobre papel, 65,3 x 22,1 cm. Biblioteca de la Dieta Nacional de Tokio.*

El amado gato
de Fujiwara no Teika

«Como el alga salada,
ardiendo en la calma de la noche,
en la orilla de Matsuo,
refulge todo mi ser,
a la espera de quien no llega».
—Fujiwara Sadaie

Para ilustrar este famoso poema de deseo romántico de Fujiwara no Sadaie (1162-1241), Kuniyoshi reinterpretó el verso, de forma un tanto irreverente, reflejando los pensamientos de angustia que siente el dueño de una mascota al ver que esta se ha perdido o escapado. El grabado representa el regreso sentido a casa. Un noble mece un gato en sus brazos, presionando su mejilla contra la cara del animal, mientras un niño prepara cuidadosamente un banquete de celebración de *sashimi* para el felino. Ligeramente apartada de la escena, la señora del hogar se coloca una mano sobre la boca, en un gesto de sorpresa o desaprobación.

Fujiwara no Sadaie, también conocido como Fujiwara no Teika, fue un poeta, escritor, antologista y reconocido amante de los gatos. En una de las entradas de su diario, *Crónica de una luna brillante (Meigetsuki)*, de 1207, describe cómo un perro asesinó al amado gato de su mujer. El felino, de acuerdo con Teika, era una criatura extraña que se dejaba cargar y meter dentro de las mangas de los ropajes sin quejarse. La tristeza que le produjo la muerte de este gato, comentó, no era muy distinta del luto ante la pérdida de un ser querido. Puede que, con esta idea en mente, Kuniyoshi, amigo de los felinos, realizara este diseño tan poco habitual.

Utagawa Kuniyoshi, 1798-1861. *Fujiwara no Teika, de la serie Cien poemas de cien poetas, alrededor de 1840-1842. Publicado por Ebisu. Xilografía, tinta y color sobre papel, 25,5 x 37,5 cm. Museo de Etnología de Leiden.*

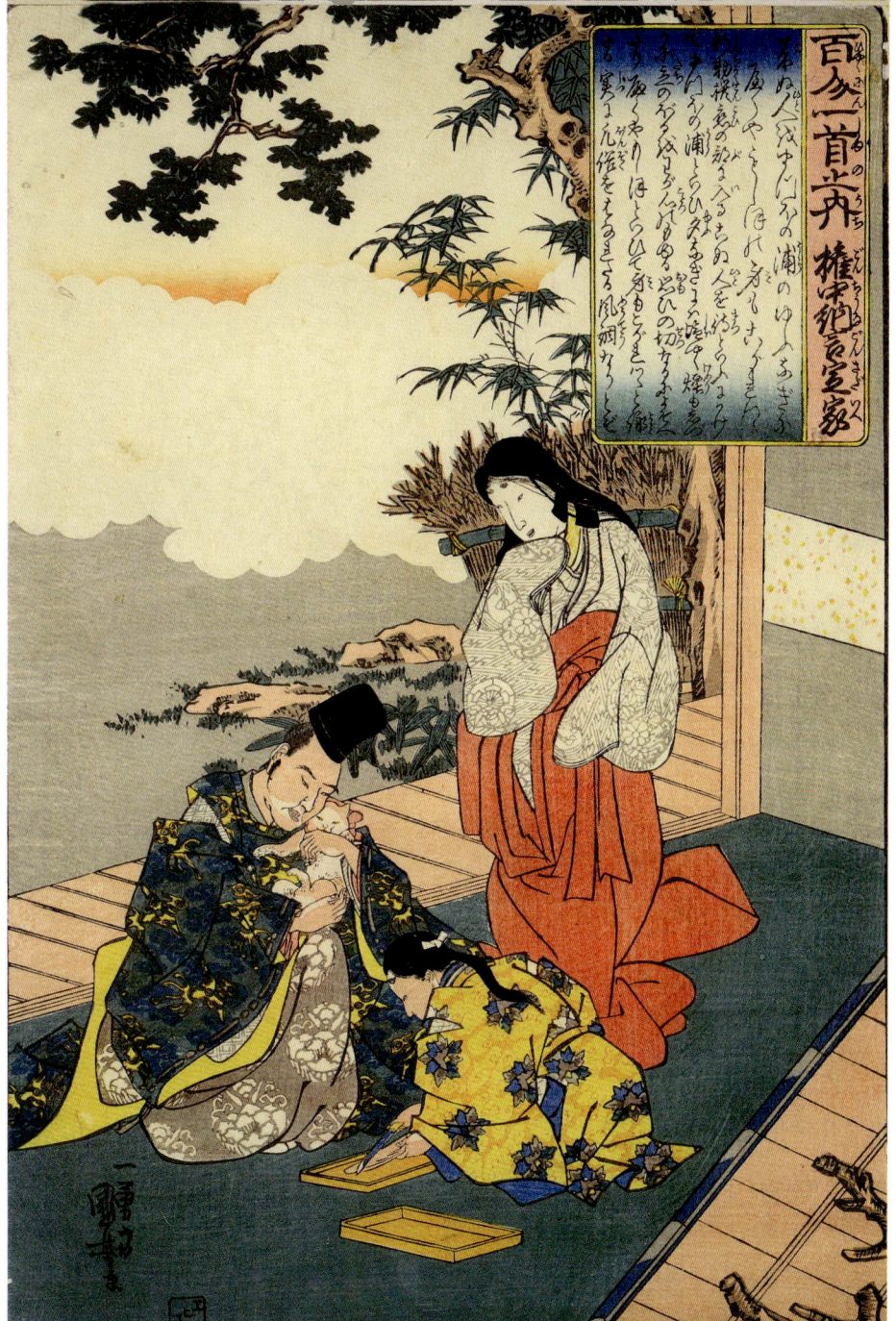

Juntos, más a gusto

Incorporar un gato feliz en una escena doméstica crea un ambiente de paz y armonía. Los gatos, considerados unos animales domésticos limpios, discretos, cordiales, con una preferencia por el orden y la tranquilidad, y una gran destreza para ahuyentar plagas, además de requerir unos gastos concretos para su adquisición y manutención, simbolizan la comodidad de un hogar próspero y ordenado, incluso aunque se trate de una habitación sencilla de alquiler en un burdel. Muchos artistas solían representar a los gatos y humanos compartiendo la calidez de un brasero de carbón, o *kotatsu,* un ingenioso mecanismo de calefacción inventado en Edo que consiste en un marco que se coloca sobre un fogón en el suelo o una olla, y que se cubre con una manta. Dichas imágenes suelen contener una pizca de humor amable y retratan la apacible camaradería que se da entre compañeros bípedos y cuadrúpedos.

En la escena de Koryūsai, dos jóvenes sentadas en el *kotatsu* juegan al *ayatori,* un juego tradicional que se realiza con hilos. Ajeno al juego, un gato de pelaje negro y blanco se acurruca bajo el extremo de la colcha. La cara bigotuda del animal parece expresar el placer que se obtiene al encontrar el mejor asiento de la casa.

En la cultura popular occidental, el arquetipo de «señora de los gatos» –una mujer generalmente soltera, culta y que vive con uno o varios gatos– se asocia con ser excéntrica, tener un posible trastorno y estar condenada a vivir sola y aislada del mundo. Sin embargo, la viuda de Yoshitoshi (página 41), con sus ropajes y sábanas lujosas, y en compañía de un gato, parece disfrutar de su independencia. Ensimismada en su lectura –puede que el apasionante último libro de Kyokutei Bakin– los labios de la mujer están ligeramente entreabiertos,

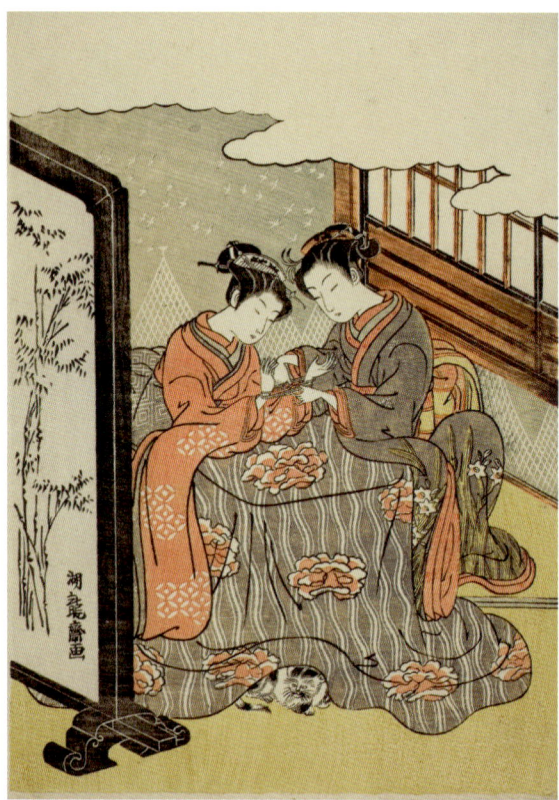

ARRIBA. **Isoda Koryūsai (1735-1790).** *Dos muchachas jugando al ayatori, alrededor de 1769. Xilografía, tinta y color sobre papel, 26,1 x 19,7 cm. Instituto de Arte de Chicago, colección de Clarence Buckingham.*

DERECHA. **Tsukioka Yoshitoshi (1839-1892).** *Al calor, una cosmopolita viuda de la era Kansei (1789-1801), de la serie Treinta y dos aspectos de costumbres y modales, 1888. Publicado por Tsunajima Kamekichi. Xilografía, tinta y color sobre papel, 35,6 x 23,8 cm. Museo Metropolitano de Arte, obsequio de Lincoln Kirstein, 1985.*

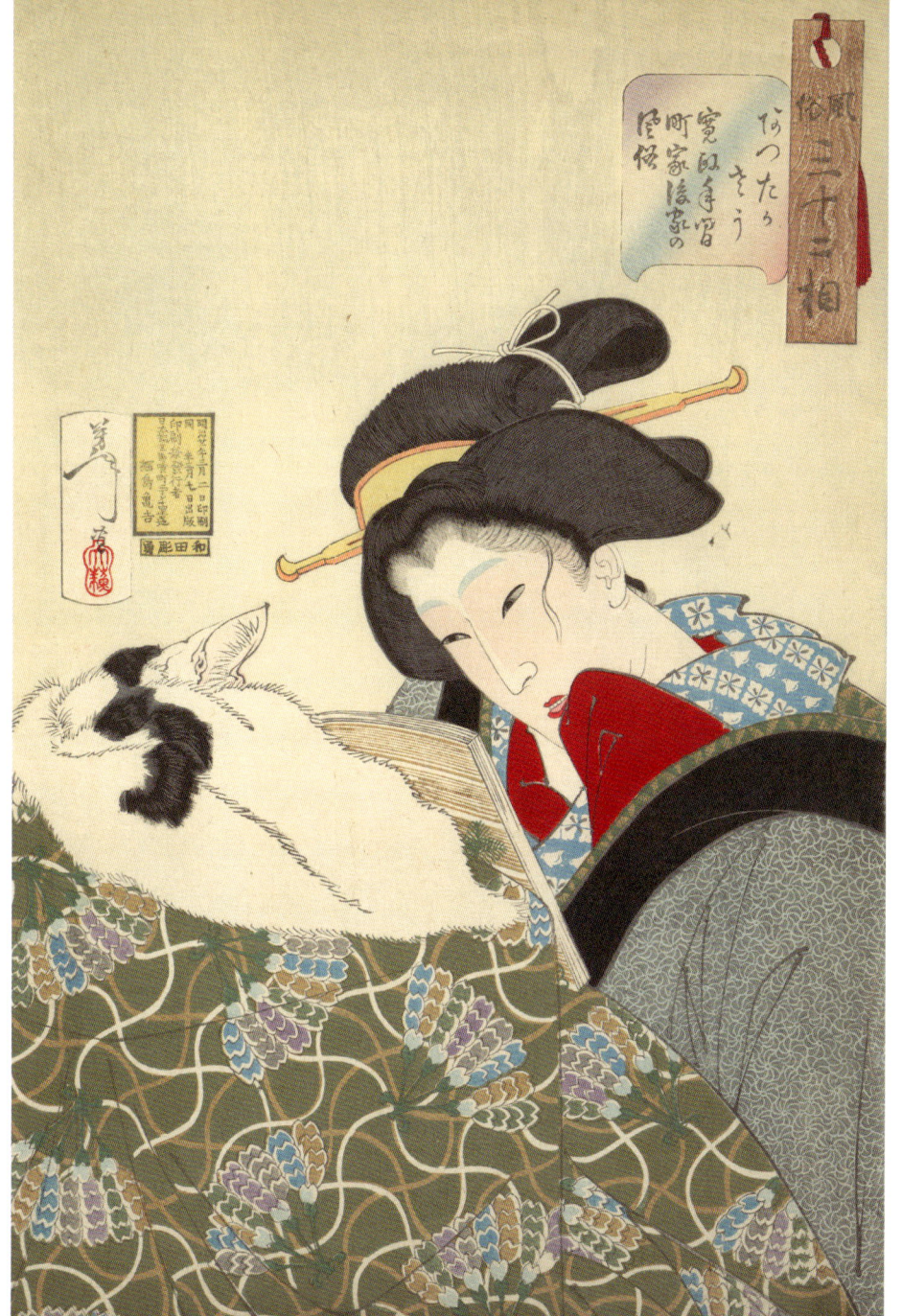

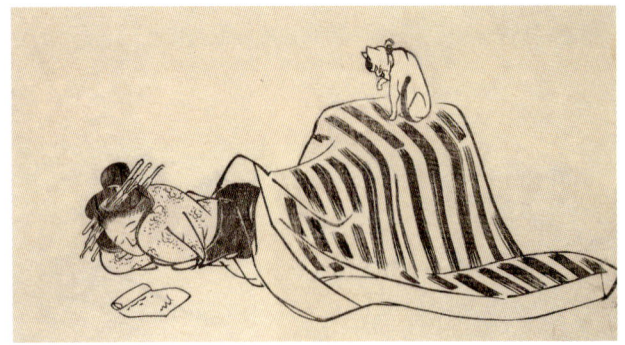

IZQUIERDA. **Yamaguchi Soken (1759-1818).** *La gente de Yamato (Japón). Álbum de ilustraciones (Yamato jinbutsu gafu), 1800. Vol. 3 de una colección de tres libros de xilografías, tinta sobre papel, 26,5 x 18,3 cm. Museo Metropolitano de Arte, adquisición, obsequio de la Fundación Mary y James G. Wallach, 2013.*

DERECHA. **Utagawa Kunisada (1786-1865).** *Mujer bella leyendo y gato estirándose, alrededor de la década de 1820. Xilografía, tinta y color sobre papel, 36,4 x 25,9 cm. Imagen cedida por cortesía de la Galería Egenolf.*

y un bucle de pelo se escapa de su arreglado recogido. El trato realista que da el artista al cuerpo enroscado y las orejas en punta del gato contrasta con la representación más estilizada de la mujer. Asimismo, la delicada textura con líneas apenas visibles que se puede observar en las zonas blancas del pelaje del animal se consigue a través de la impresión a ciegas *(karazuri)*, una técnica en la cual se estampa el papel contra unos sellos que están tallados pero que no tienen tinta, de forma que crean un patrón tridimensional.

Arriba a la derecha, durante un día tranquilo y frío en la librería de la calle Hikage, un gato huesudo se despierta de la siesta, se estira, arquea la espalda y bosteza de forma esperpéntica. Su expresión deformada de manera cómica contrasta con la belleza de su dueña, que disfruta relajada de la lectura de un libro mientras está sentada en el *kotatsu*. Detrás de ella, asoma el cuello de un *shamisen* apoyado en una pared cubierta por *surimono* –'cosas impresas' publicadas por grupos de poetas y otros colectivos del pensamiento literario–. Varios recibos cuelgan cuidadosamente de unos clavos.

Uno de los surimono de Kuniyoshi muestra a un gato tricolor que parece haber saltado encima del kotatsu, sobresaltando a su dueña y desparramando varios libros y una lámpara por el suelo (página 44). La escena es una parodia de un episodio de la novela épica *Bandidos del pantano* (en chino, *Shuihu zhuan,* y en japonés, *Suikoden),* en la que Bushō (o Wu Song, en chino), un hombre de gran fuerza, mata a un tigre después de

una noche de alcohol. La nota de humor del diseño recae en cómo se ha sustituido al feroz depredador alfa por un revoltoso minino. La imagen pertenece a una serie en la que cada diseño compara una joven con uno de los héroes de Bandidos del pantano, uno de los temas distintivos de Kuniyoshi.

El grabado de Harunobu presenta una escena humorística en una casa de té. Un gato con los ojos firmemente cerrados descansa relajado en el regazo de una mujer que está cabeceando ante el brasero. La cabeza de ella está inclinada hacia delante de manera notoria, y su peine amenaza con caerse en las cenizas. Su mano descansa sobre unos palillos que se usan para mezclar las brasas. Por otra parte, dos compañeras han atado el extremo de su *obi* al pilar de detrás para gastarle una broma. El poema inscrito hace referencia a las festividades de final de año; puede que la silueta de la persona que se vislumbra en el *shoji* del salón vecino esté tocando el *shamisen* para entretener a los invitados que han acudido a la fiesta para despedir el año.

ABAJO A LA DERECHA. **Tsukioka Yoshitoshi (1839-1892).** *Quiero cancelar mi suscripción, de la serie Una colección de deseos, 1878. Xilografía, tinta y color sobre papel, 36,04 x 24,13 cm. Publicado por Inoue Mohei. Instituto de Artes de Minneapolis, Fundación de Donativos Mary Griggs Burke creada por la Fundación Mary Livingston Griggs y Mary Griggs Burke, obsequios de varios donantes, intercambio y obsequio de Edmond Fries, en recuerdo de sus padres, Rose y Leon Fries.*

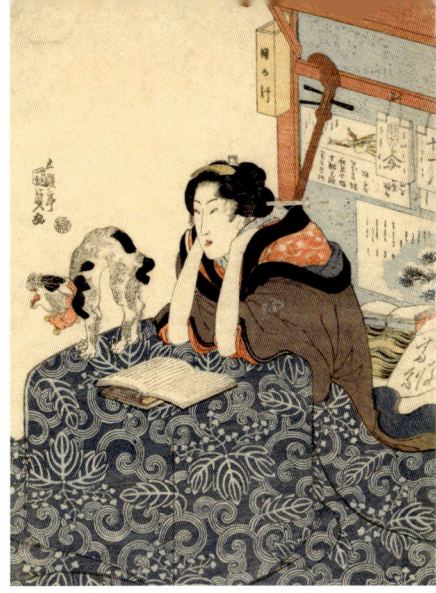

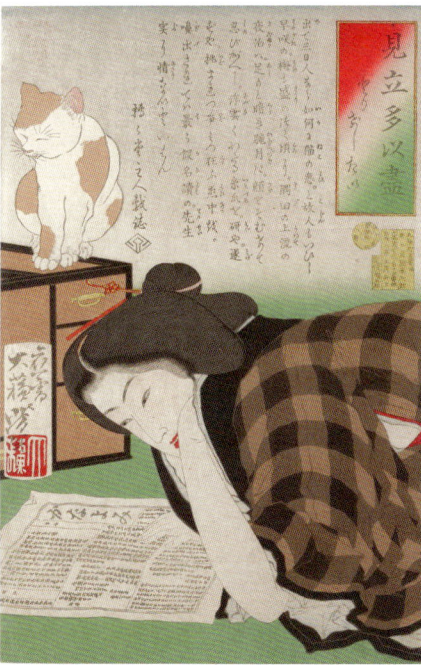

見立多以盡

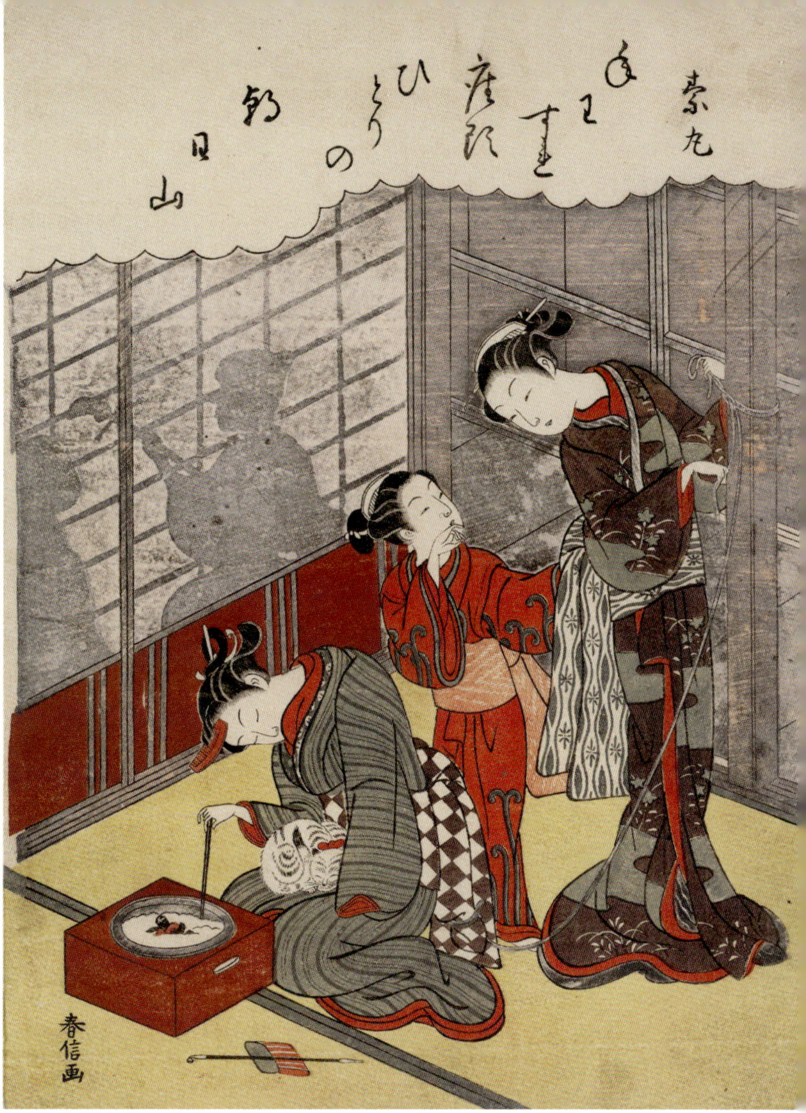

ARRIBA. **Suzuki Harunobu (1725-1770).** *Poema de Somaru, de la serie Versiones a la moda en tinta en cinco colores, alrededor de 1768. Xilografía, tinta y color sobre papel, 28,2 x 20,9 cm. Museo de Bellas Artes de Boston, colección William Sturgis Bigelow.*

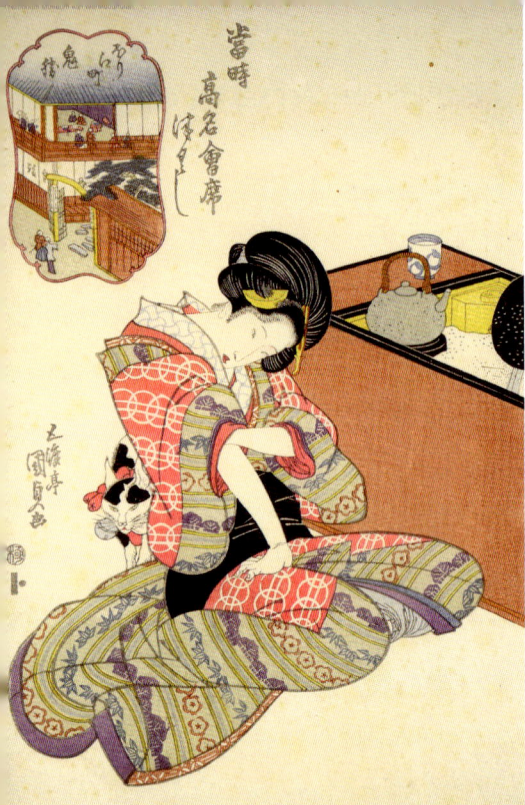

ARRIBA. **Utagawa Kunisada (1786-1865).** *El restaurante Onikatsu en Horiechō, de la serie Surtido de restaurantes famosos en la actualidad, 1818-1824. Publicado por Yamaguchiya Tōbei. Xilografía, tinta y color sobre papel, 38,6 x 26,3 cm. Museo de Etnología de Leiden.*

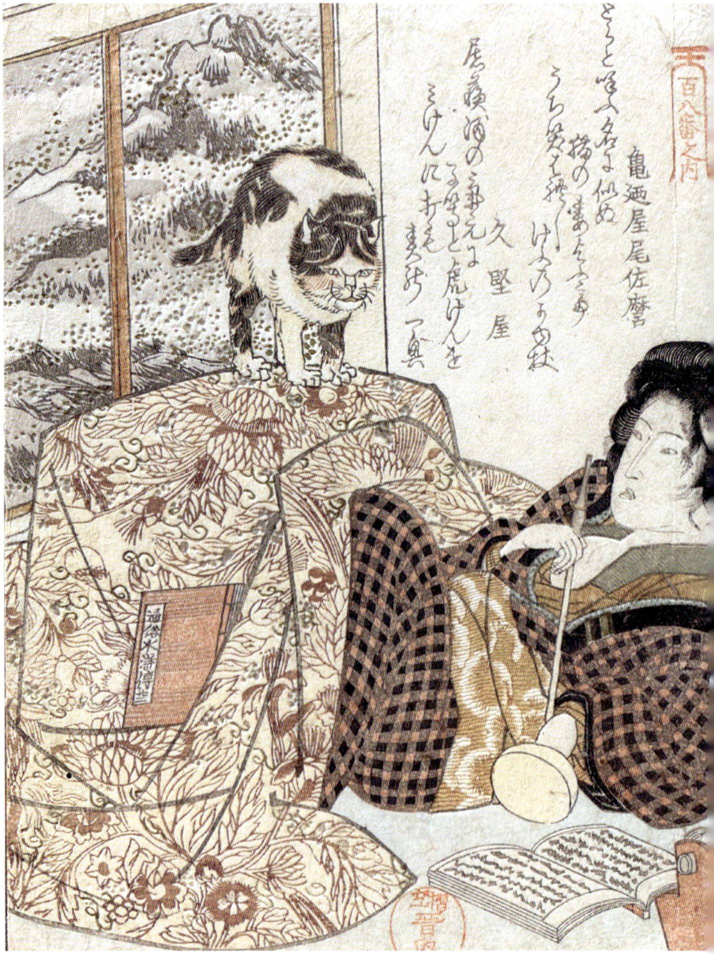

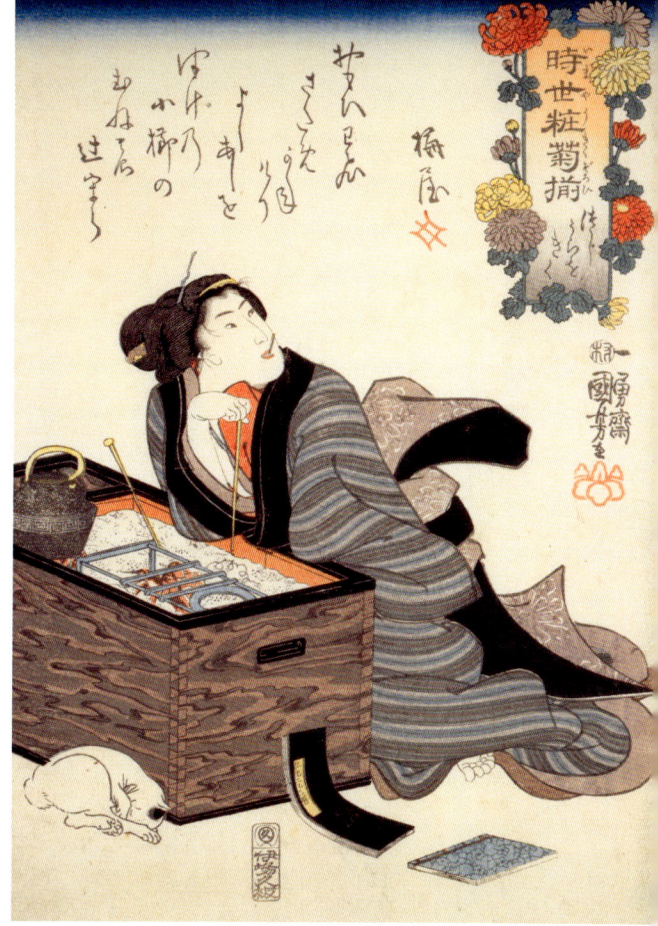

UN COMPAÑERO MODÉLICO

Modelado y decorado con destreza, este gato holgazán, de cuerpo rechoncho y expresión interesante, emana una presencia felina muy encantadora, y quizá sea hasta lo suficientemente realista como para espantar a algún ratón. Los hornos de Sōshichi, donde se creó esta obra en 1806, fueron fundados por Masaki Sōshichi, artesano de baldosas que trabajaba en el castillo de Fukuoka en 1600. Según la leyenda, hizo una figurita para el señor feudal Kuroda Nagamasa con la arcilla que le sobraba, dando el pistoletazo de salida a una dinastía de ceramistas que sobrevivió seis generaciones. Él y sus descendientes se especializaron en hacer artículos bien modelados y sin lacar como máscaras, figuritas, muñecas, utensilios para el té y demás objetos domésticos.

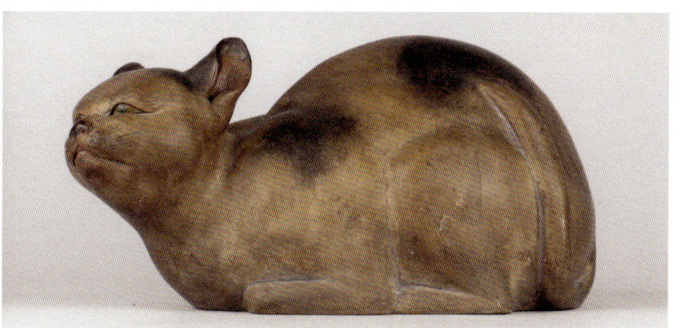

ARRIBA. **Utagawa Kuniyoshi (1798-1861).** *Escuchando la adivinación, de la serie Surtido de crisantemos en estilo moderno, 1845. Publicado por Ibaya Senzaburō. Xilografía, tinta y color sobre papel, aprox. 39 x 27 cm. Biblioteca Nacional de la Dieta de Tokio.*

IZQUIERDA. **Okimono de un gato (1806).** *Artículo de Sōshichi, cerámica con pigmentos, 12,7 x 29,5 x 16,2 cm. Imagen cedida por cortesía de Kagedo Japanese Art.*

Gatos y niños

Los hijos de Sekino Jun'ichirō, Junpei y Yowasaku, y su hija, Ayuko, crecieron en compañía de perros, gallinas, pinzones, peces *koi* y gatos. Los retratos en los que aparecen junto a sus mascotas rinden tributo al lugar que ocupan los animales en la familia y sugieren que la relación que tiene un joven con los animales es un reflejo de su naturaleza y carácter floreciente. El afecto de los gatos, criaturas que tienden a ser precavidas cuando se les lleva en brazos o cuando perciben movimientos repentinos o ruidos estridentes, tiene que ganarse a través de la dulzura. Un gato blanco descansa relajado en el regazo de Yowsaku, un muchacho de ojos grandes y sensibles. Por el contrario, estas amistades a veces cuentan con momentos divertidos de tensión: el gato atigrado amarillo de extremidades separadas que aparece en *Chica con gato* se retuerce buscando liberarse del agarre de Ayuko.

Sekino fue un artista perteneciente al movimiento modernista *sōsaku hanga*, o 'impresión creativa', que emergió a principios del siglo XX como respuesta al desarrollo del arte moderno en Europa. Estos jóvenes artistas, la mayoría experimentados en pintura y escultura de estilo occidental, rechazaron la producción colaborativa de *ukiyo-e*, en la que los artesanos especializados realizaban los grabados bajo las órdenes de un editor comercial, y reclamaron la autoría completa de su obra, tallando e imprimiendo sus propios diseños. Durante el periodo de posguerra, los artistas *sōsaku hanga* se beneficiaron del mecenazgo de los miembros de la ocupación aliada. Los nuevos lazos diplomáticos que surgieron entre EE. UU. y Japón fueron una oportunidad para que Sekino y sus colegas pudieran viajar al extranjero a realizar exposiciones, impartir clases y estudiar.

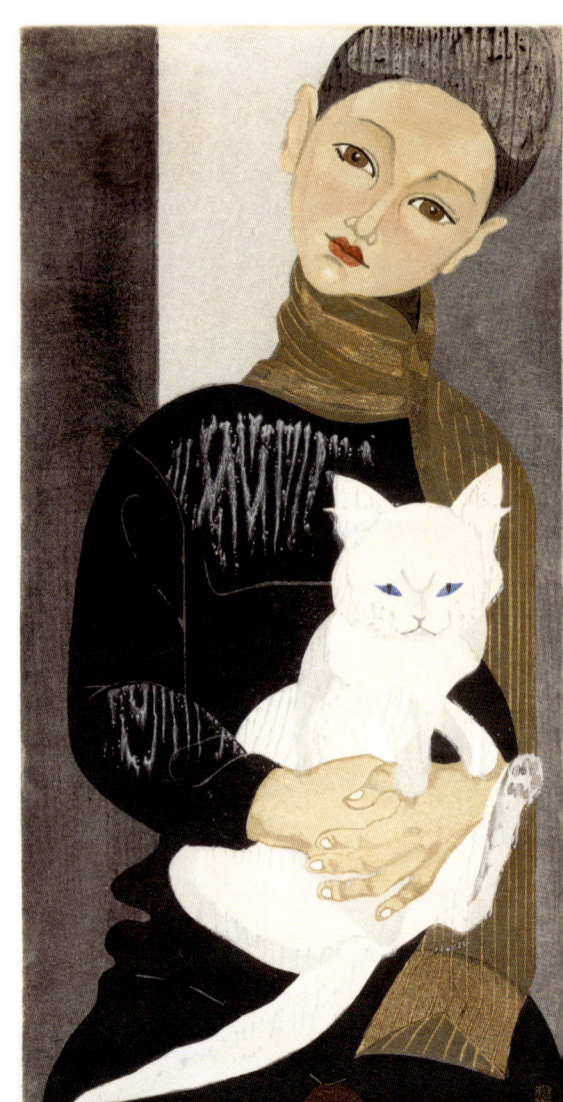

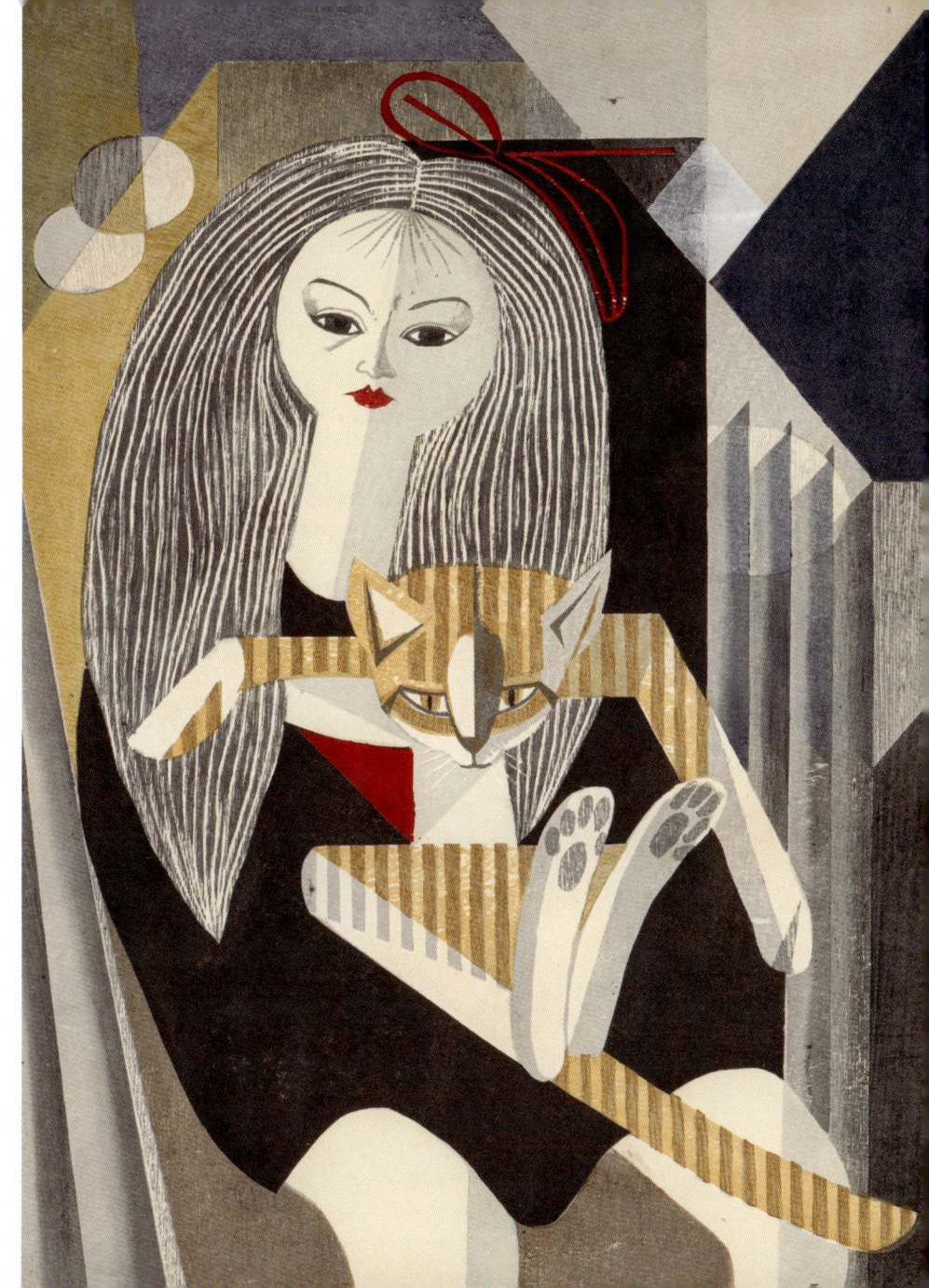

IZQUIERDA. **Sekino Jun'ichirō (1914-1988).** *Chico con gato, 1957. Xilografía, tinta y color sobre papel, 68 x 38 cm. Museo de Arte de John y Mable Ringling, obsequio de Charles y Robyn Citrin, 2015.*

DERECHA. **Sekino Jun'ichirō (1914-1988).** *Chica con gato (prueba del artista), alrededor de 1955. Xilografía, tinta y color sobre papel, 61 x 46 cm. Museo de Arte de John y Mable Ringling, obsequio de Charles y Robyn Citrin, 2017.*

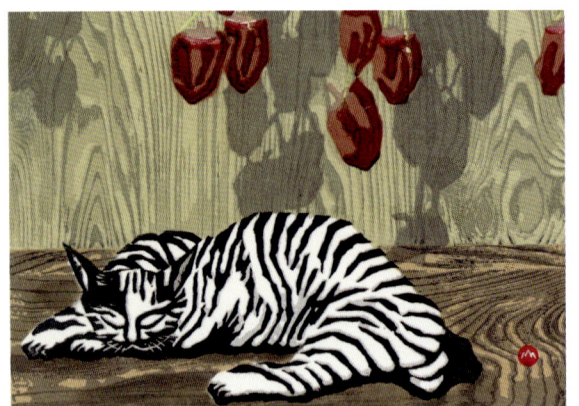

Gatos en el jardín

Un gato negro y blanco descansa bajo la luz dorada de la tarde. Los caquis recolectados durante el otoño están colgados, secándose, mientras arrojan sombras sobre la pared de detrás. Esta fruta deshidratada, llamada *hoshigaki,* es una exquisitez de temporada y en el pasado suponía una fuente muy valiosa de nutrientes para los campesinos durante los meses de invierno. El juego de patrones veteados y las rayas del gato, similares a las de una cebra, dan vida al diseño, mientras que la cosecha abundante y el felino, que duerme pacíficamente, forman una combinación llena de buenos augurios.

A la derecha, un pequeño gato negro de ojos brillantes logra transmitir la intensidad psicológica propia de los retratos de actores *kabuki* por los que el artista es mejor conocido. Shunsen estuvo asociado con el movimiento *shin hanga,* o 'nueva impresión', que buscaba revivir las técnicas y sensibilidades del periodo del *ukiyo-e,* principalmente para un mercado occidental. Sin embargo, demostró ser un artista muy versátil cuando su editor le encargó crear una serie de gatos y perros, en la que incorporó elementos del estilo modernista y expresivo del *sōsaku hanga,* o 'impresión creativa', tales como líneas del contorno gruesas y manchas superpuestas de colores planos. El halo plateado se consigue mediante la impresión degradada *(bokashi)* del fondo negro y aplicando mica.

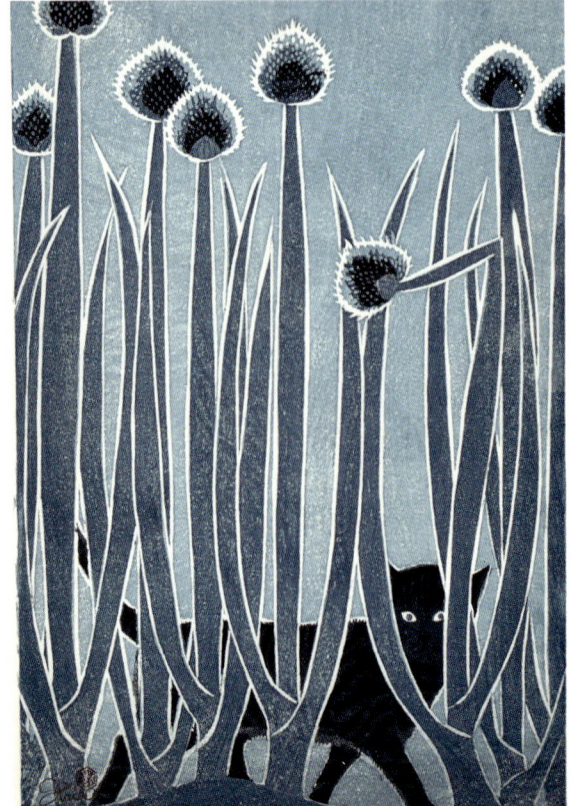

ARRIBA A LA IZQUIERDA. **Yamaguchi Susumu (1897-1983).** *Gato disfrutando del sol, 1960. Xilografía, tinta y color sobre papel, 33 x 41,6 cm. Imagen cedida por cortesía de la Galería Egenolf.*

IZQUIERDA. **Kasamatsu Shirō (1898-1991).** *Flores de cebolla, 1958. Xilografía, tinta y color sobre papel, 41,2 x 28,6 cm. Colección privada.*

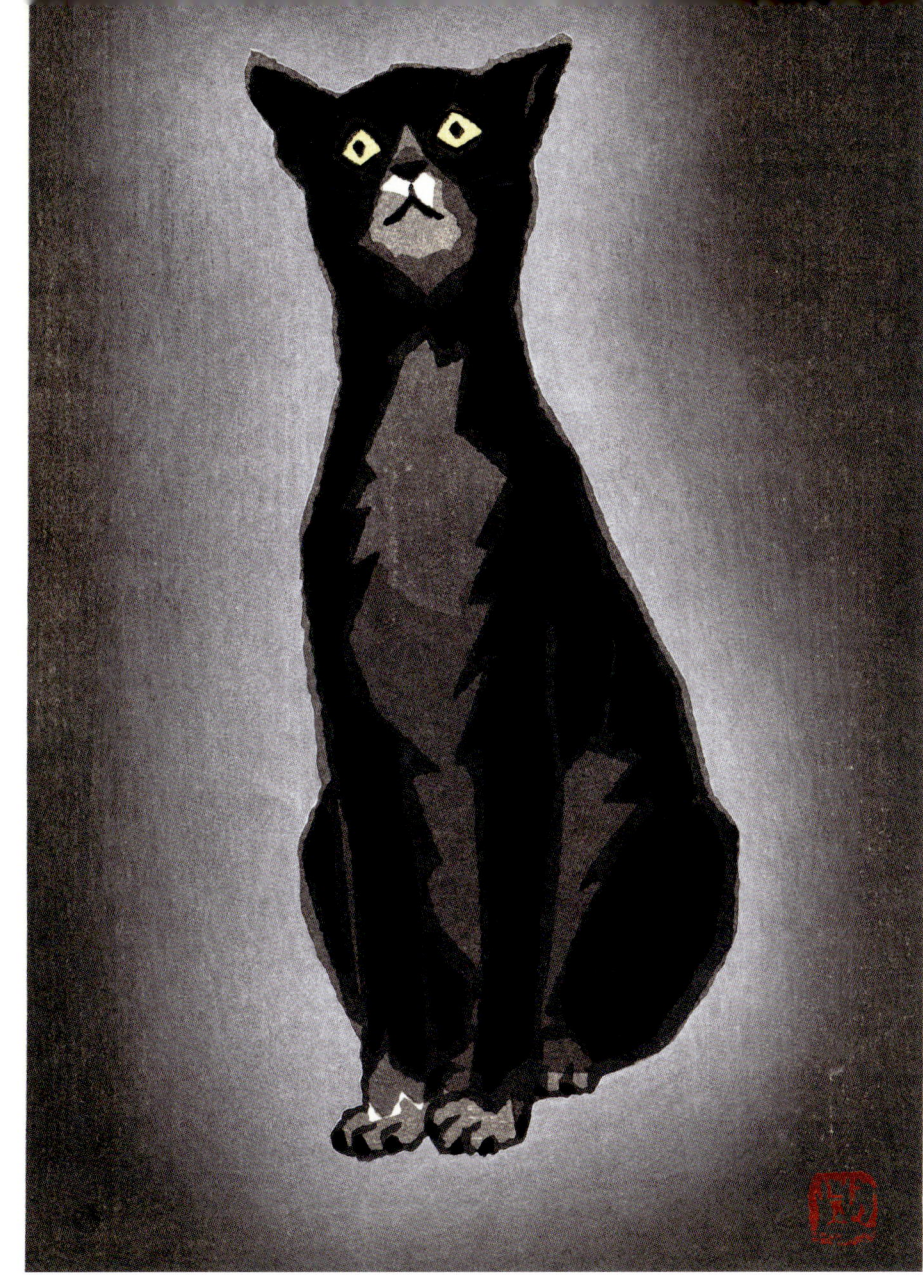

Natori Shunsen (1886-1960). *Gato negro sentado, alrededor de 1950. Publicado por Watanabe Shōzaburō. Xilografía, tinta y color sobre papel con mica, aprox. 40,6 x 27,3 cm. Imagen cedida por cortesía de la Galería Egenolf.*

¿COMPAÑEROS DOMÉSTICOS O DIOSES DEL HOGAR?

Los mininos de Fukase Masahisa

«Mi intención no era fotografiar a los gatos más hermosos del mundo, sino capturar su encanto a través de mi lente, mientras me reflejo en sus pupilas. Se podría decir, y con razón, que esta colección es en realidad un autorretrato para el cual he adoptado la forma de Sasuke y Momoe».
—Fukase Masahisa

En 1977, con el corazón roto por la ruptura de su matrimonio, el artista Fukase Masahisa adoptó un gatito atigrado. Le puso de nombre Sasuke, al igual que el heroico *ninja* de ficción Sarutobi Sasuke, e inmediatamente empezó a hacerle fotos, hallando consuelo y placer en sus travesuras, curiosidad y momentos de tranquilidad que pasaban juntos. Como tema, Sasuke suponía un estímulo en la búsqueda de innovación técnica y profundidad psicológica de Fukase.

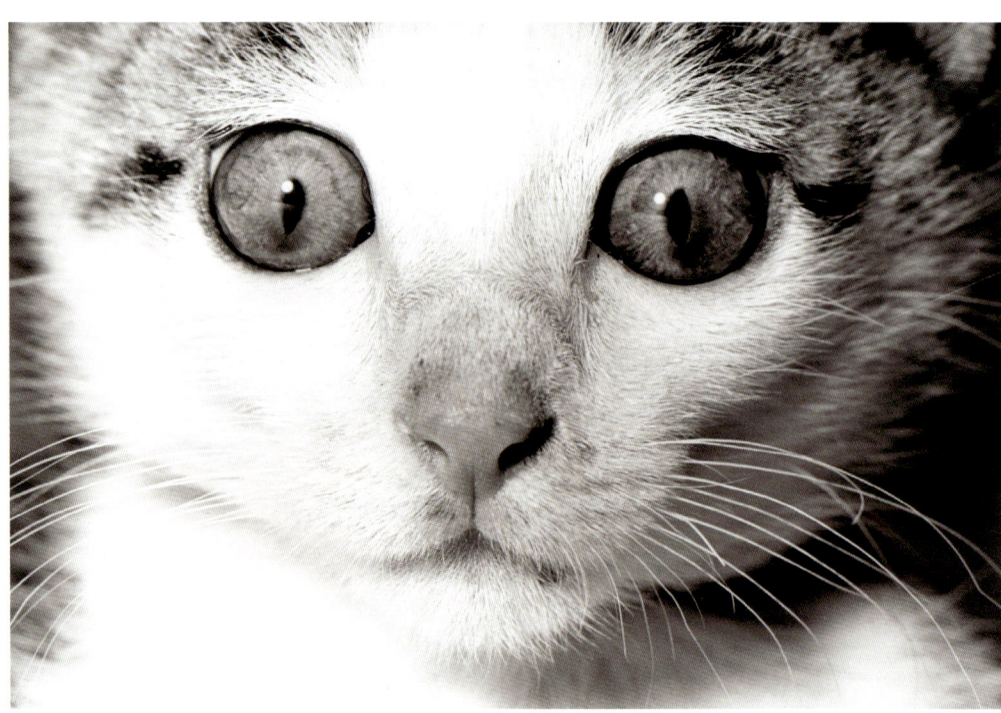

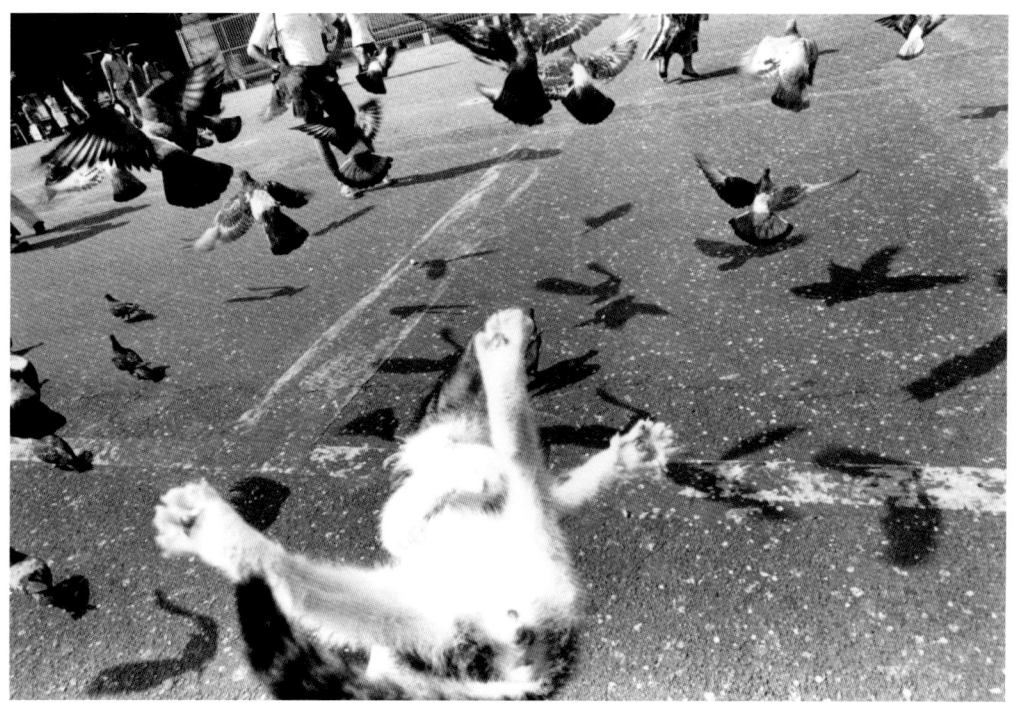

Sin embargo, diez días más tarde, Sasuke desapareció. Fukase pegó carteles de «gato perdido» por todo el vecindario. Una mujer que había encontrado un gato parecido al suyo contactó con él, pero no era Sasuke. Igualmente decidió acogerlo en su hogar, le puso de nombre Sasuke II y también comenzó a hacerle fotos. Un año más tarde, otro gato llamado Momoe se unió a Sasuke II, y empezó a salir en las fotos de Fukase.

IZQUIERDA. **Fukase Masahisa (1934-2012).** *Sin título (Momoe) de la serie Sasuke, 1977-78. Impresión en gelatina de plata, 20,3 x 25,4 cm. © Archivos Masahisa Fukase, imagen cedida por cortesía de Atelier EXB en París.*

ARRIBA. **Fukase Masahisa (1934-2012).** *Sin título (Sasuke saltando) de la serie Sasuke, 1977-78. Impresión en gelatina de plata, 20,3 x 25,4 cm. © Archivos Masahisa Fukase, imagen cedida por cortesía de Atelier EXB en París.*

Las fotografías de Fukase se erigen como un tributo conmovedor y alegre de la relación entre el artista y sus compañeros felinos. Publicó numerosas instantáneas de su serie en vida, pero su obra saltó a la fama recientemente como tema principal de un libro de fotografías compilado por Tomo Kosuga, fundador de Archivos Masahisa Fukase. Fukase es conocido por sus evocadoras imágenes semiabstractas de vida doméstica, animales y paisajes rurales. Su libro de fotografía Cuervos (Karasu), realizado entre 1975 y 1986, es un análisis sobre la angustia, y fue lo que le catapultó como uno de los fotógrafos de posguerra más radicales y conceptualmente rigurosos de todo Japón.

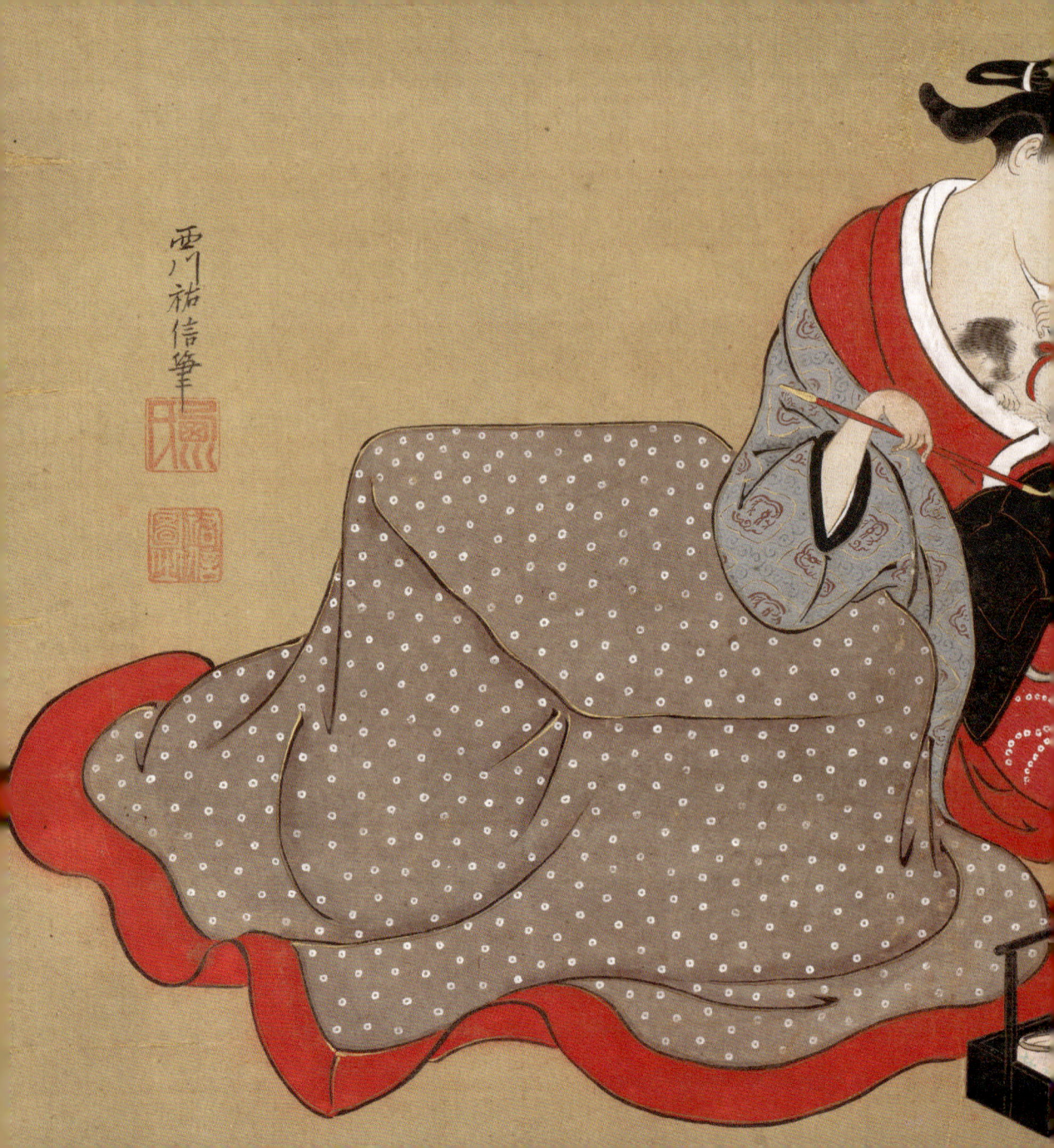

Felinos y mujeres

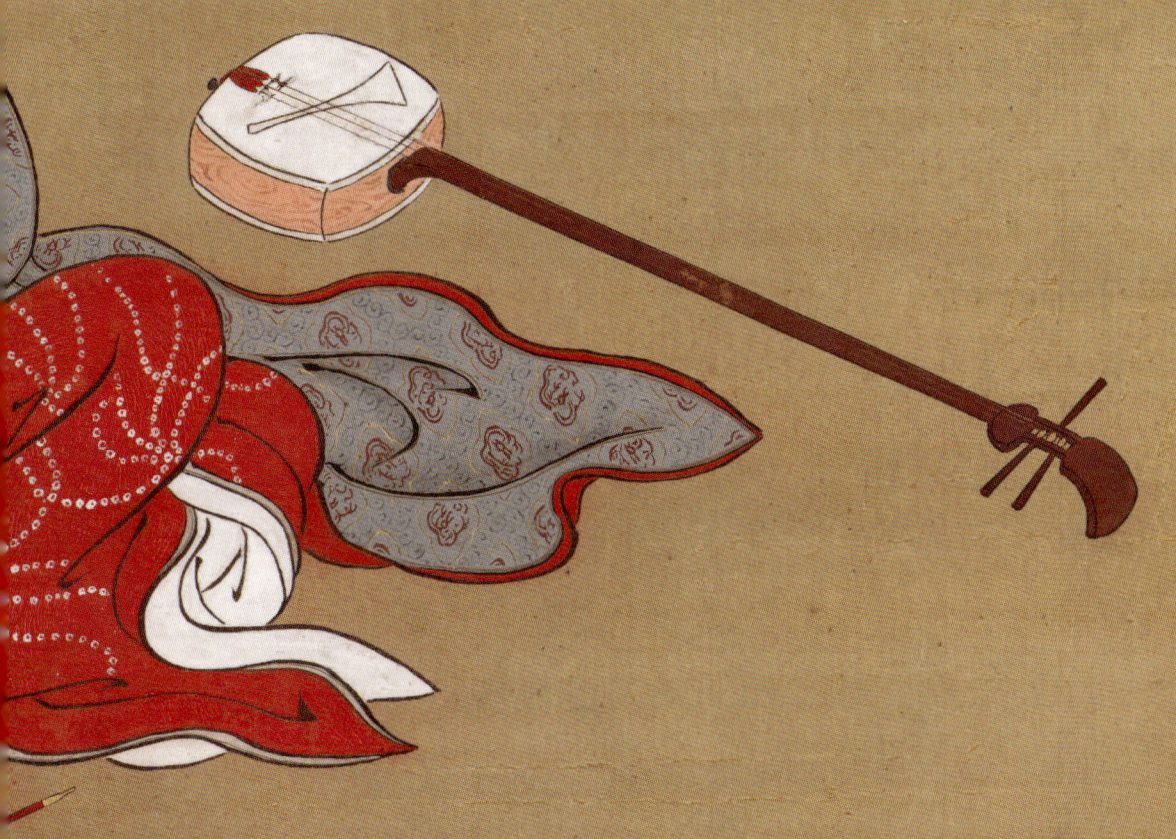

Gatos y mujeres bellas

La mayoría de imágenes de gatos se enmarcan en el contexto de *bijin-ga,* o 'ilustraciones de bellezas' (con «bellezas» se hace referencia, por lo general, a mujeres vistas por y para un público masculino). En estas obras, el animal suele estar dotado de una doble identidad: por un lado, el artista y *voyeur* (que normalmente es masculino), y por otro, el sujeto femenino. El cuerpo de los gatos, flexible y propenso a la búsqueda del placer, se identifica con la sensualidad femenina; asimismo, un minino juguetón puede considerarse un símbolo de flirteo y deseo ilícito, e incluso llevar a pensar en el amante que es tentado al frenesí de la lujuria. La independencia y la inescrutabilidad tan reputadas de los gatos se asocian con la falsa modestia y la desconfianza atribuidas, muy desafortunadamente, a las mujeres. Las gatas brujas del capítulo seis son, en su mayoría, mujeres peligrosas y transgresoras que han rechazado las normas dictadas por la sociedad.

La palabra en japonés para gato, *neko,* es un argot de *prostituta,* y es, a su vez, un homónimo de *chica (ko)* que *duerme (ne).* La existencia de una conexión estrecha entre mujeres y felinos en el contexto de los distritos del placer de Japón, durante principios de la época moderna, quizás fuera un amargo reflejo de la dificultad que experimentaban las mujeres que trabajaban en esos ámbitos para establecer amistades verdaderas de su propia especie. Además de proporcionar confort y compañía, los gatos eran confidentes discretos con los que poder desahogarse. Los gatos también se asociaban con las prostitutas y artistas del entretenimiento a través del *shamisen* de tres cuerdas que tocaban, ya que la caja de resonancia estaba cubierta de pelo de gato.

Por otra parte, esta relación también es algo celebrado y romantizado. La domesticidad y la dulzura y tranquila elegancia de los gatos simbolizan dichas cualidades de la mujer. Como ya se mencionó en el capítulo uno, la sericultura, área en la que los gatos eran de utilidad, también era considerada una labor de mujeres, lo que reforzó la asociación cultural entre mujeres y felinos.

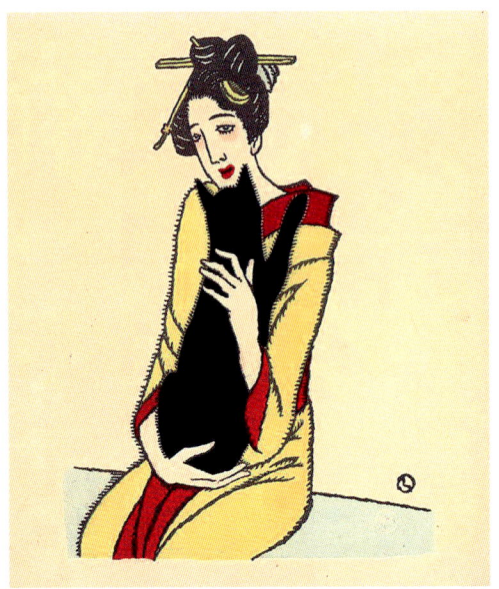

Takehisa Yumeji (1884-1934). *Mujer sosteniendo un gato negro, 1920. Aprox. 42,8 x 27,9 cm. Colección privada.*

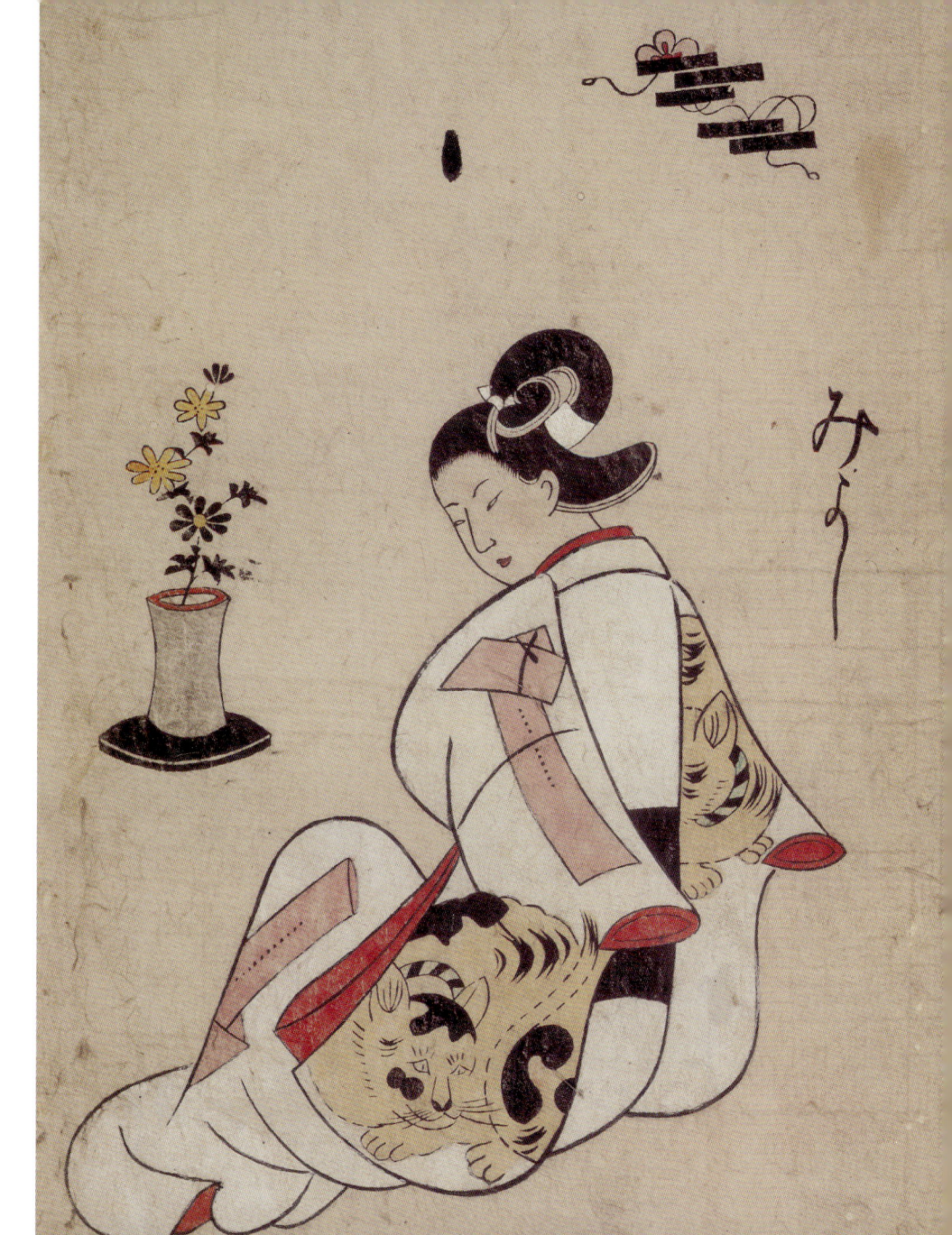

みより

**Torii Kiyonobu I (1664-
1729).** *Álbum de cortesanos:
Miyoshi, 1700. Publicado por
Hangiya Shichirōbei. Página de
un álbum plegable, tinta sobre
papel con colores aplicados a
mano, 27 x 18 cm (imagen).
Museo de Bellas Artes de
Boston, colección de William
Sturgis Bigelow.*

La Tercera Princesa
y su gato

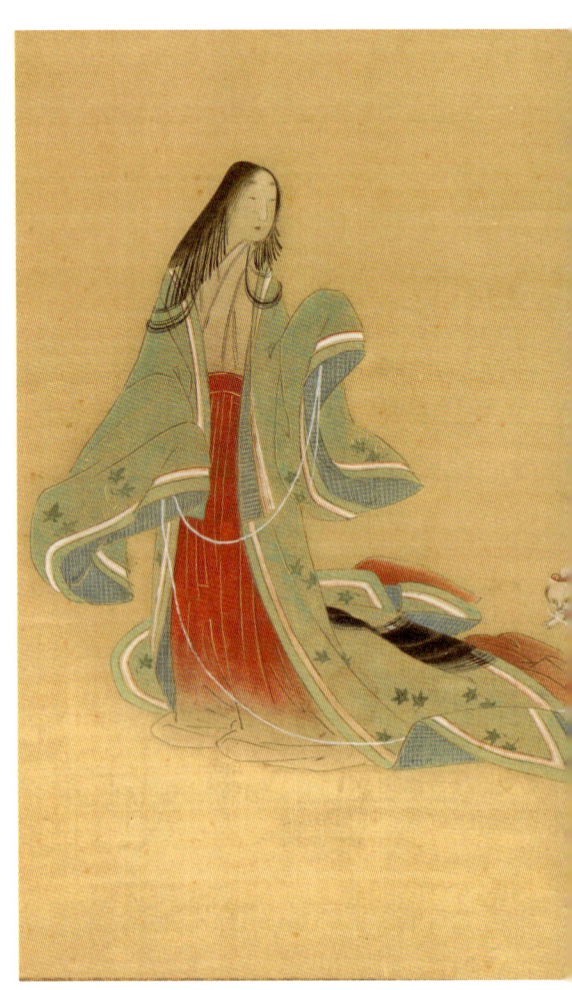

«Con tal de aliviar sus poderosos sentimientos, el intendente llamó al gato y empezó a abrazarlo, y su deliciosa fragancia y sus pequeños y encantadores maullidos le recordaron, no sin cierto atrevimiento, a su propia dueña».

—Murasaki Shikibu, *La novela de Genji* (alrededor de 1010)

La asociación entre gatos y el sujeto romántico femenino se instauró con firmeza en el canon cultural japonés gracias al romance épico de Murasaki Shikibu (entre 978 y 1014), La novela de Genji. En una de las xilografías de Suzuki Harunobu, una joven de vestimenta elegante permanece de pie delante de una puerta abierta mientras lleva un hermoso gato con correa. Esta combinación de motivos alude a un episodio crucial de la novela en el que la Tercera Princesa –la nueva esposa de un ya envejecido príncipe Genji, con quien no encajaba en absoluto– atrae la atención de alguien mucho más joven, Kashiwagi.

En la novela, la princesa y sus asistentas, ocultas tras paneles de bambú –el mínimo exigido en cuanto a etiqueta durante el periodo Heian–, contemplan a un grupo de nobles jugando a la pelota en el jardín, fuera de sus aposentos. De repente, su gato chino se escapa, tirando los paneles a su paso, y revelando la presencia de la princesa ante Kashiwagi. Él se enamora al instante de ella y empieza a perseguirla, pero es rechazado. Entonces consigue atrapar a su gato y empieza a consentirle como si de la propia princesa se tratara.

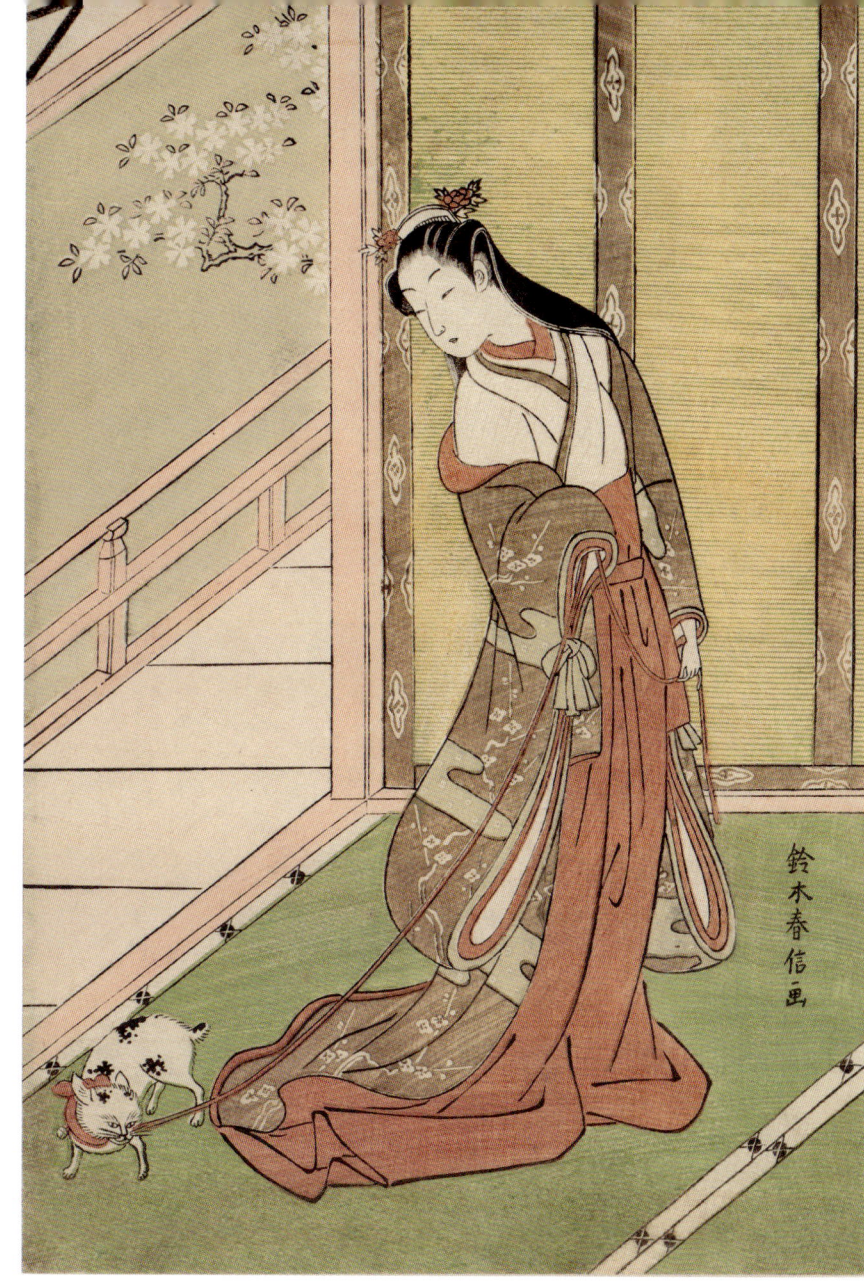

IZQUIERDA. **Tsukioka Settei (1710-1786).** *La Tercera Princesa con su gato, del capítulo Hierbas nuevas I de la Novela de Genji, siglo XVIII. Pergamino japonés, tinta y color sobre seda, 88,5 x 31,6 cm (imagen). Museo Metropolitano de Arte, colección de Mary Griggs Burke, obsequio de la Fundación Mary y Jackson Burke, 2015.*

DERECHA. **Suzuki Harunobu (1725-1770).** *Onna San no Miya (la Tercera Princesa), 1768-1770. Periodo Edo (1615-1868). Xilografía, tinta y color sobre papel, 27 x 20,3 cm. Museo de Bellas Artes de Boston, colección de William S. y John T. Spaulding.*

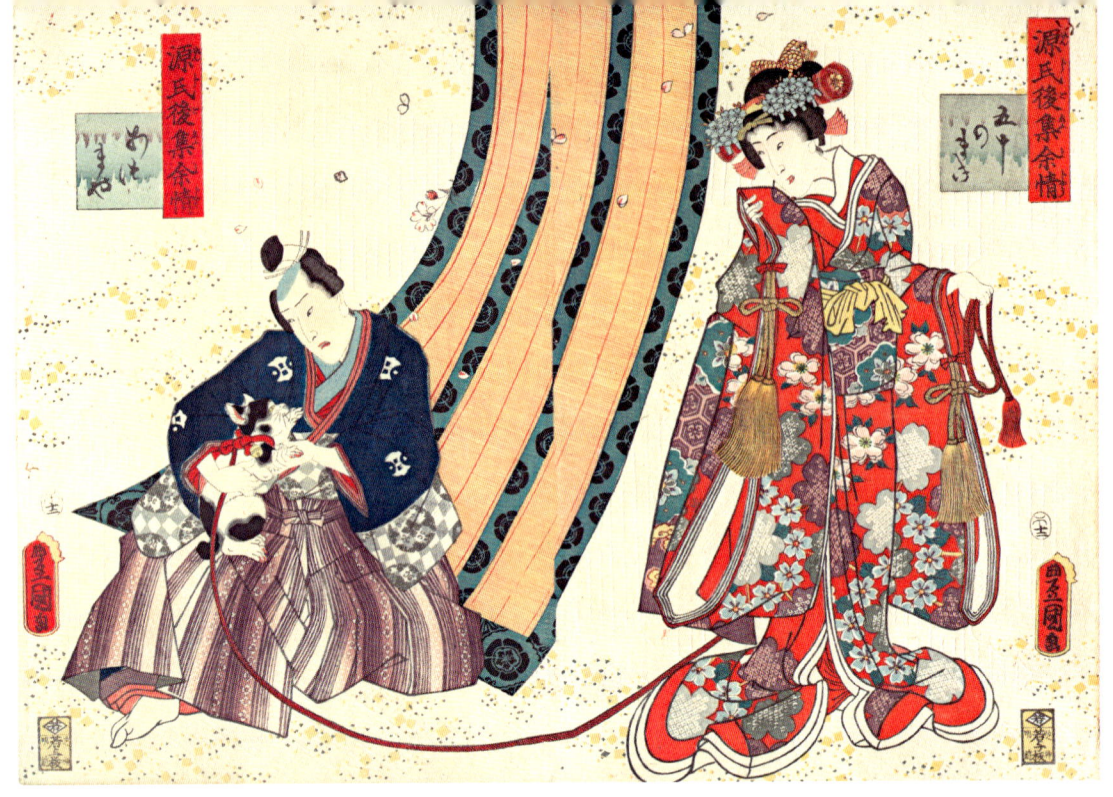

«A ti te hago mi mascota, ya que en ti puedo tenerla a ella.
Mi desdichado amor:
¿qué querrás decirme, cuando acudes
llorando así?».
—Murasaki Shikibu, *La novela de Genji*
(alrededor de 1010)

Confabulado con la enfermera de la princesa, Kashiwagi consigue acceder a su dormitorio y la viola.

Este incidente, que representa una gran ruptura de los tabúes sociales, así como una traición personal, culmina con Kashiwagi bebiendo hasta morir por la culpa. Al ser miembro de la aristocracia, la Tercera Princesa también sufre la desaprobación de haberse dejado ver por otro hombre, lo que se consideraba un acto negligente de lascivia, por lo que, después de dar a luz al hijo de Kashiwagi, «se retira» del matrimonio y se convierte en sacerdotisa. Genji, quien en un principio se muestra encolerizado, acepta finalmente este ataque a su honor y lo toma como un castigo del karma por los deslices que cometió en su juventud.

En el imaginario japonés, el gato con correa suele aparecer como metáfora visual para hacer referencia a esta historia trágica de tentación, deseo y transgresión. Al igual que sucede con muchos clásicos, la historia fue transmitida a través de la cultura popular, en la que se incluye la parodia literaria *Falso Murasaki, Genji rústico* (serializada en 1829-42), escrita por Ryūtei Tanehiko (1783-1842). El díptico de arriba de Kunisada, en el que se muestra a un malhumorado Kashiwagi aferrado al gato de la princesa, está basado en las ilustraciones que él mismo realizó para dichos libros.

IZQUIERDA. **Utagawa Kunisada (1786-1865).** *Capítulo 50, Azumaya, de la serie Sentimientos que persisten de una colección tardía de Genji, 1858. Publicado por Wakasaya Yoichi. Díptico de xilografías, madera y color sobre papel, 36,2 x 24,8 cm. Museo Metropolitano de Arte, obsequio de Lincoln Kirstein, 1985.*

ABAJO. **Atribuido a Matsuno Chikanobu, activo a principios del siglo XVIII.** *La Tercera Princesa y un gato, del capítulo Hierbas nuevas I (Wakana I) de la Novela de Genji, siglo XVIII. Pintura sobre pergamino japonés, tinta y color sobre papel, 79,9 x 29,6 cm (imagen). Museo Metropolitano de Arte, colección de Mary Griggs Burke, obsequio de la Fundación Mary y Jackson Burke, 2015.*

DERECHA. **Kitagawa Utamaro (1753-1806).** *Chiyo de la provincia de Kaga, alrededor de 1801-04. Publicado por Murataya Jirōbei. Xilografía, tinta y color sobre papel, 52 x 23,7 cm. Instituto de Artes de Minneapolis, obsequio de la Sra. Sidney Dean.*

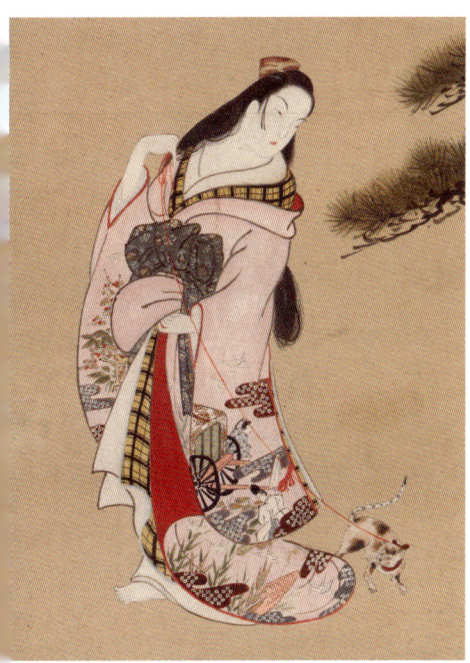

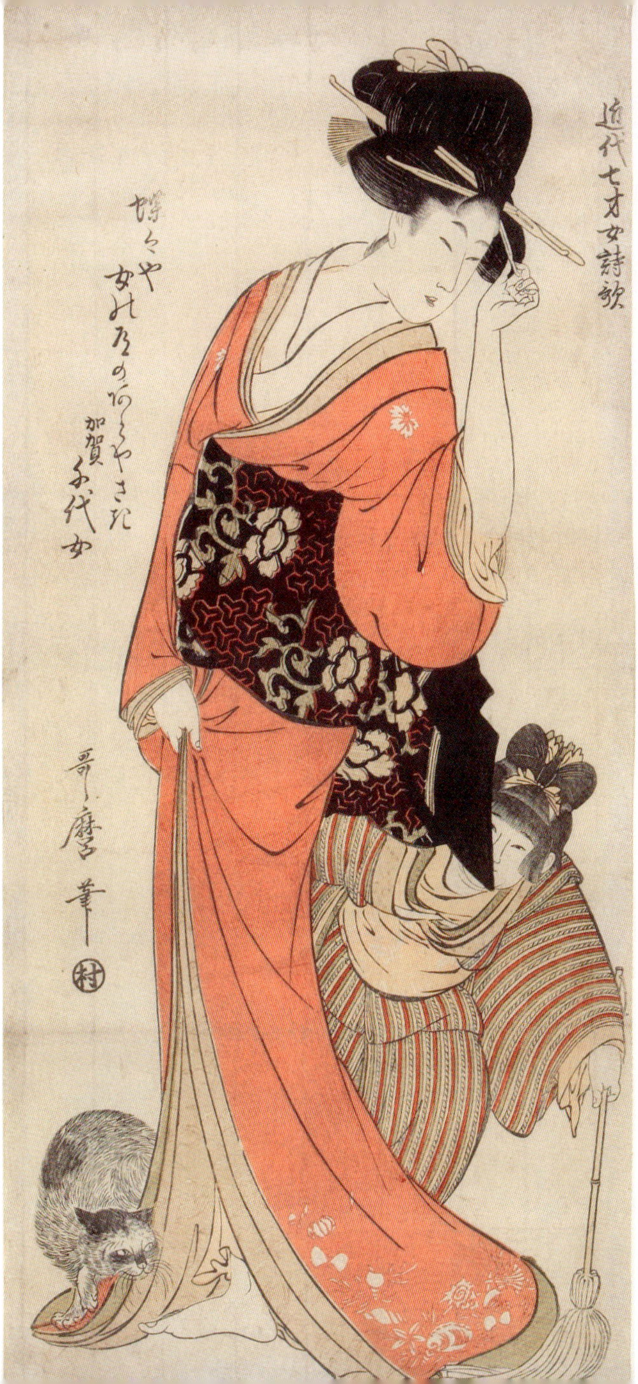

Los gatos del burdel

Uno de los pergaminos japoneses del pintor Sukenobu, de Kioto, ilustra una acogedora escena de una cortesana entreteniendo a un visitante en su salón. La mujer apoya su codo en el *kotatsu*. A uno de los lados hay un *shamisen* de tres cuerdas, y ante ella aparecen dispuestos varios utensilios de fumar en el suelo. Más allá de estos, se encuentra su cliente, que no aparece en la escena. En la parte delantera de la bata de la mujer se esconde un gatito moteado, al cual incordia con su pipa de tabaco de tallo largo. La representación del manto

DEBAJO. **Nishikawa Sukenobu (1671-1750).** *Cortesana con un gatito, principios del siglo XVIII. Pergamino japonés, tinta, color y oro sobre seda, 33,4 x 52,8 cm (imagen). Museo Metropolitano de Arte, obsequio de Sue Cassidy Clark, en honor de Barbara Brennan Ford, 2020.*

DERECHA. **Utagawa Hiroshige (1797-1858).** *Campos de arroz de Asakusa y festival de Torinomachi, de la serie Cien vistas famosas de Edo, 1857. Publicado por Uoya Eikichi. Xilografía, tinta y color sobre papel, 35,7 x 24,5 cm. Museo Metropolitano de Arte, Fundación Rogers, 1914.*

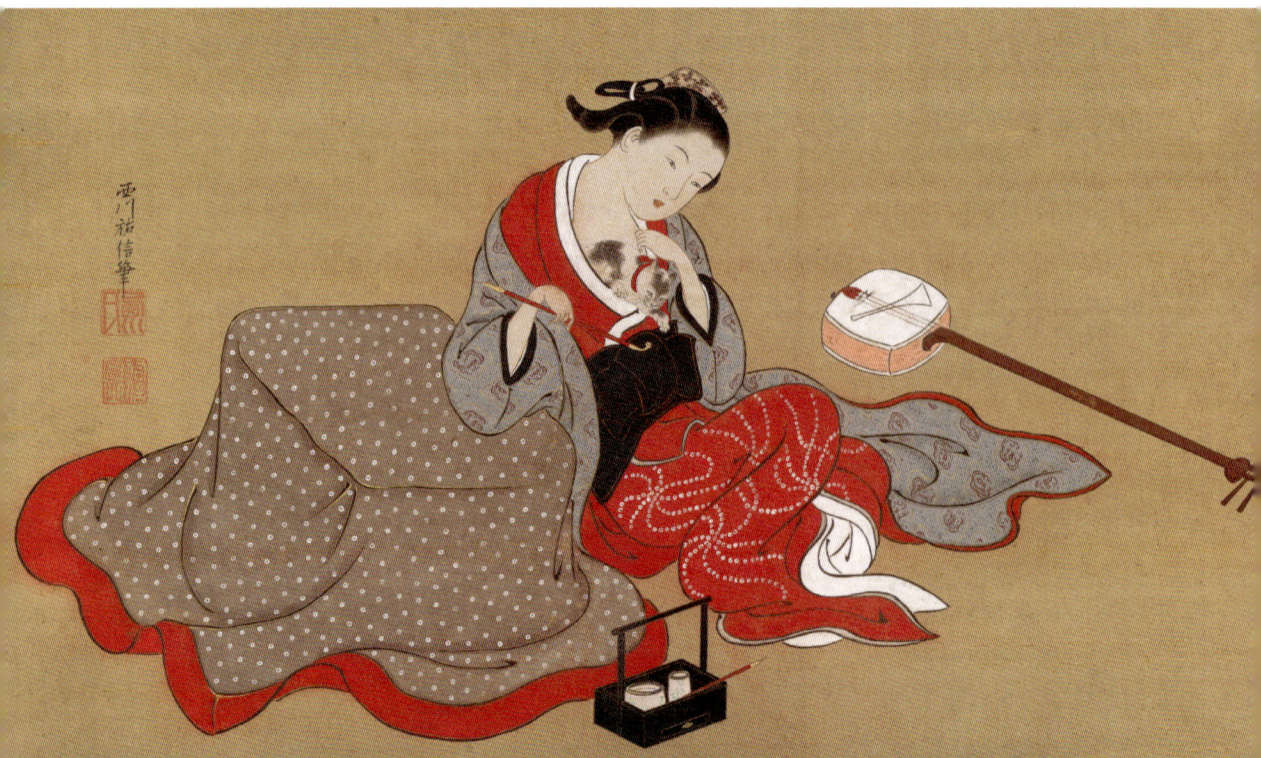

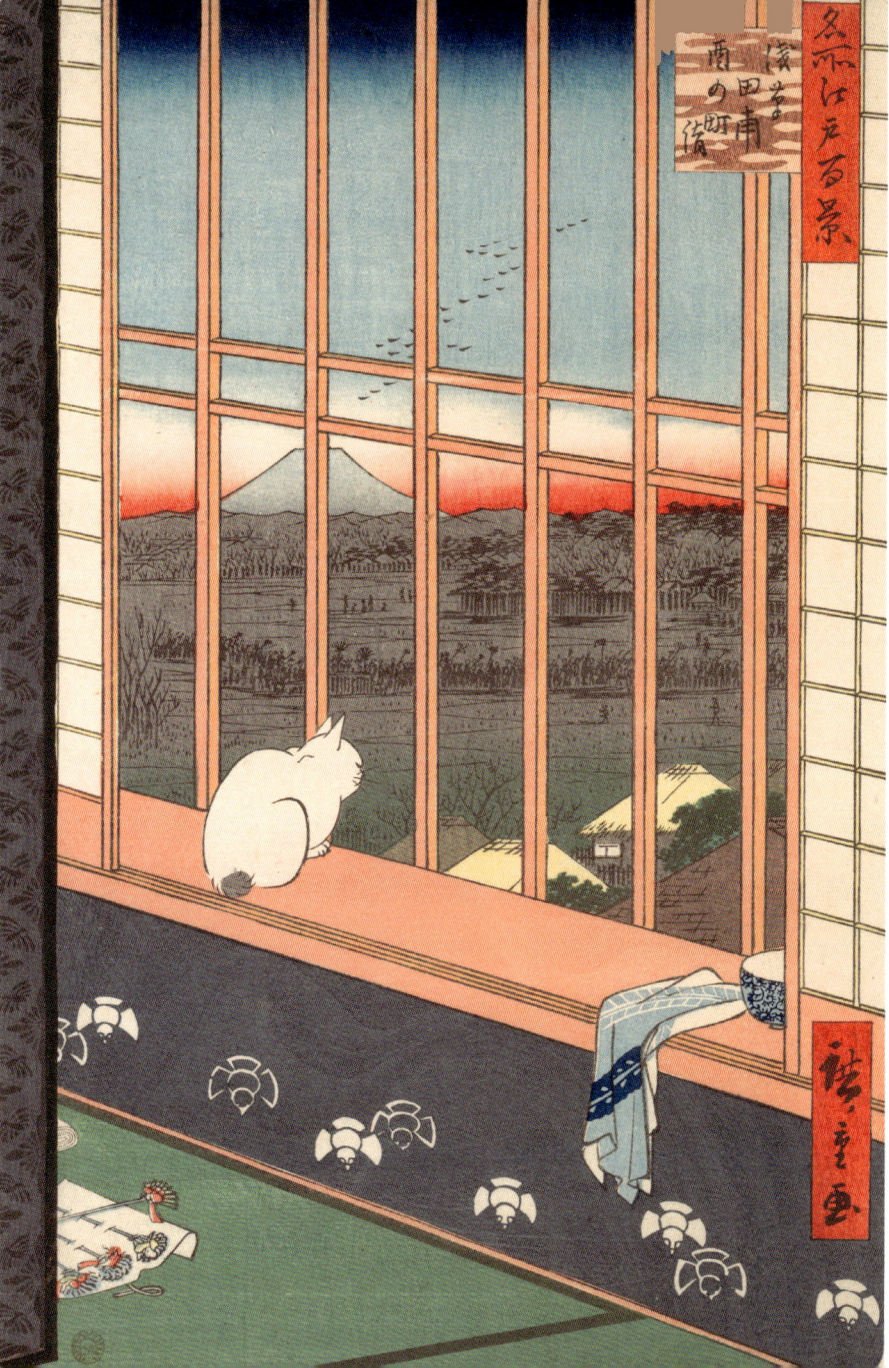

esponjoso del gato contra el pecho desnudo de la mujer invita al espectador a imaginar la suavidad del pelaje y de la piel, lo que establece paralelismos entre el cuerpo felino y el de la mujer.

La combinación de una mujer hermosa –como una cortesana de élite– con su compañero felino es un tema popular del *ukiyo-e*. La presencia de una mascota consentida en una casa de citas otorga una nota de elegancia y lujo que contrasta con la naturaleza sórdida del negocio que se daba en dicho lugar e, incluso, como hemos visto anteriormente, lo conecta con el mundo aristocrático descrito en la *Novela de Genji*. El gato, que disfruta de la intimidad y el afecto que le proporciona la mujer objeto de deseo, también puede entenderse como una metáfora del hombre.

En el grabado de Hiroshige de la página 61, el cuerpo redondo de un gato blanco de cola corta descansa pacíficamente sobre el alféizar, mientras sus patas delanteras se doblan, cuidadosamente, y sus orejas y bigotes permanecen erguidos. En la distancia, el crepúsculo cae sobre el monte Fuji, el pico sagrado de Japón. Aun con todo, la atención del gato está fijada en otro punto. Más allá, una procesión de pequeñas siluetas atraviesa los campos, en dirección al santuario de Washi Daimyōjin, ubicado al oeste de Yoshiwara, el distrito autorizado para los burdeles de Edo, con motivo del festival Torinomachi.

Los días de festival, como el que acabamos de mencionar, suponían temporadas altas de trabajo en Yoshiwara. Las puertas, que solían estar vigiladas por atentos guardias, permanecían abiertas y se esperaba que todas las prostitutas recibieran algún cliente. En esta escena, sin embargo, Hiroshige no representa a ninguna mujer, sino que utiliza los objetos que aparecen por la habitación para dar pistas sobre su presencia y sobre los hechos que acaban de tener lugar. Del extremo del biombo, que se usaba para dividir las habitaciones con el objetivo de conseguir algo de privacidad, sobresale un paquete de horquillas amontonadas con forma de *kumade*, o 'garras de oso' –quizás un obsequio de su cliente–, que simbolizan la acumulación de riquezas para el año venidero. Además, también se puede observar un paquete de pañuelos de papel, necesarios para limpiarse después del acto, y un cuenco con agua y una toalla situados en la esquina cercana del alféizar. Un espectador actual estaría tentado a interpretar la mirada del gato como el deseo de la cortesana de ser liberada de su servidumbre; sin embargo, Hiroshige y sus colegas raramente se preocupaban por la realidad opresiva de la industria del placer.

Un gato delgado con aspecto de gárgola aporta una nota divertida a la belleza serena de su dueña en esta pintura de Hokusai. Hay algo que ha llamado la atención del animal –quizás los pies contraídos de la mujer–, ya que el pequeño felino parece querer saltar desde su posición elevada hasta el recodo del brazo de la mujer, dispuesto a investigar. La figura escultural de la mujer está enfatizada gracias al formato estrecho y vertical del cuadro y a las líneas gruesas y verticales que describen la caída de sus vestimentas. Los contrapuntos vivaces animan la composición: las cabezas inclinadas de la bella y la bestia, los elegantes ropajes de la mujer, y el collar de seda del gato, por un lado, y el contraste entre las contundentes pinceladas del ropaje con la delicada representación de los patrones de la tela, el pelaje del gato, y el cabello, rostro y manos de la mujer, por el otro. Unos toques de rojo cálido aportan intensidad a la paleta, que, de otra manera, resultaría apagada.

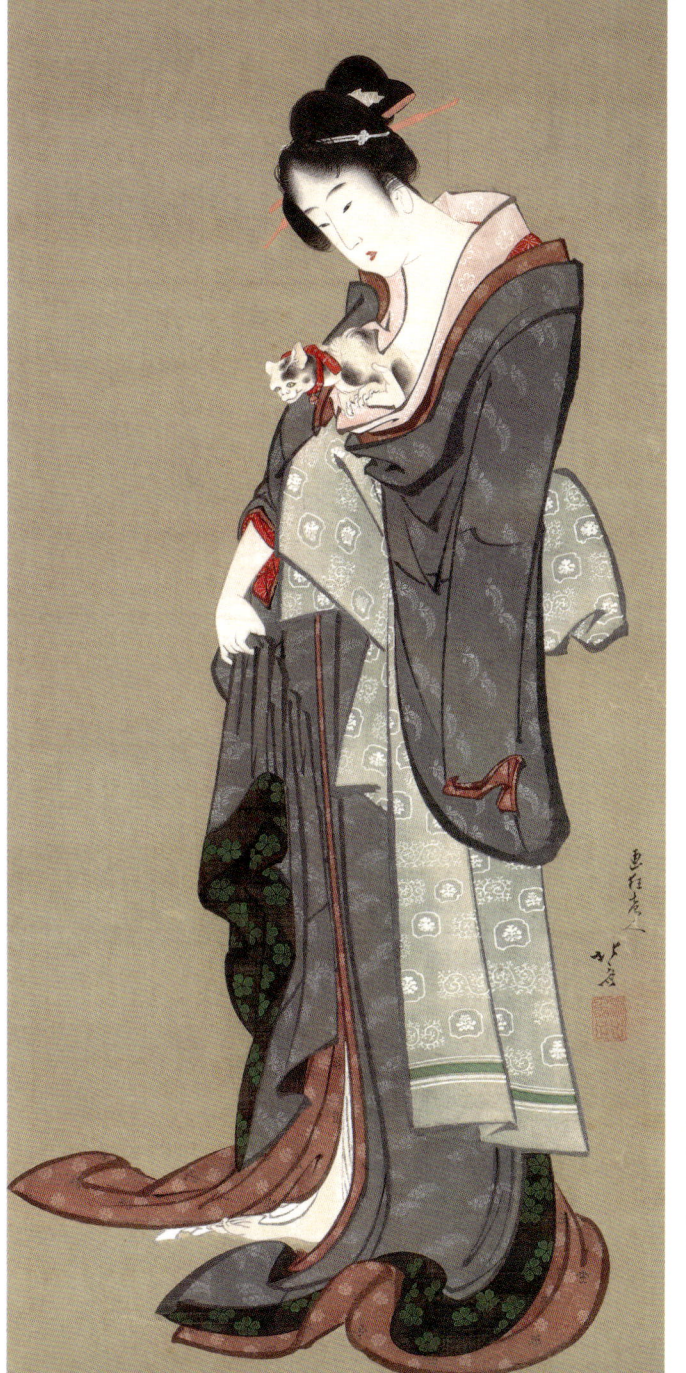

Katsushika Hokusai (1760-1849). *Mujer con un gato, alrededor de 1803-04. Pergamino japonés, tinta y color sobre papel, 72,6 x 28,5 cm. Fundación de la Familia Weston. Foto: Jamie. M. Stukenberg/ Professional Graphics Inc. Rockford, Illinois. Foto usada con permiso. Todos los derechos reservados.*

El gato de Usugumo

Usugumo fue una cortesana de alto rango de la era Genroku (1688-1704) que trabajaba en el burdel Miuraya. La inscripción del grabado de Yoshitoshi, introducida por el breve poema de arriba, explica cómo Usugumo colmaba de cuidados a un gato que nunca se alejaba de su lado. Mientras entretenía a sus clientes, el gato se sentaba en su regazo, y cuando tenía que salir a atraer nuevos clientes, una de sus asistentas lo llevaba en brazos. Usugumo está representada con una bata con patrones de gatos, un blasón con forma de gato, o *mon*, en la manga, y horquillas decoradas con gatos en cada extremo.

El dueño del burdel, preocupado ante la idea de que los rumores sobre brujería felina pudieran dañar su negocio, regañó a Usugumo y se llevó al gato. Inmediatamente después, ella cayó enferma. Alarmado ante la posibilidad de perder dinero –mantener a una prostituta de élite implicaba unos gastos considerables, y Usugumo era quien ostentaba el mayor rango–, el dueño del burdel devolvió el gato a su dueña. Usugumo se recuperó al instante e incluso recibió clientes ese mismo día.

En otras versiones de esta historia, el gato, que se comportaba de manera extraña, siguió a Usugumo hasta el baño. El cocinero del burdel, sospechando que pudiera estar poseído, se acercó a él y le cortó la cabeza con un tajo limpio de su cuchillo. La cabeza cercenada salió disparada y clavó sus dientes en el cuerpo de la monstruosa serpiente que había estado, mientras tanto, acechando a Usugumo, hasta matarla, gracias a lo cual ella se pudo salvar. Abrumados por la aflicción y la culpa, los residentes del burdel le prepararon al gato un

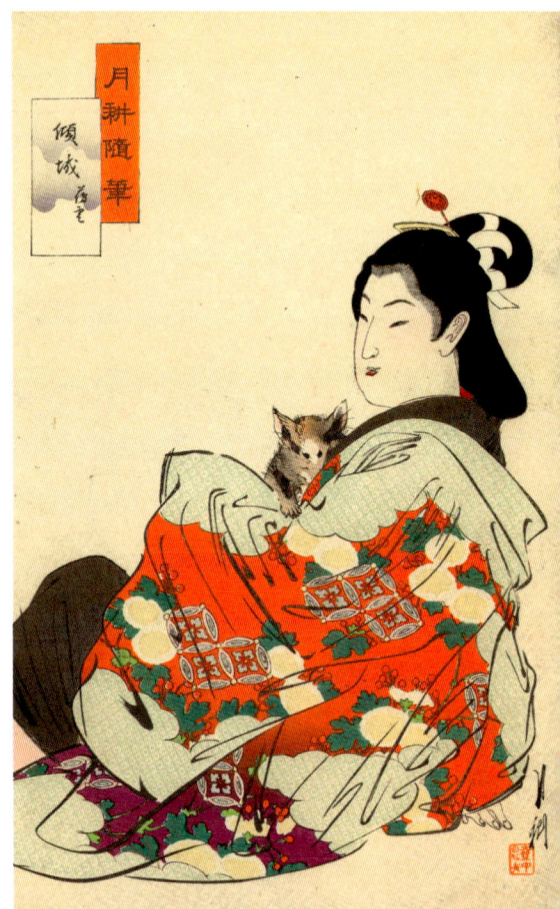

Ogata Gekkō (1859-1920). *Keisei Usugumo, de la serie Miscelánea de Gekko, 1887. Publicado por Takekawa Risaburō. Xilografía, tinta y color sobre papel, aprox. 39 x 27 cm. Biblioteca Nacional de la Dieta de Tokio.*

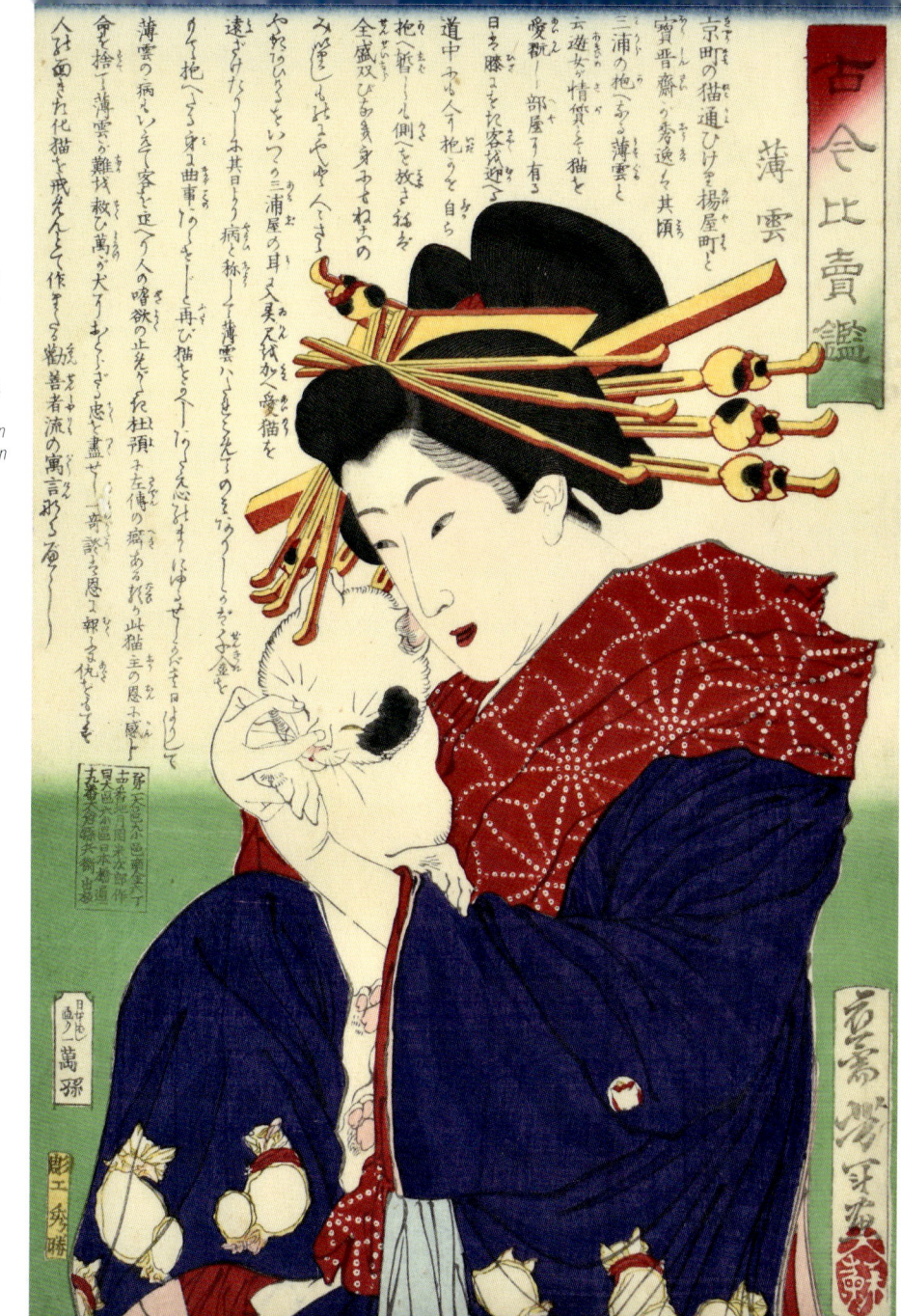

Tsukioka Yoshitoshi (1839-1892). *Usugumo, de la serie Reflejo de las mujeres en la antigüedad y modernidad, alrededor de 1875-1876. Publicado por Yorozuya Magobei. Xilografía, tinta y color sobre papel, aprox. 37,2 x 25,5 cm. Imagen cedida por cortesía de Scholten Japanese Art.*

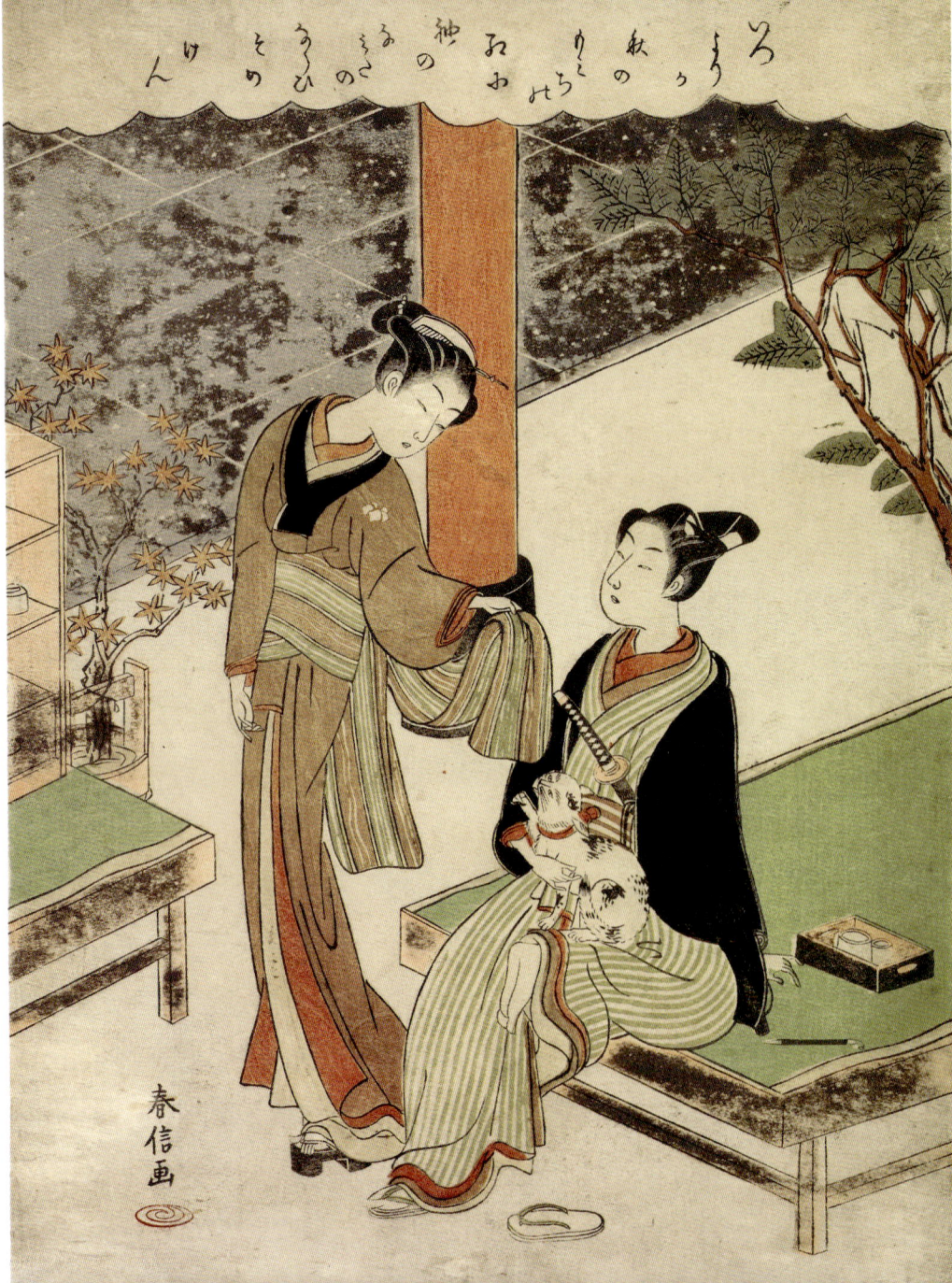

solemne funeral budista en el templo de Dōtetsuji, en Asakasa, y enterraron sus restos bajo una pequeña colina de la zona. De acuerdo con una antología, el motivo por el que las prostitutas acostumbraban a tener gatos tenía origen en este incidente.

COQUETERÍA GATUNA

En las dos imágenes de Harunobu y Koryūsai, un gatito juguetón aparece como símbolo de los encantos, artimañas y sexualidad de la mujer, y del deseo incontrolable (o tormentoso) del hombre. Con el grabado de Harunobu, en el que se ve a la hermosa camarera Osen jugando con un gatito recostado sobre el regazo de un apuesto cliente, con la manga de su atuendo, se pretendía acercar a la mentalidad del público contemporáneo la historia del gatito juguetón de la princesa, el panel caído y la atracción letal de Kashiwagi. Osen era una reputada belleza que trabajaba en la casa de té del santuario Kasamori de Edo, y fue toda una musa para Harunobu. Aquí no la menciona, pero es posible identificarla gracias al emblema de su kimono.

IZQUIERDA. **Suzuki Harunobu (1725-1770).** *Osen de Kagiya y joven con un gato, alrededor de 1769. Xilografía, tinta y color sobre papel, 28,2 x 21,3 cm. Museo de Bellas Artes de San Francisco, colección de Katherine Ball.*

DERECHA. **Isoda Koryūsai (1735-1790)**. *Gato y ratón, alrededor de 1780. Xilografía, tinta y color sobre papel, 68,8 x 12,4 cm. Instituto de Arte de Minneapolis, donación de Louis W. Hill Jr.*

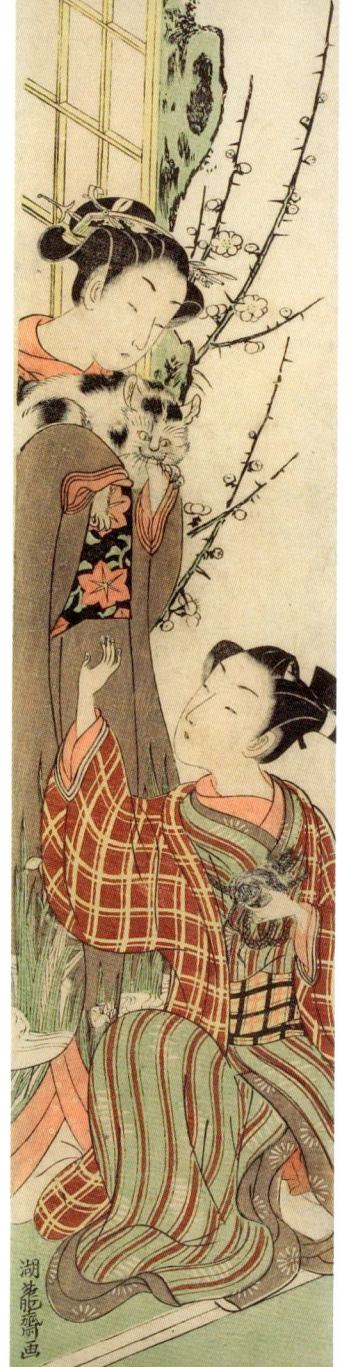

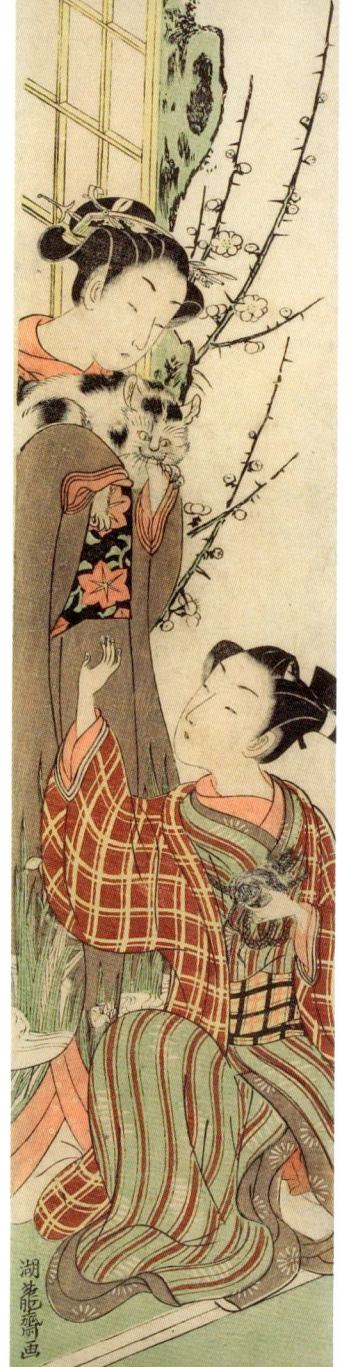

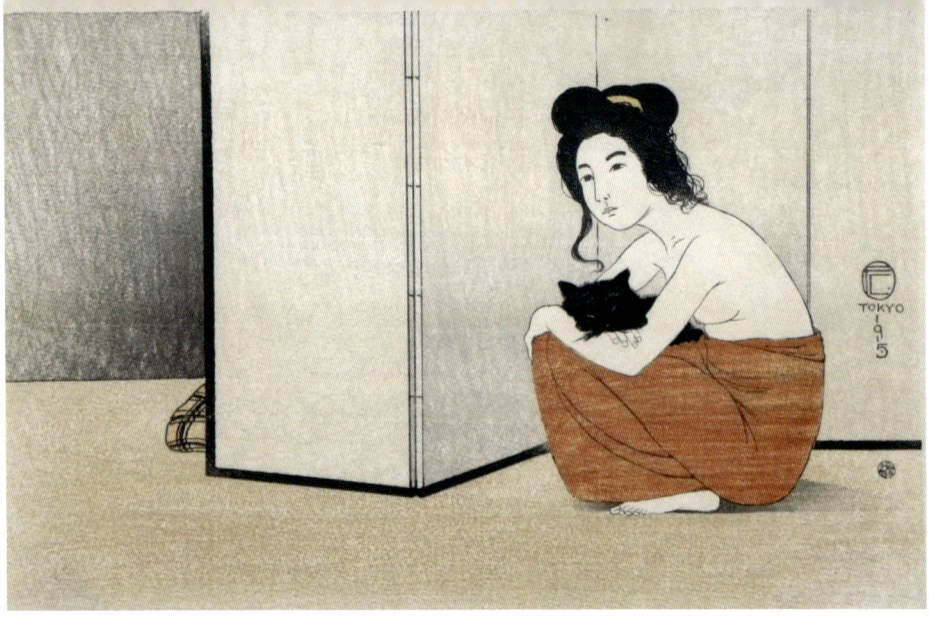

Desnudos y gatos

Influenciadas por los grabados del *ukiyo-e* y la pintura europea modernista, las imágenes con una mujer desnuda o semidesnuda y un gato –sobre todo de color negro– emergieron como un tema popular y provocador en los grabados japoneses a principios del siglo XX. La desnudez como tal era un tema relativamente nuevo y atrevido para los artistas del momento, ya que no existía una tradición respetada de desnudos equivalente a la que había en Occidente. Hasta principios de la década de 1920, las pinturas y esculturas de mujeres desnudas se cubrían, en ocasiones, durante las exposiciones abiertas al público y se censuraban en las publicaciones impresas.

Al igual que sucede con el imaginario relacionado con el episodio de Kashiwagi de *La historia de Genji,* y la pintura de Sukenobu anteriormente introducida, la figura del gato también puede simbolizar la ausencia visual, aunque implícita, del sujeto masculino, así como la sexualidad femenina. El tema establece paralelismos entre la belleza, la dulzura y la sensualidad de los cuerpos felinos y femeninos, y alude a las partes de la anatomía femenina que, de otra manera, quedarían a disposición de la imaginación del público. La incorporación de felinos, además, nos introduce al terreno del *abuna-e,* o 'imágenes peligrosas', obras que bordean la línea entre lo insinuante y lo explícitamente erótico.

La composición del grabado de Capelari juega con la visibilidad, el ocultamiento, la ausencia y la insinuación. Una joven de pelo revuelto y enaguas rojas, o *koshimaki,* aparece agachada tras un biombo, probablemente colocado alrededor del futón para ofrecer cierta privacidad a las

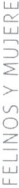

IZQUIERDA. **Friedrich (Fritz) Capelari (1884-1950).** *Mujer desnuda sosteniendo un gato negro, 1915. Publicado por Watanabe Shōzaburō. Xilografía, tinta y color sobre papel, 23,5 x 33 cm. Imagen cedida por cortesía de Scholten Japanese Art.*

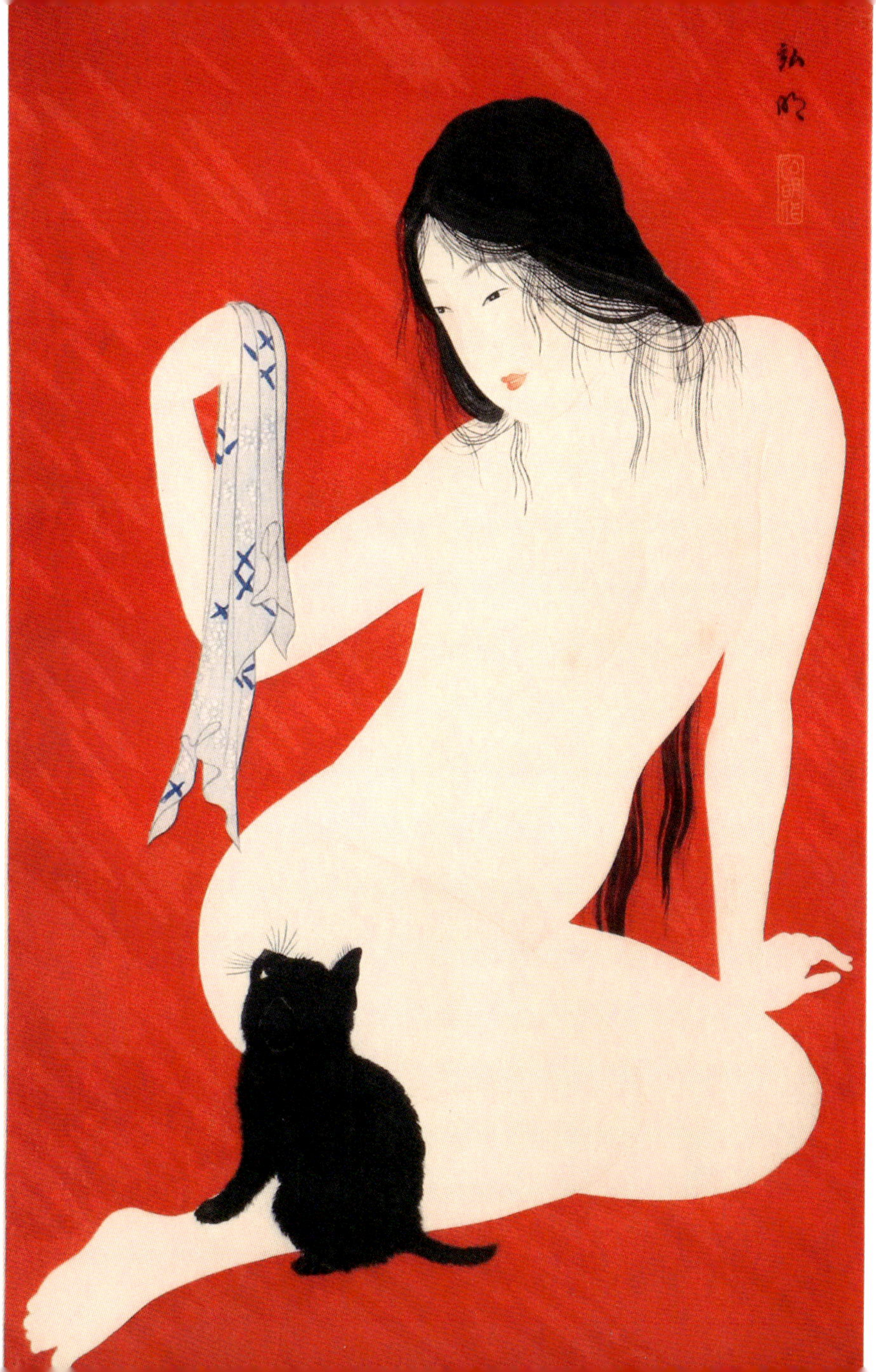

DERECHA. **Takahashi Hiroaki (Shōtei) (1871-1945).** *Mujer desnuda jugando con un gato, alrededor de 1927-30. Publicado por Fusui Gabo. Xilografía, tinta y color sobre papel con relieves, 43,5 27,2 cm. Imagen cedida por cortesía de Scholten Japanese Art.*

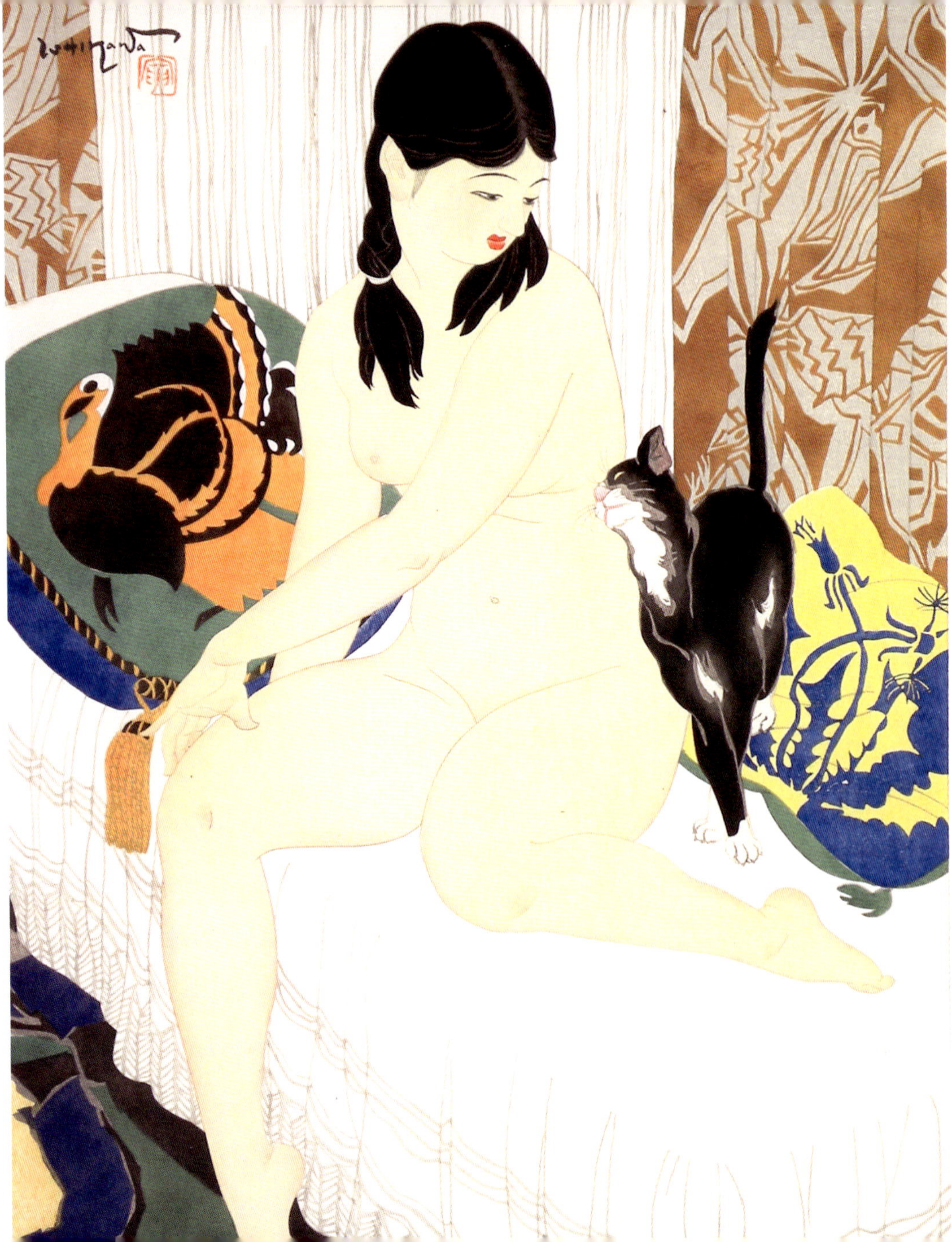

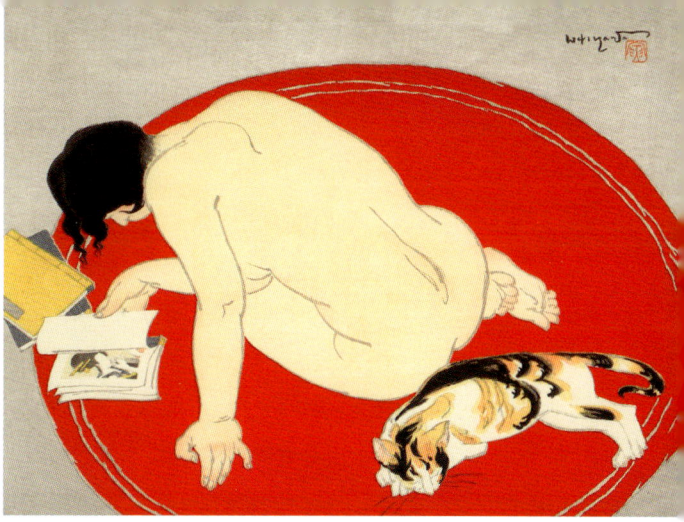

actividades que están teniendo lugar ahí. Su paciente disimulo es tal que un gato grande y peludo se ha colocado sobre su regazo. Capelari, un acuarelista austriaco que vivió en Asia desde 1911, fue el primer pintor afortunado en ser contratado por el editor Watanabe Shōzaburō (1885-1962) para elaborar diseños de lo que él llamaba *shin hanga,* o 'nuevas impresiones': xilografías que interpretaban los temas y las técnicas del *ukiyo-e,* pero con una sensibilidad contemporánea. Las xilografías se consideraban «impuras» debido a su carácter comercial, por lo que Watanabe tuvo complicaciones en un inicio para encontrar artistas japoneses. Esta colaboración dio como fruto doce piezas en 1915, y dos más en 1918 y 1920.

Shōtei dio un paso más al retratar en uno de sus grabados a una mujer completamente desnuda, con mechones de cabello cayendo en cascada, jugando con un gatito negro y con una toalla de mano teñida de índigo. El pelaje del animal y las líneas del contorno del cuerpo de la mujer están grabados mediante la técnica *karazuri.* Este método, explicado con anterioridad, crea una ilusión de volumen tridimensional en una composición, que, de otra manera, resultaría plana. El gato, elaborado de manera realista, contrasta con la representación estilizada del cuerpo y la cara de la mujer, que recuerda a las imágenes femeninas del *ukiyo-e* del siglo anterior. El erotismo atrevido y la intensidad de la paleta de negros, marfiles y rojos sinuosos convierten este diseño en uno de los más llamativos de la era.

Los dos libros de arte de Ishikawa Toraji vienen de una ambiciosa y transgresora serie de desnudos femeninos, quizás inspirada en las lánguidas mujeres que jugaban, absortas, con sus gatos, en los grabados monocromáticos de Felix Valloton. Los peinados al estilo occidental, cierto descuido a la hora de vestir y los entornos bohemios y a la moda de las protagonistas son características de las 'chicas modernas' o *moga,* la versión japonesa de las *flappers* estadounidenses de la década de 1920 y 1930. Las *moga* eran conocidas por bailar, beber y fumar, así como por disfrutar de una sexualidad y una libertad económica sin precedentes. Así pues, desafiaron los valores y nociones tradicionales de la femineidad. Queda claro que las *moga* fueron, en gran parte, creadas por los medios de comunicación populares para reflejar los miedos y las fantasías de una sociedad en constante cambio. Si bien es un estilo abiertamente europeo y modernista, el tema de la mujer que encuentra el placer en cosas como la compañía de su gato, su propio bienestar y la lectura (de hecho, la chica moderna de Toraji de *Aburrida* se ve reflejada, cómicamente, en la página que tiene abierta ante ella como una belleza del periodo Edo), tiene un amplio precedente en el arte japonés.

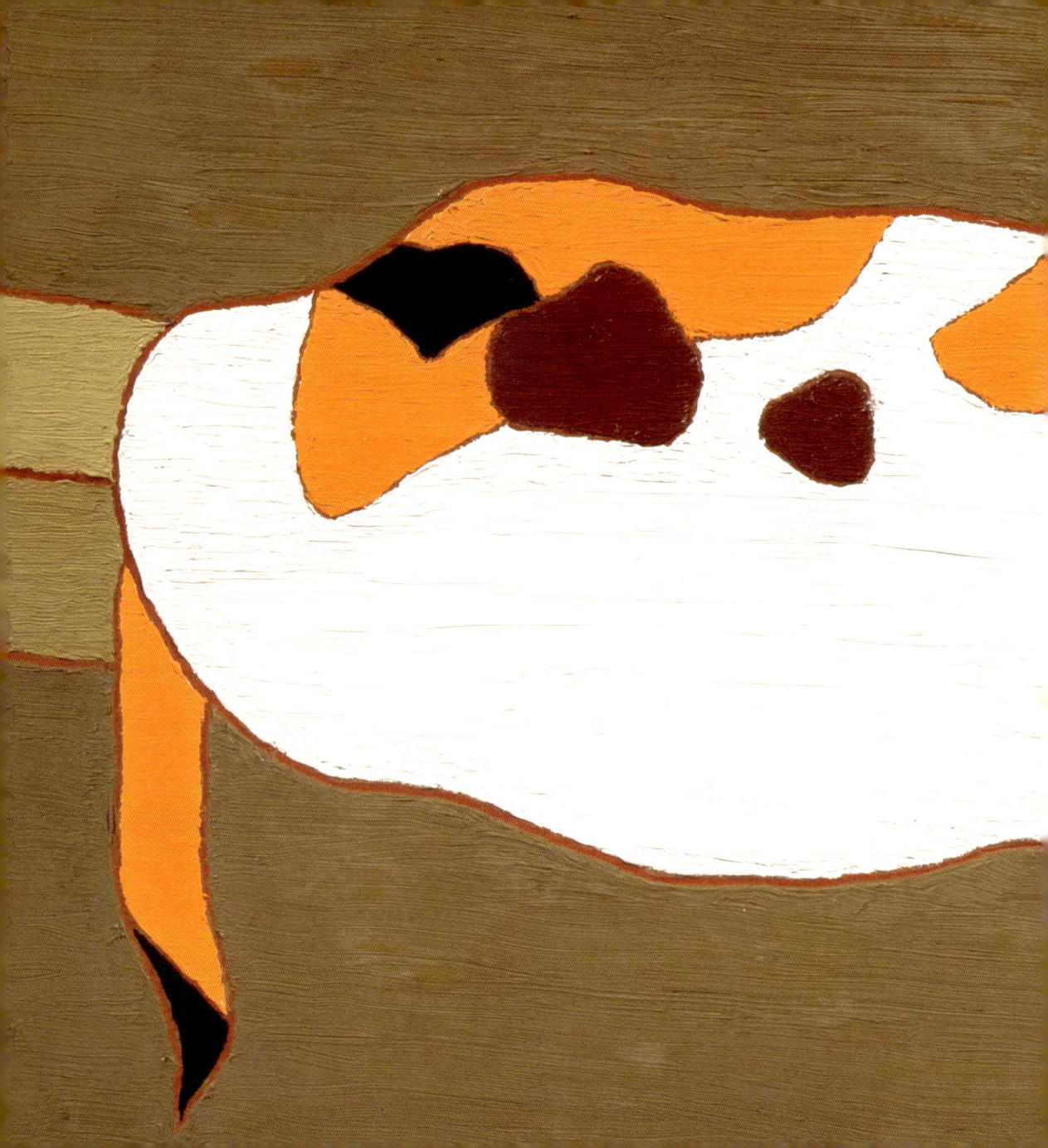

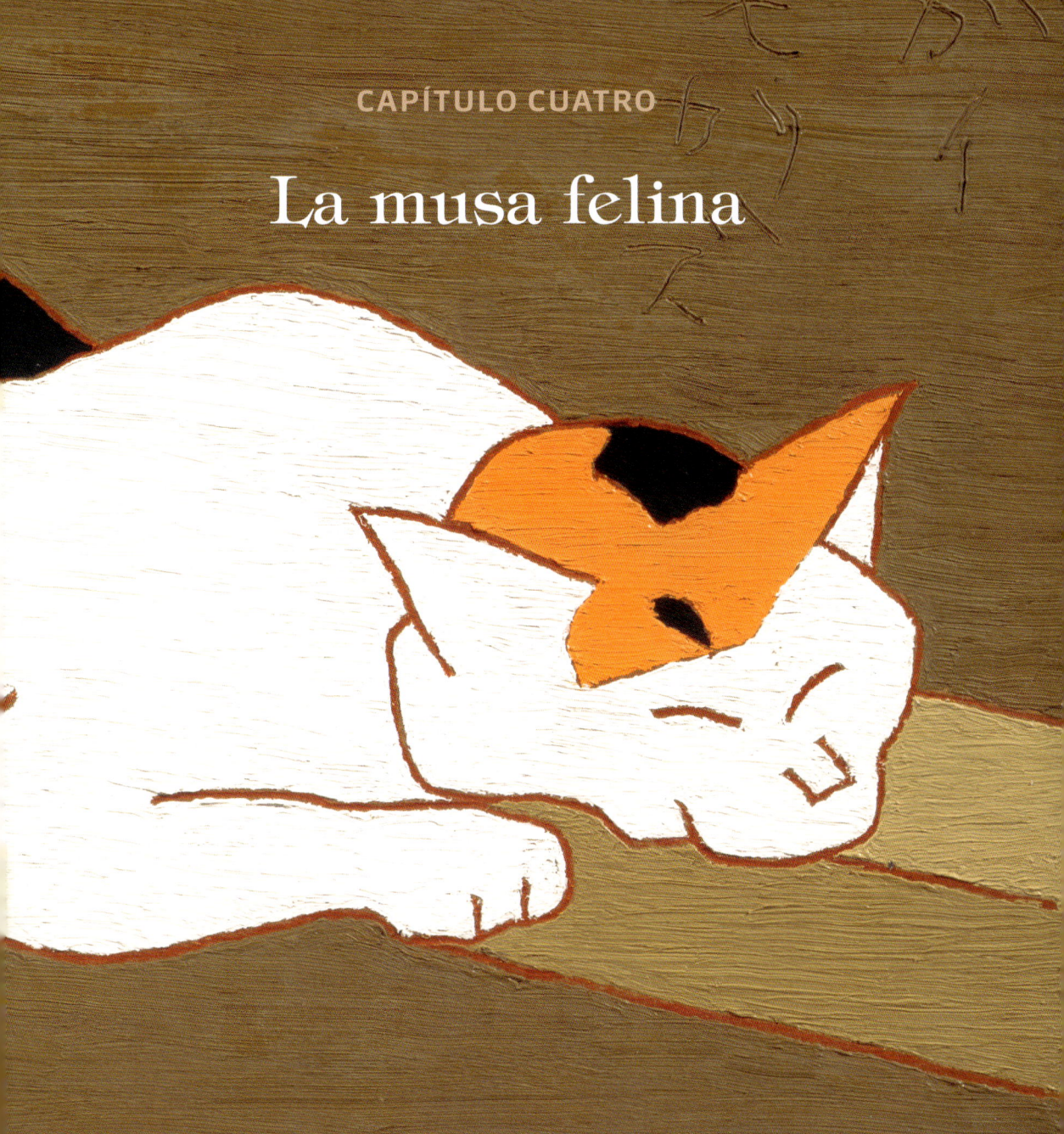

CAPÍTULO CUATRO

La musa felina

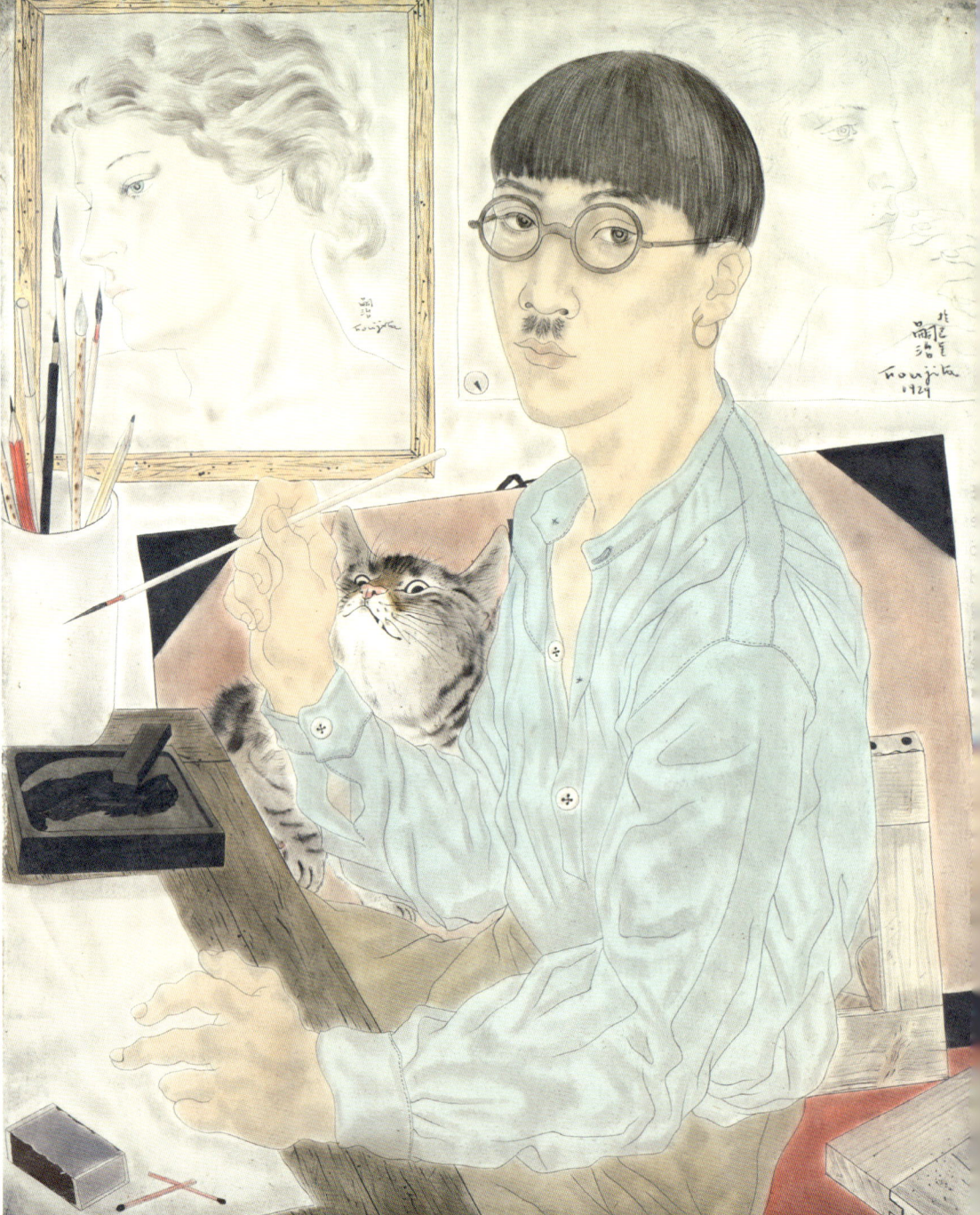

Gatos en el estudio

Ágil y atractiva, la figura felina supone un tema ideal para que los artistas puedan explorar los valores abstractos de las líneas fluidas y las formas orgánicas, mientras que su pelaje brillante y lleno de marcas se presta a la perfección en la interacción de texturas y materiales. El rango de expresiones de los gatos presenta un reto seductor a aquel artista paciente y sensible, mientras que su aire de misterio y despreocupación les dota de un atractivo sin límites. Además, su tamaño pequeño, afabilidad y habilidad para quedarse inmóviles durante largos periodos de tiempo los hacen unos modelos extremadamente convenientes.

En este capítulo se van a presentar obras cuyo objetivo es expresar la felinidad de los felinos. Estos grabados, pinturas y esculturas, extraídos de una variedad de medios de los siglos XIX y XX, representan un amplio rango de enfoques en cuanto a la forma felina: dibujos con líneas simples, realismo formal definido y detallado, simplificación expresiva, fragmentación y abstracción. Esté el artista interesado o no en reproducir con fidelidad la forma física del gato, cada imagen expresa, de manera elocuente, esa cualidad felina tan distintiva.

El hombre de los gatos más importante del *ukiyo-e* es Utagawa Kuniyoshi (1798-1861), cuyas obras están repartidas por todo este volumen. Después del exitoso lanzamiento de su serie Suikoden (alrededor de 1827-30), que lo situó en la vanguardia del género de los grabados de guerreros, Kuni-yoshi empezó a satisfacer su gusto por las criaturas con sus grabados de gatos: retrató amistades entre especies, heroicos cazadores de roedores, mininos libertinos antropomórficos y felinos con poderes. Sus numerosas obras de gatos saben capturar, con sensibilidad e ingenio, la forma, el ánimo y las actitudes felinas.

Según el escritor Sekine Yasunori, coetáneo de Kuniyoshi, en el taller de su hogar siempre había cinco o seis gatos, además de llevar mininos en cada bolsillo, que le servían como fieles modelos y musas. Asimismo, tenía un altar budista instalado en su casa para conmemorar a sus mascotas fallecidas. Según una anécdota atribuida a su estudiante, Yoshimune, cuando uno de sus amados gatos murió, Kuniyoshi le ordenó que entregara los restos del animal, junto con dinero para los ritos conmemorativos, a un templo cercano. Sin embargo, el desleal estudiante tiró los restos del gato al río y malgastó todo el dinero en una noche en el pueblo.

El artista Kawanabe Kyōsai se representa a sí mismo como un niño de entre siete y nueve años que recibe las enseñanzas de Kuniyoshi. En la parte central de la página derecha, Kuniyoshi se muestra impertérrito ante el caos que ha estallado alrededor en el estudio (página 77). En la parte delantera del kimono del maestro, hay un gato que golpea con sus patas a otro que está extendido sobre el escritorio de Kuniyoshi, alentado por un estudiante. En el suelo, hay otros tres gatos, entre los que se encuentra

LA MUSA FELINA

75

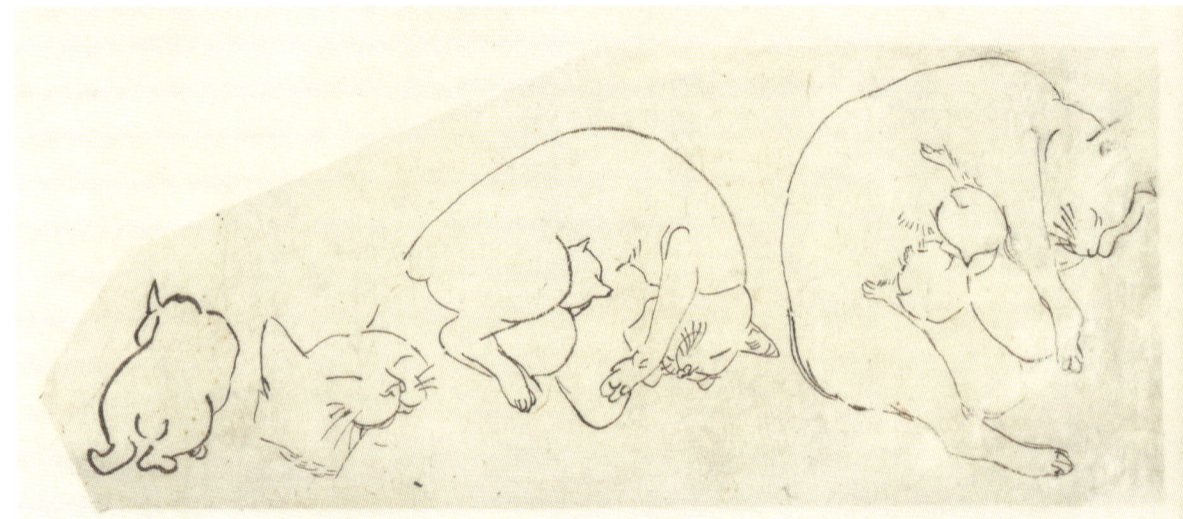

un minino juguetón. La mujer que aparece detrás es la estudiante de Kuniyoshi, Yoshitama.

Al igual que Kuniyoshi, Kyōsai fue un artista prolífico y un maestro influyente. Gracias a las amistades que hizo con personas destacadas que vinieron de visita a Japón, como el arquitecto inglés Josiah Conder, y a su participación en exposiciones internacionales, pudo consolidarse como un profesional de alto nivel en Occidente.

Las xilografías *edehon*, o 'manuales pintados', se elaboraban en la mayoría de las escuelas de pintura durante los siglos XVIII y XIX. Servían como textos instructivos para pintores profesionales y aficionados, y, al mismo tiempo, podían ser disfrutados por personas no relacionadas con el mundo del arte. El *edehon* suponía un proyecto con potencial lucrativo para aquellos artistas consolidados como Hokusai y Horoshige, y, además, les ofrecía la posibilidad de difundir sus estilos más allá de los talleres de enseñanza.

El libro de Hokusai, *Una pincelada (Ippitsu gafu,* 1824), es una colección de bocetos realizados con pocas pinceladas. Entre las figuras, aves y otros animales, Hokusai incluyó tres gatos (página 79). Sus formas compactas y redondeadas encajaban a la perfección con las limitaciones del ejercicio. Los modelos de Hokusai muestran, de manera divertida, cómo una única línea fluida puede transformarse en dos orejas puntiagudas con forma de concha, una columna vertebral arqueada que se estrecha hasta llegar a la cola, unas patas traseras o un collar anudado. Uno o dos trazos adicionales pueden convertirse, además, en unos ojos cerrados.

ARRIBA. **Utagawa Kuniyoshi (1798-1861).** *Dibujo de un gato y sus cachorros, 1840-1861. Dibujo, tinta sobre papel, 9,4 x 24,0 cm. Museo de Etnología de Leiden, Asociación Rembrandt.*

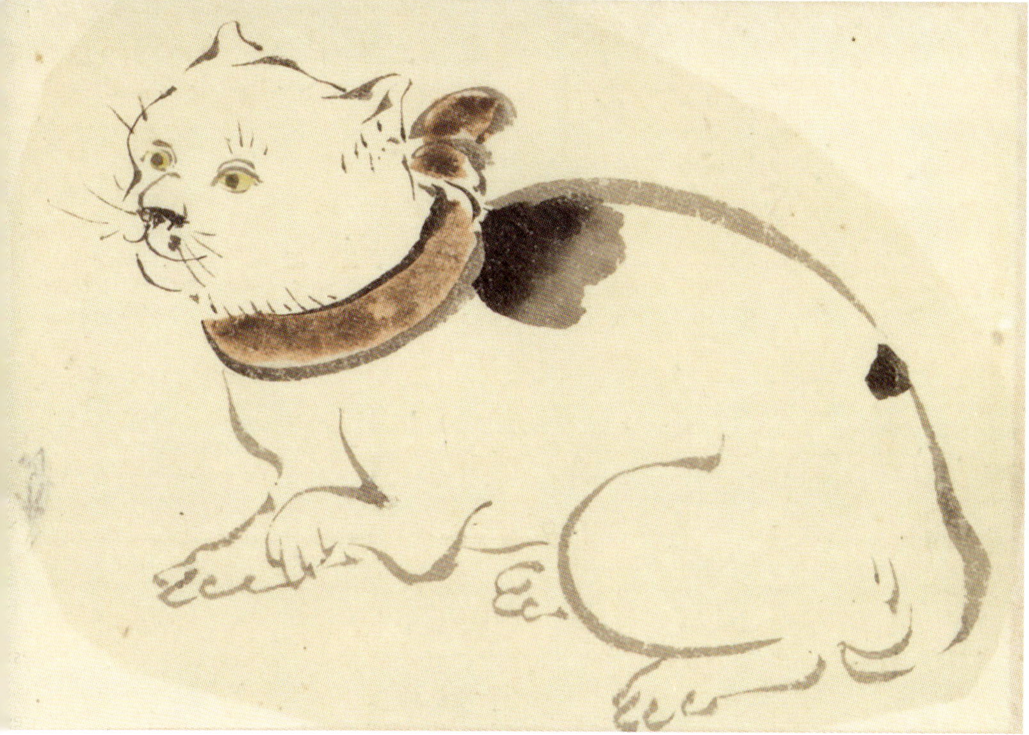

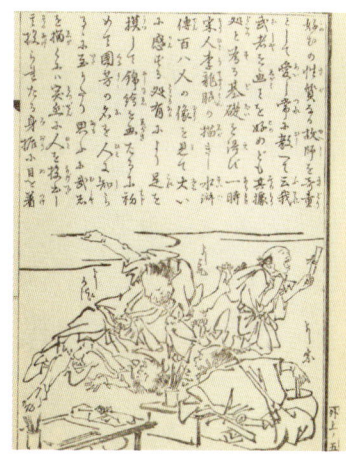

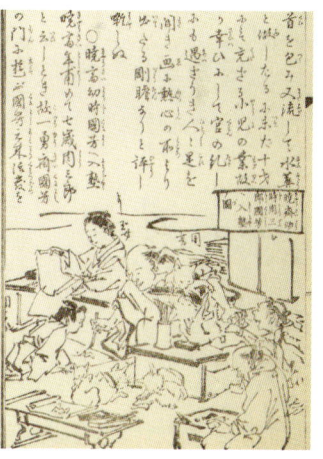

RRIBA. **Utagawa Kuniyoshi**
1798-1861). *Dibujo de un gato con collar*
jo, 1840-1861. Dibujo, tinta sobre papel,
1,5 x 8,5 cm. Museo de Etnología de Leiden,
sociación Rembrandt.

ERECHA. **Kawanabe Kyōsai**
1831-1889). *Tratado de pintura de Kyōsai*
Kyōsai gadan), 1887. Publicado por
vamoto Shun. Volumen 1 de una colección
e cuatro libros de xilografías, tinta y color
bre papel, aprox. 25 x 18 cm. Biblioteca de
Universidad de Waseda.

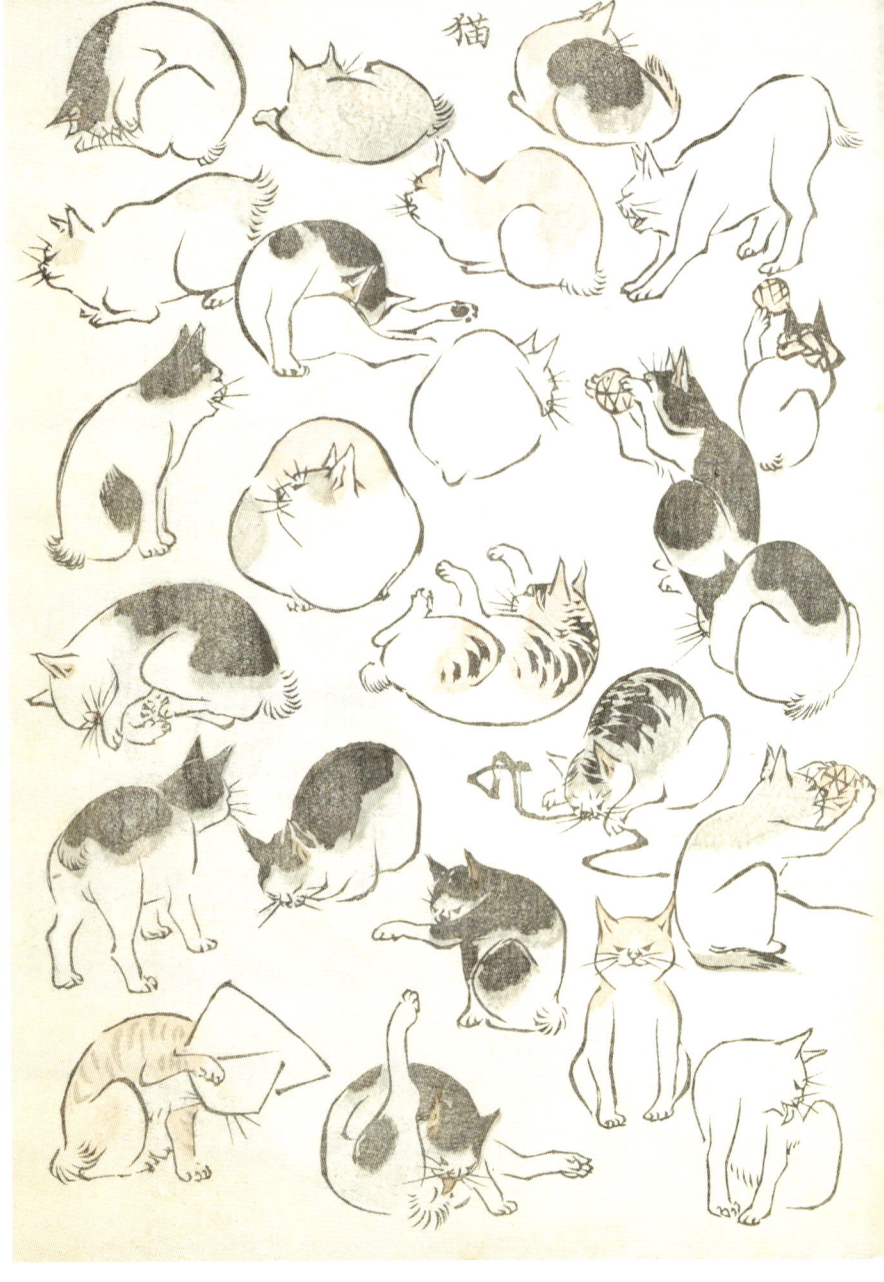

Utagawa Hiroshige (1797-1858). *Álbum de imágenes del mundo flotante (Ukiyo efu), alrededor de 1830. Publicado por Eirakuya Tōshirō et al. Volumen 3 de una colección de tres libros de xilografías, tinta y color sobre papel, 23 x 15,9 cm. Museo de Arte, obsequio de la Fundación de la Familia Mary y James G. Wallach, 2013.*

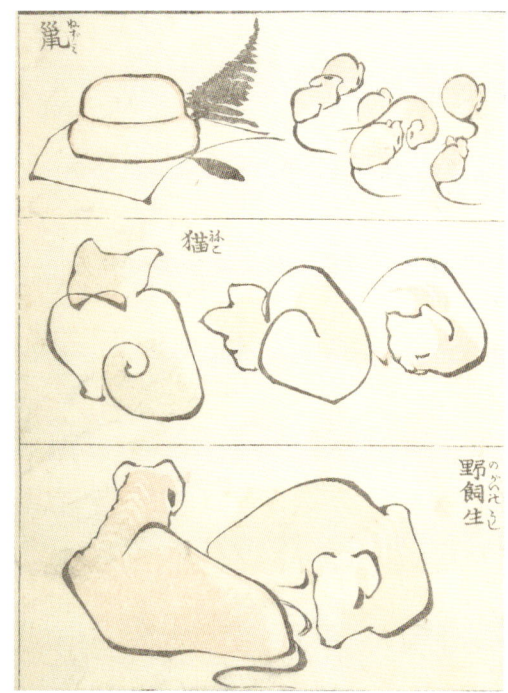

En su álbum, *Imágenes del mundo flotante,* Hiroshige incluyó gran variedad de poses vívidas para inspirar a sus pupilos: gatos agachándose, saltando, acicalándose, jugando con cuerdas y *temari* (pelotas decorativas hechas con hilos de colores), estirándose y durmiendo (página 78).

Hiroshige es un artista de gatos menos conocido que su coetáneo, el prolífico Kuniyoshi, pero sus alegres representaciones de felinos sugieren un amor genuino por los animales –según consta, tenía numerosas mascotas– y suponen una invitación irresistible para que aquellos artistas incipientes cojan un papel y un pincel y pinten.

«Nunca me fijo en los hombres, solo en las mujeres –su belleza ofrece unas posibilidades maravillosas. Pero, por desgracia, la mayoría de ellas todavía no las han desarrollado por completo, ya que no han aprendido las lecciones que pueden enseñarles los gatos (…). Los gatos nunca tienen prisa, nunca son angulosos. Se mueven con suavidad, con cuidado y de manera insinuante. Las mujeres inteligentes viven con gatos… Estudian sus movimientos, costumbres y reacciones emotivas…»
—Léonard Tsuguharu Foujita, *Milwaukee Journal,* 1935

ARRIBA. **Katsushika Hokusai (1760-1849).** *Transmitiendo el espíritu, revelando la forma de las cosas: álbum de imágenes con dibujos en un solo trazo, 1823. Publicado por Eirakuya Tōshirō et al. Libro de xilografías, tinta y color sobre papel, 22,8 x 15,8 cm. Museo Metropolitano de Arte, compra, obsequio de la Fundación Mary y James G. Wallach.*

DERECHA. **Léonard Tsuguharu Foujita (1886-1968).** *Gato durmiendo, 1947. Dibujo a pluma y aguada, 5,2 x 21,4 cm. Museo de Arte de San Luis, obsequio de J. Lionberger Davis, © Fundación Foujita/ADAGP.*

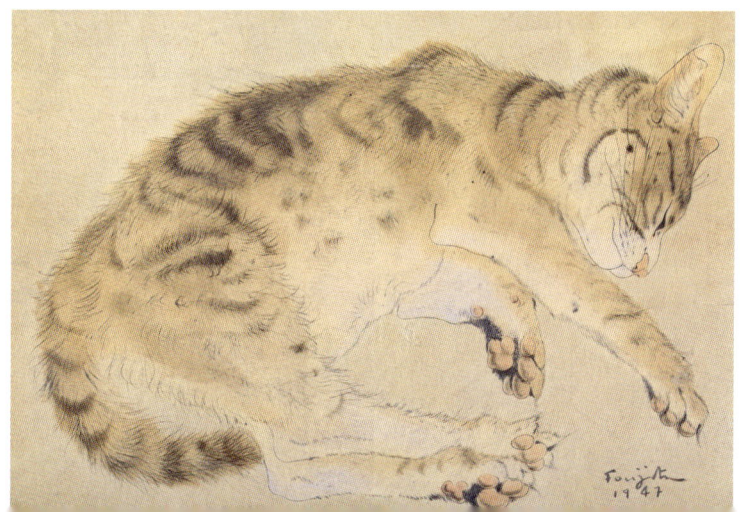

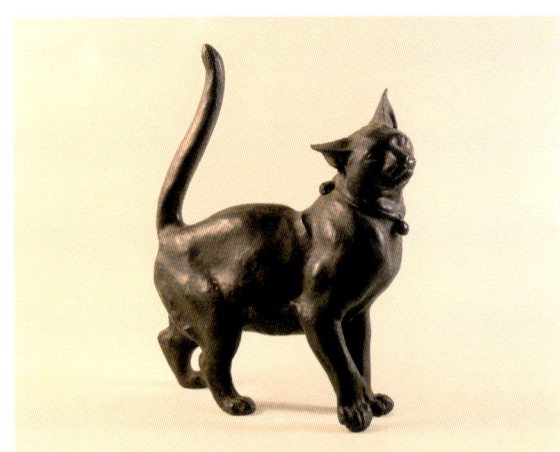

llamativo, gafas redondas, corte de pelo desfilado y pendientes de oro gruesos, Foujita adoptó un nombre afrancesado y rápidamente se convirtió en una figura central del École de Paris. Mientras vivía en Europa, desarrolló un estilo modernista distintivo que combinaba líneas caligráficas delicadas y una paleta reducida, típica de la pintura con tinta al estilo del Lejano Oriente, con un modelado sutil y recursos compositivos aprendidos durante su formación en pintura al óleo. Regresó a Japón durante la guerra, decantándose a favor del país y su expansión imperialista, como artista de guerra y mediante un nombramiento oficial como diplomático cultural. En 1950, volvió a Francia permanentemente, adoptó la ciudadanía francesa y se convirtió al catolicismo.

Asakura Fumio, colega de Foujita, es uno de los escultores más queridos de Tokio. Al principio quiso estudiar haiku, pero sus planes se truncaron tras la muerte del que iba a ser su maestro, Masaoka Shiki (1867-1902). Su hermano mayor, el escultor Watanabe Osao (1974-1952), le animó a perseguir una carrera artística. En ese momento se necesitaban artistas para diseñar los monumentos que festejaban los logros del Japón moderno y para dar expresión visual a la identidad emergente que estaba brotando en los espacios públicos por todo el país.

Así, Asakura cambió su trayectoria y logró ingresar al año siguiente en el curso de escultura de la Escuela de Tokio de Bellas Artes. Como no podía permitirse pagar a modelos cuando se centraba en la figura humana, se llevó su cuaderno de bocetos al zoológico de Ueno, ubicado justo al lado.

Al igual que Kuniyoshi, el artista franco-japonés Léonard Foujita era un apasionado amante de los felinos. Cogía gatos callejeros de las calles de Montparnasse y tenía costumbre de representarlos como tema principal, o bien como compañeros peludos en los retratos de sus musas y en autorretratos como el que aparece en la página 74. Foujita admiraba el temperamento y la elegancia de los felinos, así como la combinación de salvajismo y domesticidad que encarnaban –atributos que también asociaba a las mujeres, su otra gran pasión–. En este autorretrato da la impresión de que el gato atigrado de Foujita está pidiendo salir también. Tres años más tarde de realizar esta obra, su cotizado Libro de los gatos, que contenía veinte grabados, fue publicado por Covici Friede en una edición limitada de 500 copias en Nueva York, en 1930.

Foujita estudió pintura de estilo occidental en la Escuela de Tokio de Bellas Artes (actualmente, Universidad Nacional de Bellas Artes y Música de Tokio) y se graduó en 1910. En 1913, se mudó a Francia. Con su aspecto

Después de graduarse en 1907, fijó su estudio en el distrito cercano de Yanaka. A partir de entonces, participó en exposiciones muy aclamadas patrocinadas por el gobierno y recibió encargos importantes. Sobre todo se trataba de crear figuras humanas dignas y repletas de matices, pero mientras trabajaba con la arcilla y el yeso, desarrolló un estilo realista e impresionista que recordaba incluso a la obra del escultor francés August Rodin. Al igual que el maestro francés, sus formas y superficies modeladas de forma expresiva, e incluso algo tosca, parecían bullir de energía y cobrar vida.

En su vida privada, Asakura era un aficionado de los gatos; de hecho, tenía varios como mascota. También realizó numerosas y vívidas esculturas de gatos, más por disfrute personal que por sus clientes o exposiciones públicas. El tiempo que pasó dibujando animales en el zoo, cuando era estudiante, seguramente le ayudó a entrenar el ojo y la mano, y con ello poder capturar la vitalidad de un ser vivo que solo es capaz de mantener la postura hasta que así lo considera. En la década de 1960, empezó a planificar una exposición con cien esculturas de gatos, pero falleció antes de que el proyecto pudiera materializarse.

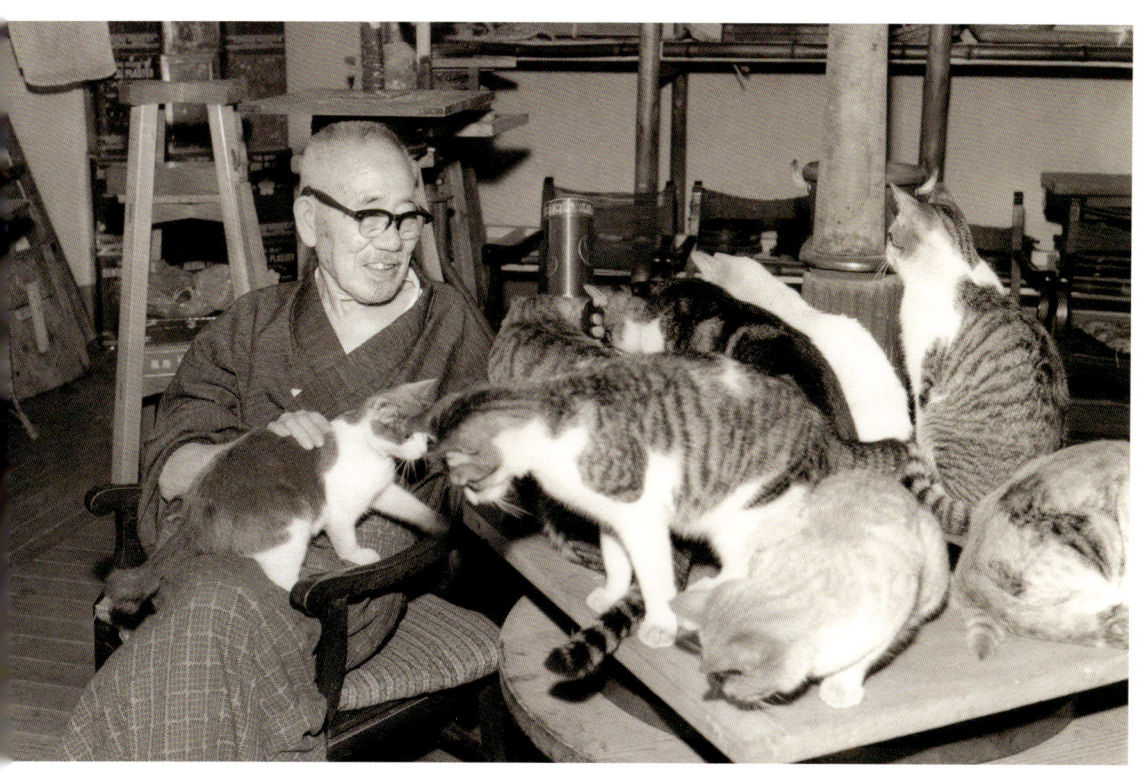

Belleza felina

Una gata se retuerce para acicalarse, mientras sus ojos verdes y resplandecientes se cruzan con los del espectador que la está mirando. Su pelaje suave está representado de manera realista mediante aguadas de tinta y color, y cada folículo individual está elaborado con pinceladas finas. La ausencia de elementos en el fondo, la pose enérgica de la gata y su mirada cautivadora hacen de esta una de las obras de arte más memorables de Takeuchi Seihō.

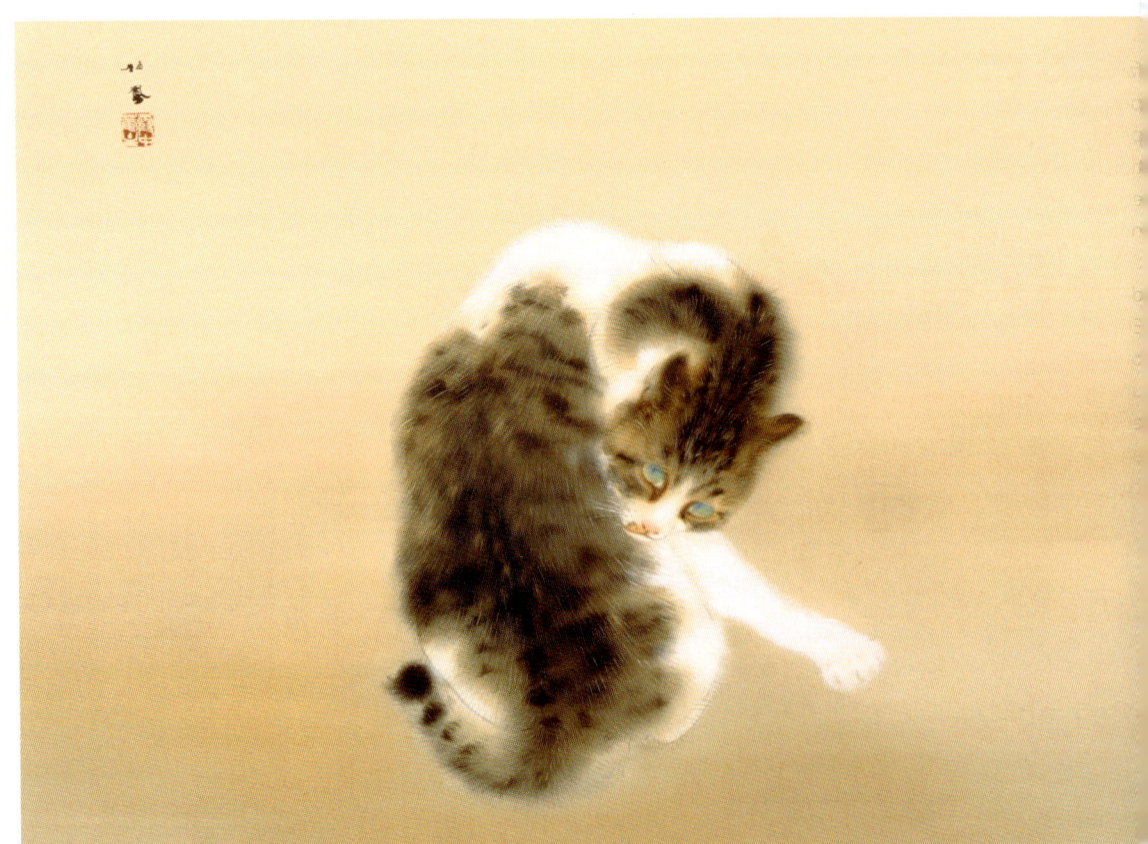

Seihō se encontró con esta hermosa gata, que pertenecía a un verdulero, mientras viajaba por Numazu. Nada más verla le recordó a un cuadro del emperador Huizong, de la dinastía Song (960-1279), y le inspiró la inmediata necesidad de realizar su propio retrato felino. Intercambió una pintura por la gata y la llevó a su taller de Kioto, en el que él estudiaba y dibujaba, para hacerle fotos. La obra completa unifica el realismo formal de estilo occidental basado en el retrato en vivo, con la sensibilidad decorativa que resaltaba la pintura tradicional japonesa.

La célebre gata atigrada de Seihō fue precedida por la famosa pintura de Hishida Shunsō del gato negro peludo posado sobre el tronco de un roble. Sus orejas dobladas, ojos penetrantes y patas separadas crean la sensación de que el tiempo se ha detenido por un instante, antes de que el animal eche a correr. La negrura aterciopelada del gato otorga una nota llamativa, entre la armonía de tonos dorados y grisáceos.

Shunsō fue pupilo de Okakura Tenshin y un pionero del *nihonga*, el 'estilo de pintura japonés' neotradicional. En el momento en el que pintó su obra, Shunsō sufría de problemas de visión. Sin embargo, se dice que solo tardó una semana en realizar esta pintura. La obra fue aceptada en la cuarta Exhibición de Arte del Ministerio de Educación, en 1910. Shunsō murió al año siguiente, pocos días antes de cumplir los 37 años.

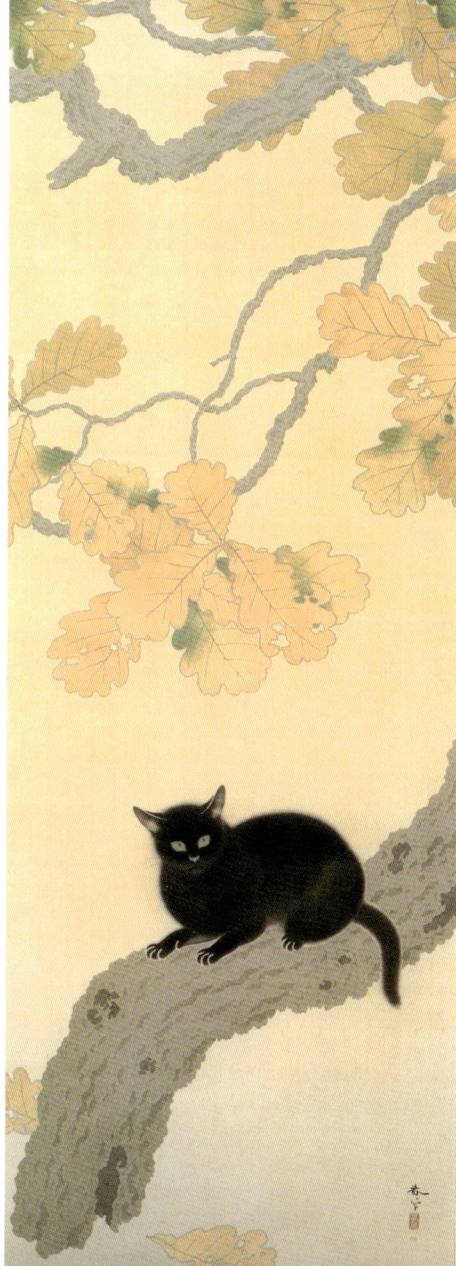

IZQUIERDA. **Takeuchi Seihō (1864-1942).** *Gata atigrada, 1924. Pintura colocada sobre papel enmarcado, tinta y color sobre seda, 101,6 × 81,9 cm. Museo de Arte Yamatane, propiedad de importancia cultural.*

DERECHA. **Hishida Shunsō (1874-1911).** *Gato negro, 1910. Pergamino japonés, tinta, color y oro sobre seda, 150,1 x 51 cm. Eisei Bunko, propiedad de importancia cultural.*

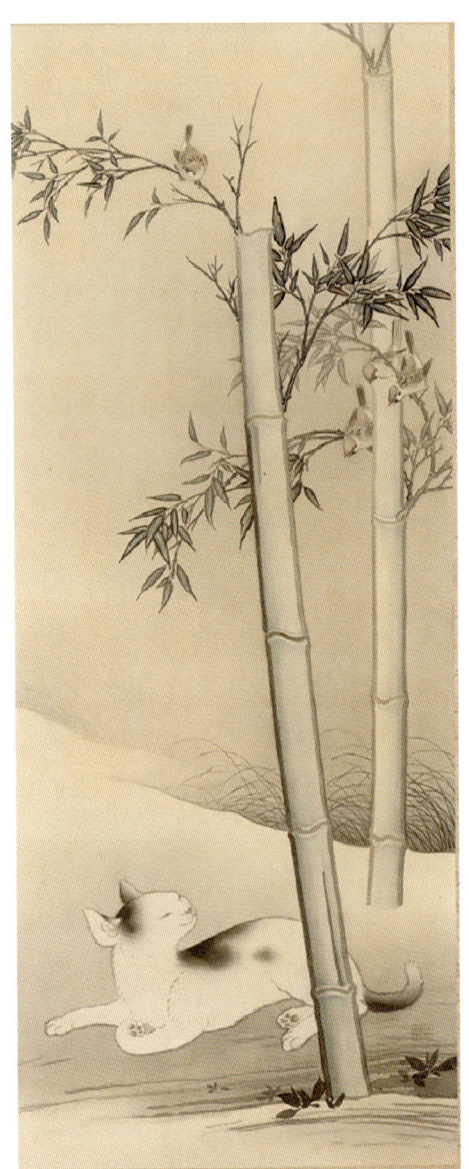

IZQUIERDA.
**Hashimoto Gahō
(1835-1908).** *Gato en
bosquecillo de bambú,
1896. Pergamino
japonés, tinta y color
sobre seda, 122,1 x 50,6
cm. Museo Nacional de
Tokio.*

DERECHA. **Shoda
Kōhō (1871 o
1877-1946).** *Gato
negro de noche, de la
serie Escenas japonesas
en Tanzaku, alrededor
de 1920. Publicado por
Hasegawa y
Nishinomiya. Xilografía,
tinta y color sobre papel,
34,13 x 8,1 cm. Museo
de Arte del Condado de
Los Ángeles, obsequio
del Dr. Chuck Bowdlear y
John Borozan.*

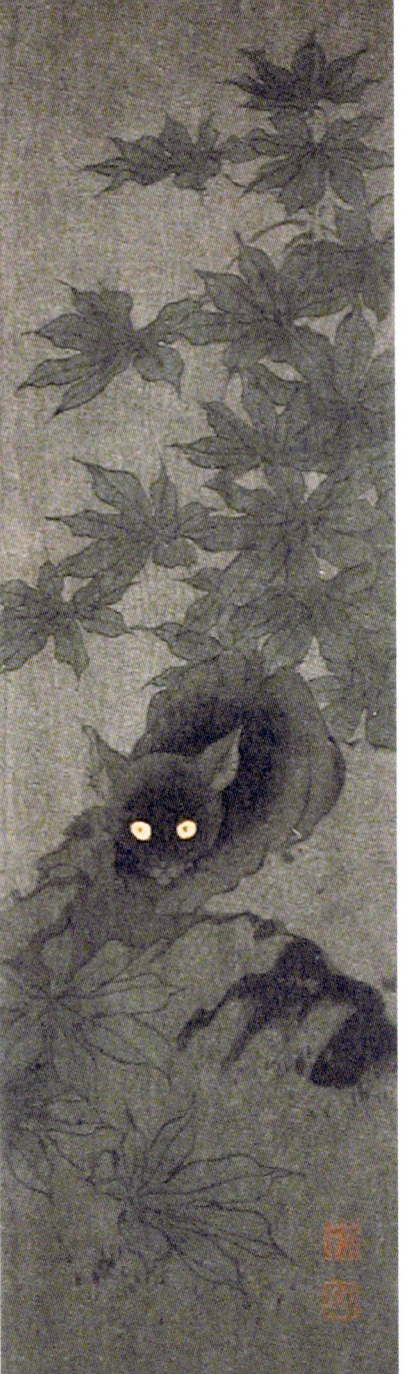

*«Los gatos… los gatos deben ser completamente negros
excepto en la parte de la barriga, que debe ser blanca».*
   —Sei Shōnagon, *El libro de la almohada* (1002)

*«En las sombras verdosas
resplandecen dorados
los ojos de un gato negro».*
   —Kawabata Bōsha (1897-1941)

Takahashi Hiroaki (Shōtei) (1871-1945). *Gato negro, aproximadamente 1929. Publicado por Fusui Gabo. Xilografía, tinta y color sobre papel, 26,9 x 39,2 cm. Imagen cedida por cortesía de Scholten Japanese Art.*

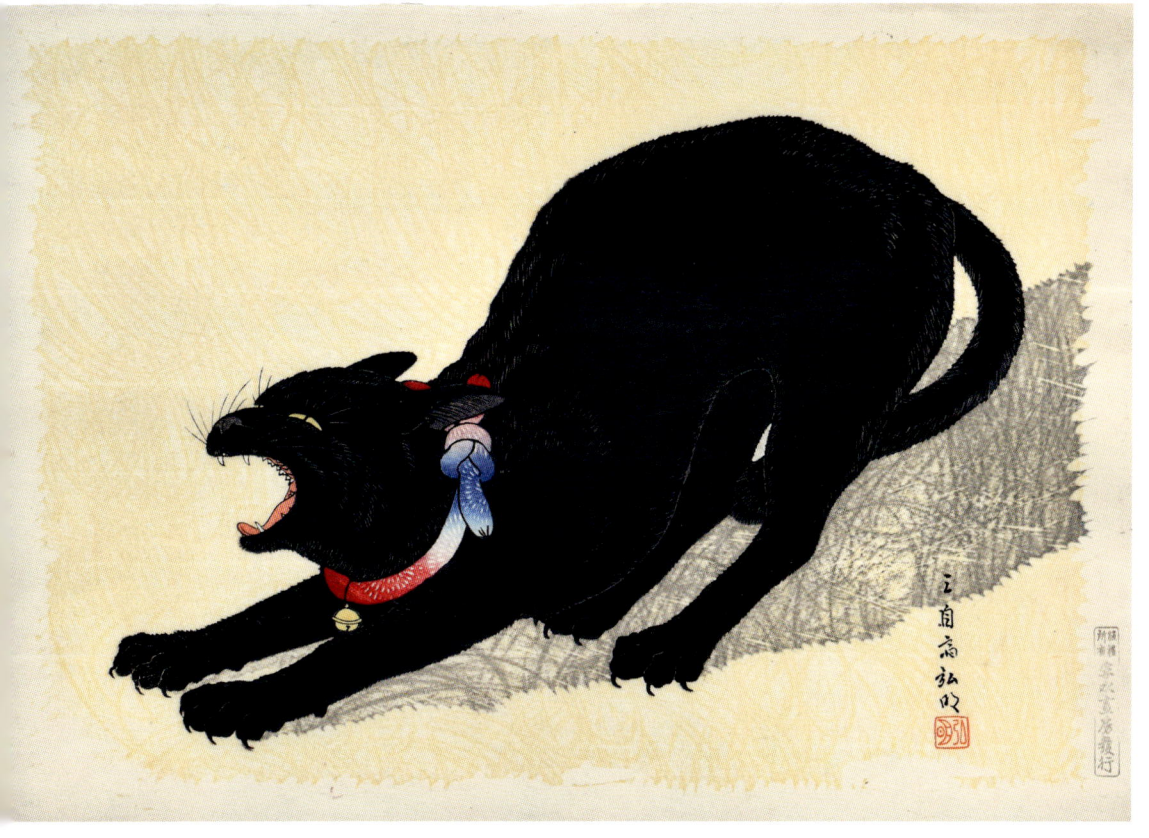

Gatos modernistas

El diseño divertido de esta pareja de sujetalibros plasma con destreza la figura de un gato estirándose. El artista interpretó el cuerpo flexible de los gatos como algo polifacético y elegante, mezclando las formas orgánicas de la naturaleza con la geometría de la época industrial. Las líneas puntiagudas guían los ojos del espectador desde las rechonchas patas delanteras hasta la curva en forma de S de la columna vertebral, terminando por el rizo desenfadado de la cola.

El artista nacido en Osaka, Neya Chūroku, estudió fundición en la Escuela de Tokio de Bellas Artes y se graduó en el año 1926. Participó en la exposición de la Academia Imperial de las Artes, donde ganó un premio especial *(tokusen)* en 1933, así como en numerosas exposiciones colectivas dirigidas por muchos otros artistas. Además, fue invitado a participar en la Exposición Mundial de Chicago, también conocida con el nombre de Un Siglo de Proceso, en 1933.

Aunque las pinturas de gatos de Kumagai Morikazu están estilizadas y simplificadas, muestran una gran expresividad y suponen un ejercicio cuidadoso de observación. Si bien están reducidas a manchas de colores terrosos, planos, de alto contraste y delineadas con contornos rojos, consiguen transmitir la felinidad de sus modelos. Kumagai realizó docenas de pinturas de gatos en óleo y tinta en las décadas de 1950 y 1960. Tras sufrir un derrame cerebral en 1956, limitó su actividad a la privacidad de su pequeño jardín, en el distrito artístico de Tokio, Ikebukuro Montparnasse, donde pintó la flora y la fauna –camelias, ranas, dientes de león, mariposas, caracoles y sus gatos– que había.

Nacido en el seno de una familia adinerada, en la región montañosa de Kiso, Kumagai estudió pintura al óleo de estilo occidental en la Escuela de Tokio de Bellas Artes. Después de graduarse en 1904, fue destinado a la isla de Sajalín para

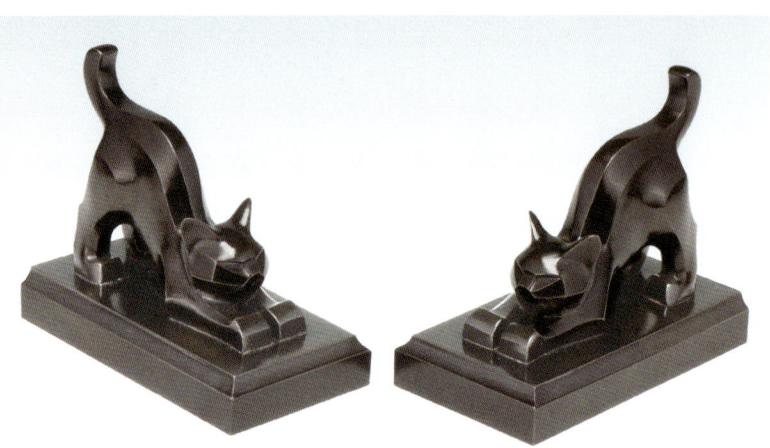

Neya Chūroku (1897-1987).
Reposalibros con forma de gatos, aproximadamente década de 1930. Bronce, 14,6 x 18,1 x 9,8 cm. Colección de Robert y Mary Levenson.

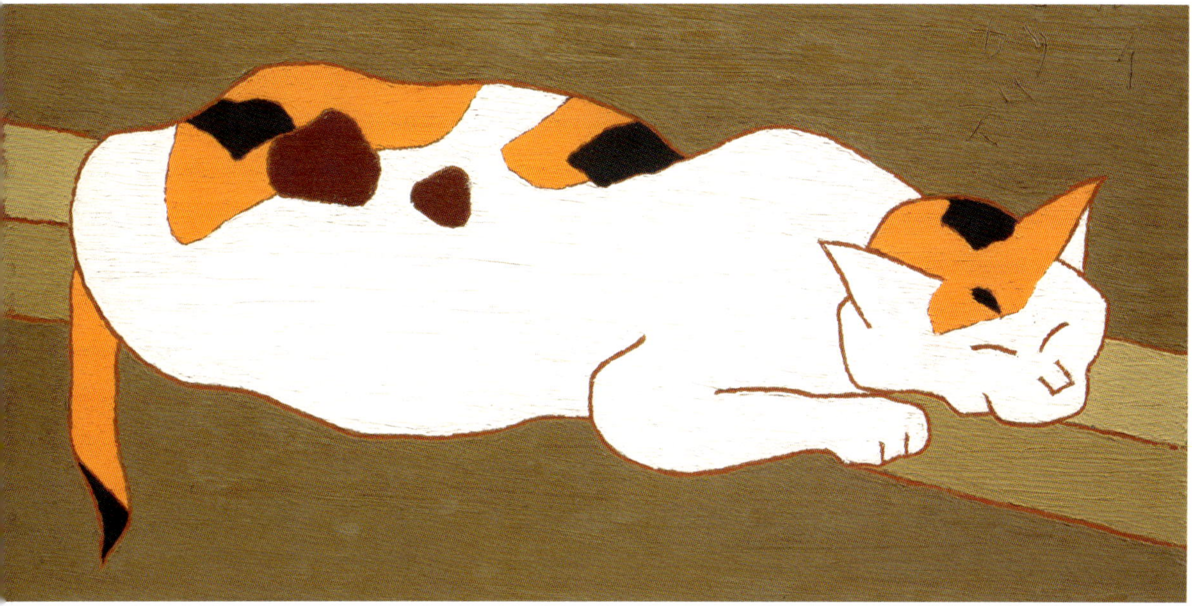

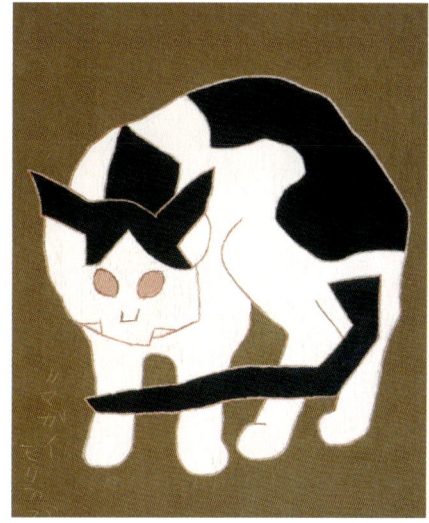

ARRIBA. **Kumagai Morikazu (1880-1977).** *Gato, 1965. Pintura, óleo sobre madera, 24,1 x 33,3 cm. Centro de Artes Aichi, colección de Kimura Teizo.*

DERECHA. **Kumagai Morikazu (1880-1977).** *Gato, 1963. Pintura, óleo sobre lienzo, 41 x 32 cm. Centro de Artes Aichi, colección de Kimura Teizo.*

realizar mapas topográficos durante la guerra ruso-japonesa (1904-1905).

En sus años de juventud como artista, participó en la exposición de 1909, patrocinada por el gobierno, y en la Nikakai, la versión japonesa del Salon des Refusés, de 1915, aunque experimentó dificultades para mantener con sus pinturas a su familia de cada vez más miembros. No consiguió su primera exposición en solitario hasta 1938. En 1947 fue miembro fundador de la sociedad progresista Nikikai, pero finalizó su afiliación en 1951. En 1967 y 1972 se le ofreció la condecoración de la Orden de la Cultura, pero la rechazó en ambas ocasiones.

Las obras minimalistas de Onchi Kōshirō condensan la figura felina, con su forma ágil y sus movimientos fluidos, reduciéndola a su esencia. Onchi fue pionero en el modernismo japonés y una figura fundamental en el *sōsaku hanga,* o 'movimiento de impresión creativa'. Mientras estudiaba escultura en la Escuela de Tokio de Bellas Artes, fundó la revista seminal de poesía y grabados Tsukuhae con sus compañeros de clase Shizuo Fujimori (1891-1943) y Tanaka Kyōkichi (1892-1915). En 1915 la revista publicó su grabado Horas brillantes, al que se le atribuye el honor de ser la primera obra de arte japonesa puramente abstracta.

IZQUIERDA INFERIOR. **Onchi Kōshirō (1891-1955).** *Imagen núm. 7: gato negro (b), 1952. Impresión en bloque de papel, tinta y color sobre papel. 45,5 x 36 cm. Museo de Arte de Honolulu, obsequio de James A. Michener, 1991.*

DERECHA INFERIOR. **Onchi Kōshirō (1891-1955)**. *Imagen núm. 7: gato negro (c), 1952. Impresión en bloque de papel, tinta y color sobre papel. 45,1 x 36 cm. Museo de Arte de Honolulu, obsequio de James A. Michener, 1991.*

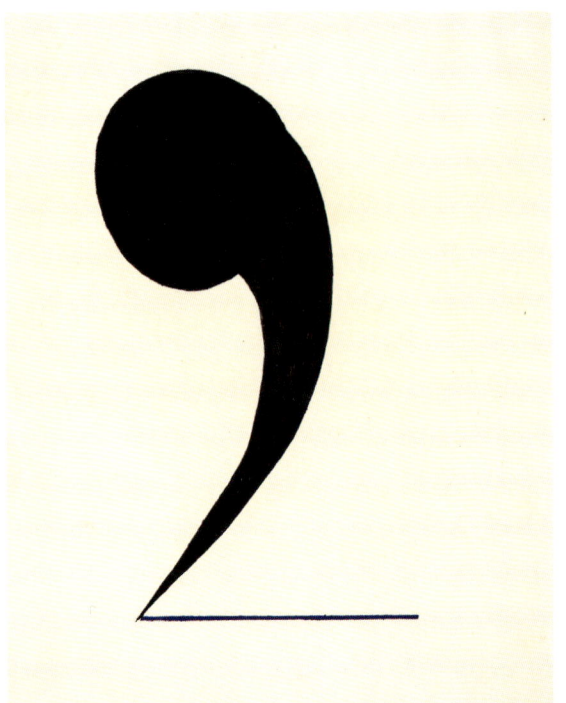

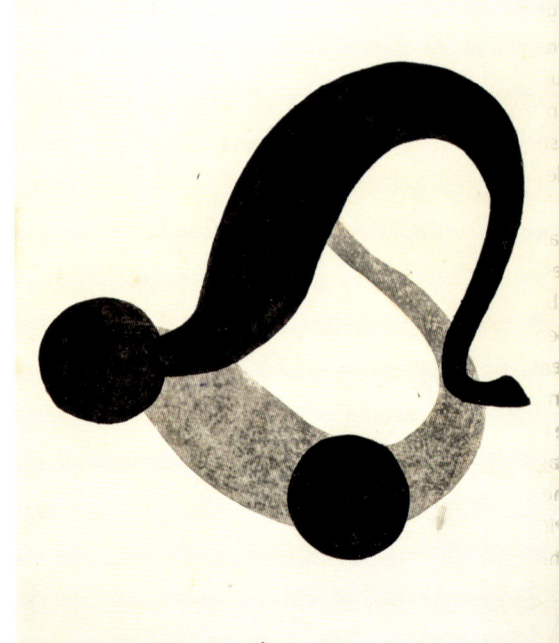

Onchi no solo fue un pionero del modernismo, sino que también hizo de mentor para los artistas más jóvenes de su círculo, entre los que se incluyen a Sekino Jun'ichirō y Saitō Kiyoshi, quienes también están representados en este libro. Después de la guerra, muchos de los artistas y amantes del arte que vivían en Japón como parte de la ocupación aliada se unieron a sus filas, y el grupo, que se reunía en la residencia de Onchi, se convirtió en un lugar de intercambio cultural y amistad entre antiguos enemigos.

Entre los aprendices de Onchi cabe mencionar a Inagaki Tomoo. En su obra, *Gato paseando,* las líneas curvas describen los andares fluidos y resueltos de un gato *bobtail.* La geometría atrevida de *Estudio de gato acicalándose,* repleta de líneas curvas y diagonales que se duplican, sugiere los gestos eficientes de la pata delantera de un gato mientras se lava la cara y detrás de las orejas. Esta pequeña acuarela es un curioso estudio para un diseño que imprimió Inagaki Tomoo en 1955.

Inagaki comenzó a realizar grabados con gatos alrededor de 1951 y, aproximadamente en 1961, empezó a volcarse de lleno en dicha materia. Las obras de gatos de Inagaki y Saitō Kiyoshi fueron expuestas en el Museo de Arte John y Mable Ringling, en 1957, gracias a lo cual consiguieron deleitar al público estadounidense y llegaron a ser consideradas «obras maestras de la sugestión», según el periódico *Sarasota Herald Tribune.*

Los gatos son un tema fundamental en la obra de Saitō, uno de los artistas de grabados de Japón con más reconocimiento a nivel internacional. Sus numerosas obras con gatos en distintas actitudes –astutos, lánguidos, perplejos, altivos o cariñosos– ponen de manifiesto la sensibilidad del artista y su sentido del humor juguetón. Sin embargo, en una entrevista, Saitō reveló que, en realidad, no le gustaban tanto los gatos. «Cuando observas un gato, te das cuenta de las formas diferentes que puede adquirir. Eso me resultaba interesante y es el motivo por el que los pinto» (id. Museo de Arte de la Prefectura de Fukushima, Munekata Shikō y Saitō Kiyoshi, 2000).

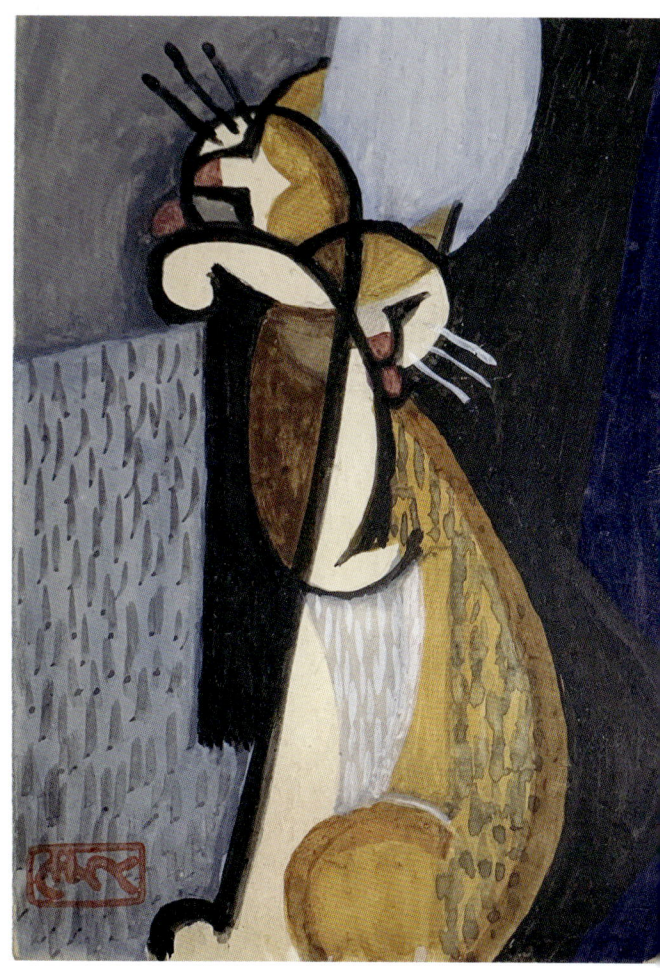

Inagaki Tomoo (1902-1980). *Estudio de Gato acicalándose, aproximadamente 1955. Acuarela sobre papel, 16,2 x 11,6 cm. Colección de John Fiorillo.*

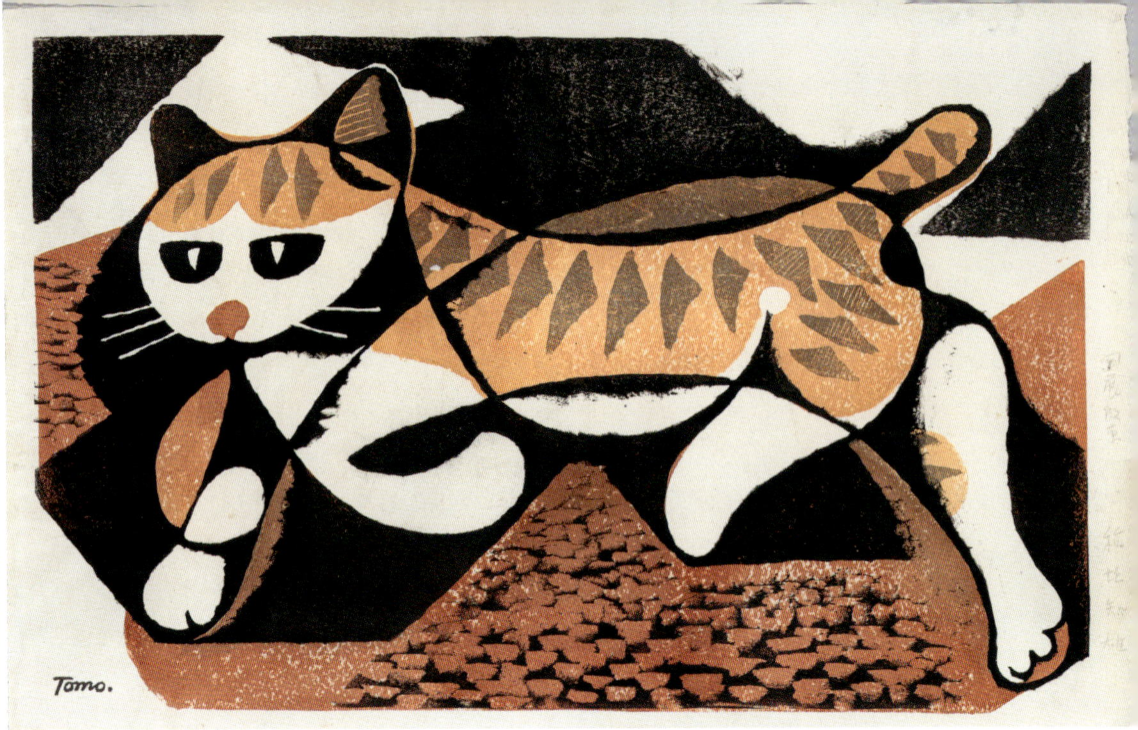

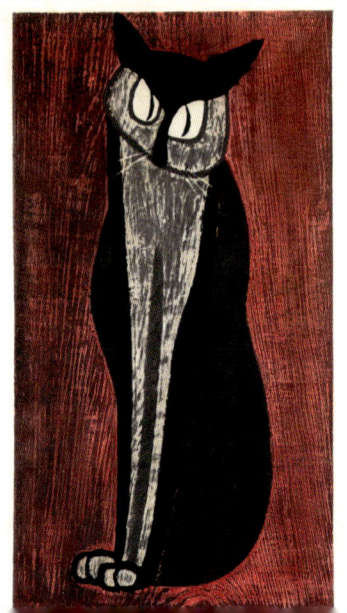

ARRIBA. **Inagaki Tomoo (1902-1980).** *Gato paseando, 1953. Xilografía, tinta y color sobre papel, 36,5 x 56,5 cm. Museo de Arte de John y Mable Ringling, obsequio del Sr. y la Sra. Karl A. Bickel, 1961.*

DERECHA. **Saitō Kiyoshi (1907-1997).** *Mirada firme (gato), 1948. Xilografía, tinta y color sobre papel, 79 x 45 cm. Colección de Charles y Robyn Citrin.*

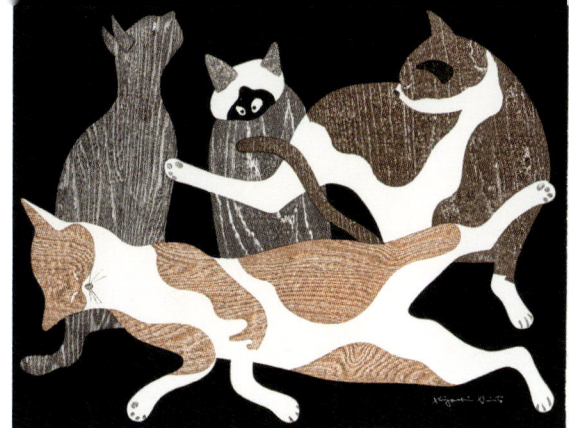

DERECHA. **Saitō Kiyoshi (1907-1997).** *Gatos, 1973. Xilografía, tinta y color sobre papel, 55 x 66 cm. Museo de Arte de John y Mable Ringling, obsequio de Charles y Robyn Citrin.*

ABAJO. **Saitō Kiyoshi (1907-1997).** *Sospecha, 1973. Xilografía, tinta y color sobre papel, 55 x 81,3 cm. Museo de Arte de John y Mable Ringling, obsequio de Charles y Robyn Citrin.*

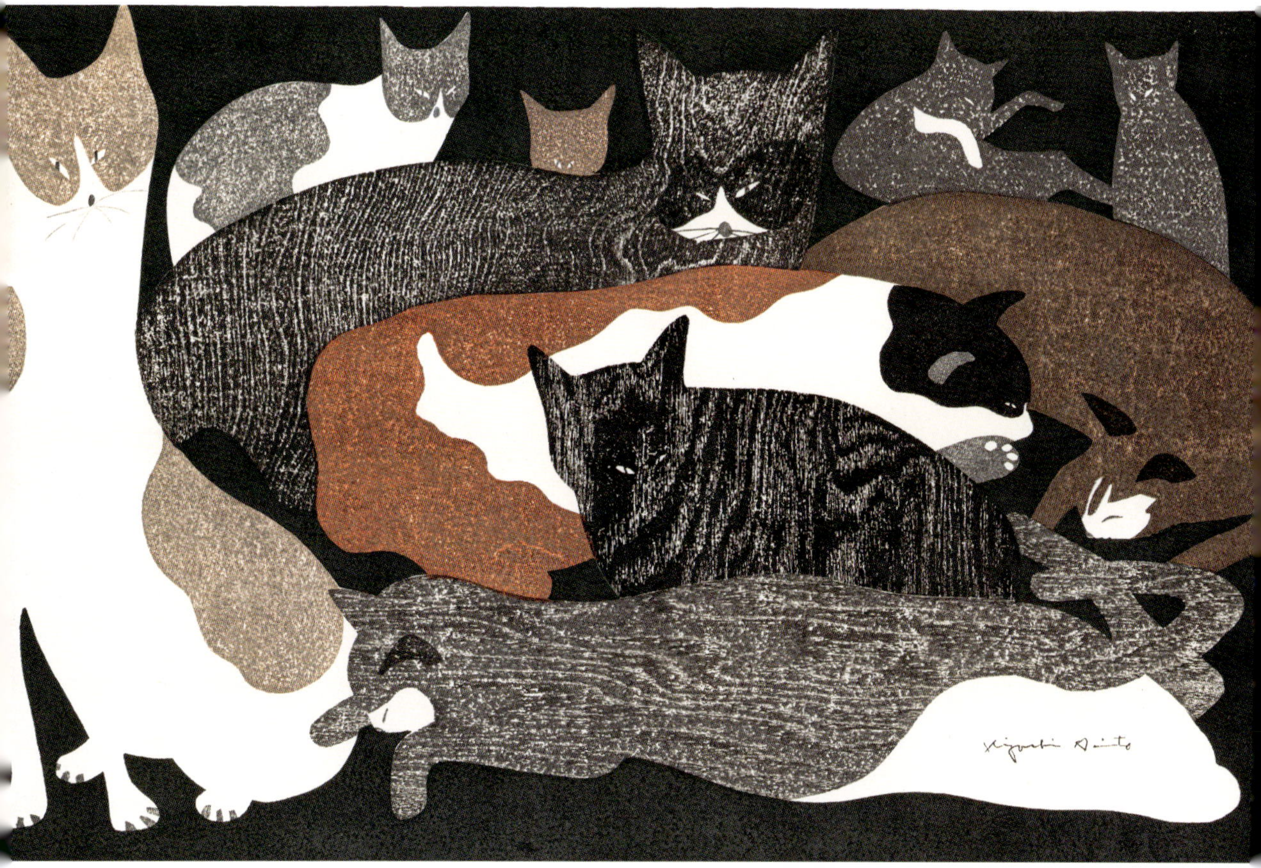

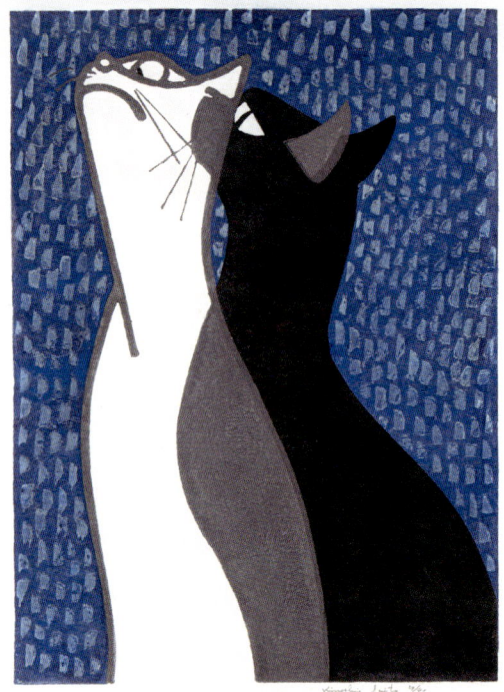

La revista estadounidense *Time* reprodujo la obra *Mirada firme (gato)* en su número de septiembre de 1951, justo unas semanas después de que Saitō fuera galardonado con el Premio Japón en la Bienal de São Paulo, en Brasil. Saitō explicó que, gracias a ese considerable nivel de publicidad, «mi galería se ha inundado de pedidos procedentes de todo el mundo. En cuestión de segundos, la obra ha desaparecido de Japón» *(Time,* 10 de febrero, 1967).

Saitō no perdió el tiempo a la hora de pensar en diseños nuevos de felinos que pudieran satisfacer a un público cada vez más amplio. Las tiradas de hasta 200 ejemplares son una muestra de la demanda considerable que había por estas obras. Sin embargo, el público no solo se mostraba entusiasmado por el encanto de la temática: las obras con gatos de Saitō se concebían y ejecutaban con gran imaginación. Por un lado, las líneas fluidas describen la gracia de la figura felina, mientras que las texturas vivaces animan la composición. Con solo unas pocas líneas y trazos, Saitō es capaz de evocar el estado de ánimo y comportamiento de los gatos de forma indeleble.

El gusto de Saitō por el *mokume-zuri* cobra pleno protagonismo en un conjunto de diseños que realizó en la década de 1970, inspirados en la pandilla de peludos que se congregaban en casa de un amigo suyo. En dichos grabados hay múltiples piezas de madera, con patrones de vetas que contrastan entre sí, colocadas en diferentes posiciones para representar el pelaje del animal. Estas composiciones de tipo *collage* tienen tal sentido del ritmo y del tacto que se consideran de las piezas más atractivas a nivel visual de la obra tardía de Saitō.

En los dos grabados de Aoyama Masaji y Sekino Jun'ichirō, la silueta de un felino solitario rompe con el patrón rítmico de las tejas. Los gatos disfrutan de las comodidades domésticas sin estar apegados a ellas y se mueven libremente entre el hogar y la naturaleza urbana. Su independencia, su despreocupación y su habilidad físic

El primer gran diseño con gatos de Saitō fue *Mirada firme (gato)* (1948), protagonizado por un felino de ojos grandes y mirada desdeñosa. Es posible que el famoso póster del club nocturno parisino, Le Chat Noir, de Theophile-Alexandre Steinlen (Francia, 1859-1923), fuera la inspiración para las orejas aplastadas y la mirada fría del gato. El fondo está grabado con capas de color rojo y patrones *mokume-zuri* grises, o vetas de madera, en las que se realiza una impresión a partir de un trozo de madera con veteado profundo. Saitō adoptó esta técnica a partir de obras de artistas modernistas a los que admiraba como, por ejemplo, Paul Gauguin (Francia, 1848-1903) y Edvard Munch (Noruega, 1863-1944), quienes, a su vez, se inspiraron en artistas de grabados japoneses como Hiroshige.

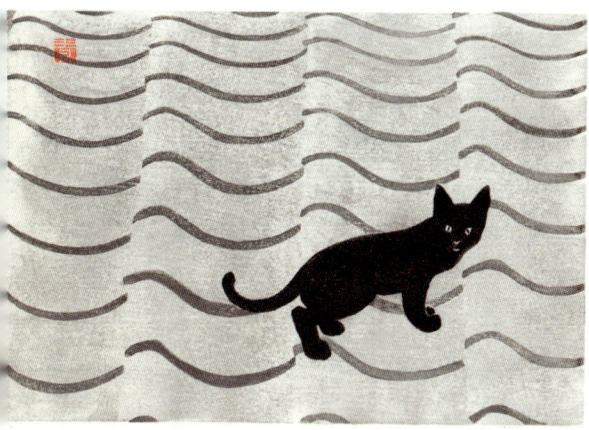

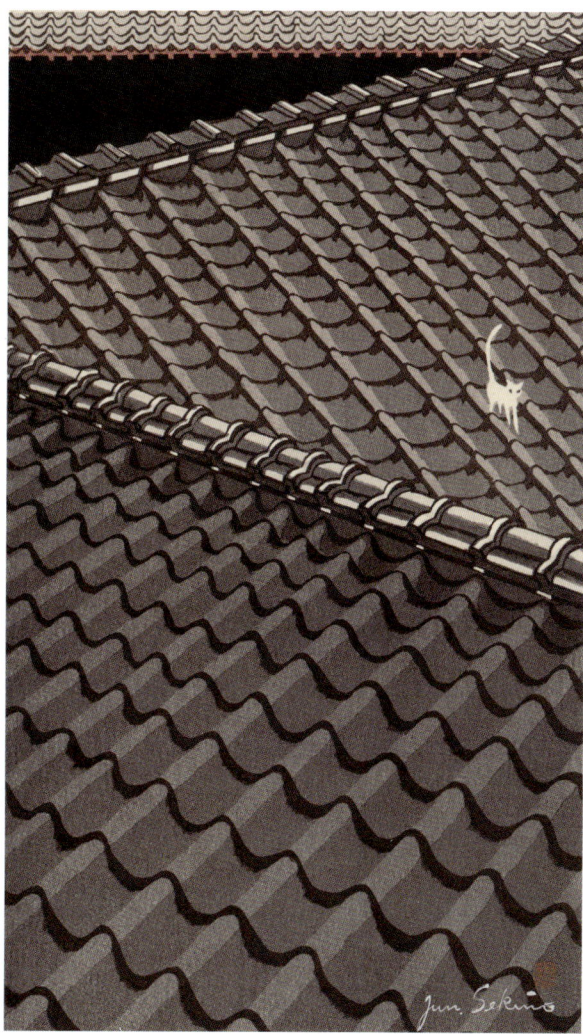

se perfilan como una metáfora de la bohemia moderna y la libertad de las preocupaciones burguesas. Nos recuerdan a nosotros, los humanos, que nuestra existencia en la tierra está constreñida por la gravedad, nuestros cuerpos torpes, nuestras responsabilidades y nuestras convenciones sociales, todo lo contrario que los fascinantes gatos.

Aunque sea algo menos conocido que sus coetáneos Sekino y Saitō, también cabe mencionar a Aoyama Masaji, como puede verse en *Gato en el tejado,* quien realizaba con gran destreza xilografías con relieve de gatos y escenarios rurales. Su preferencia por los diseños monocromáticos seguramente se deba a su formación en pintura tradicional con tinta en la Escuela de Tokio de Bellas Artes. Asimismo, comenzó a hacer grabados y terminó uniéndose al movimiento *Sōsaku Hanga* a finales de 1920, aunque también trabajó con editores comerciales.

El kimono del gato

Solo los propios gatos pueden superar un buen conjunto de ropa de temática
felina. Estas elegantes heroínas (y héroes) del mundo flotante llevan su pasión
por los gatos en sus vestimentas.

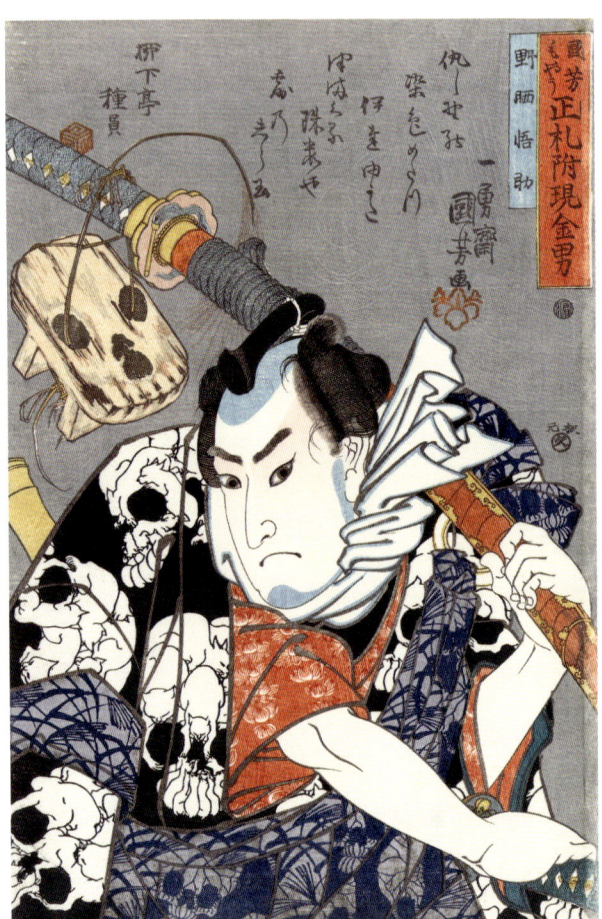

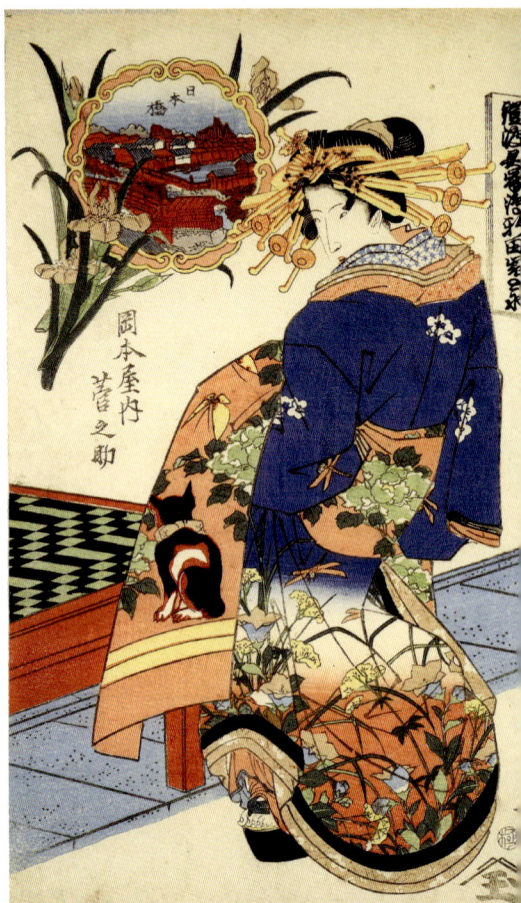

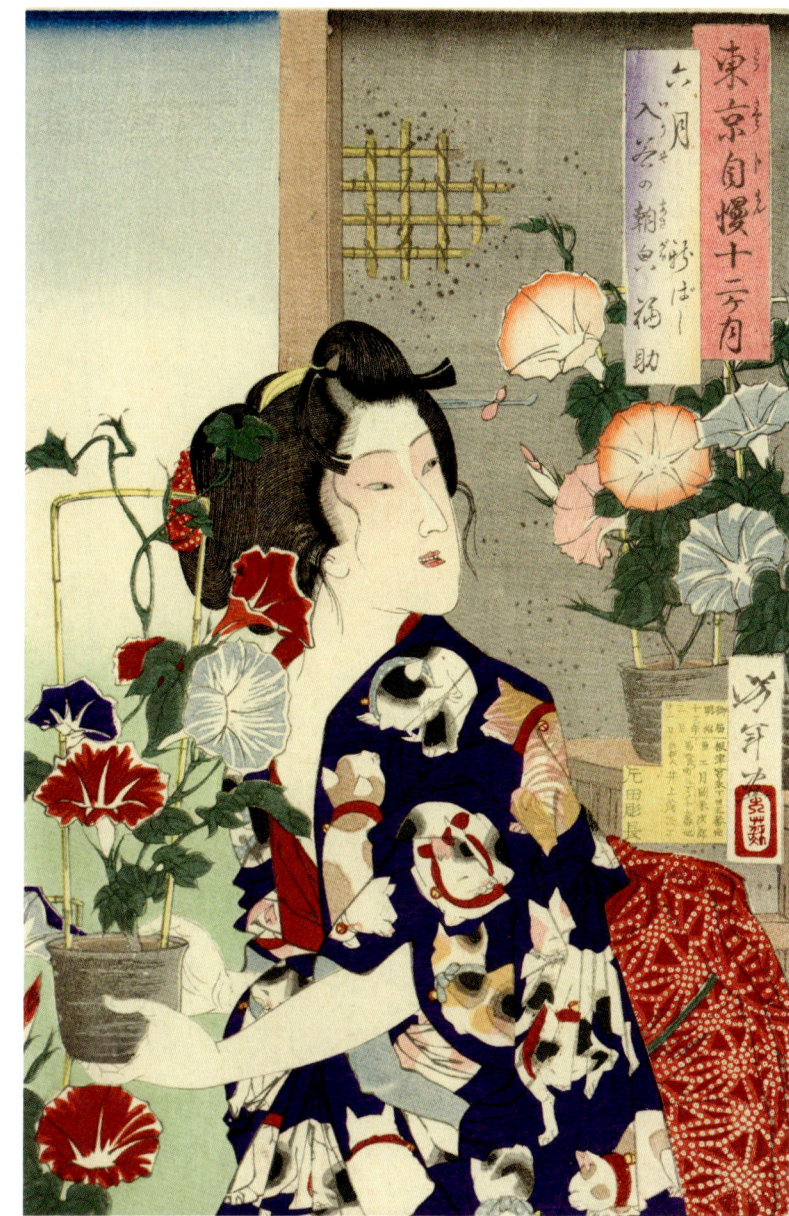

PRIMERA A LA IZQUIERDA. **Utagawa Kuniyoshi (1798-1861).** *Nozarashi Gosuke, de la serie Hombres con dinero con descripciones auténticas, Moda Kuniyoshi, alrededor de 1845. Publicado por Ibaya Kyubei. Xilografía, tinta y color sobre papel, 37,1 x 25,1 cm. Museo de Bellas Artes de Boston, Colección William Sturgis Bigelow.*

IZQUIERDA. **Keisai Eisen (1790-1848).** *Publicado por Moritaya Hanzō. La sílaba «Ro»: Suganosuke de Okamotoya, de la serie Cortesanas por los puntos cardinales en Edo, alrededor de 1829. Publicado por Moritaya Hanzō. Xilografía, tinta y color sobre papel, aprox. 39 x 26,5 cm. Museo de Etnología de Leiden.*

DERECHA. **Tsukioka Yoshitoshi (1839-1892).** *El sexto mes: Fukusuke de Shimbashi con campanillas en Iriya, de la serie Doce meses de orgullo de Tokio, 1880. Publicado por Inoue Mohei. Xilografía, tinta y color sobre papel, aprox. 39 x 27 cm. Biblioteca Nacional de la Dieta de Tokio.*

Gatos de la suerte

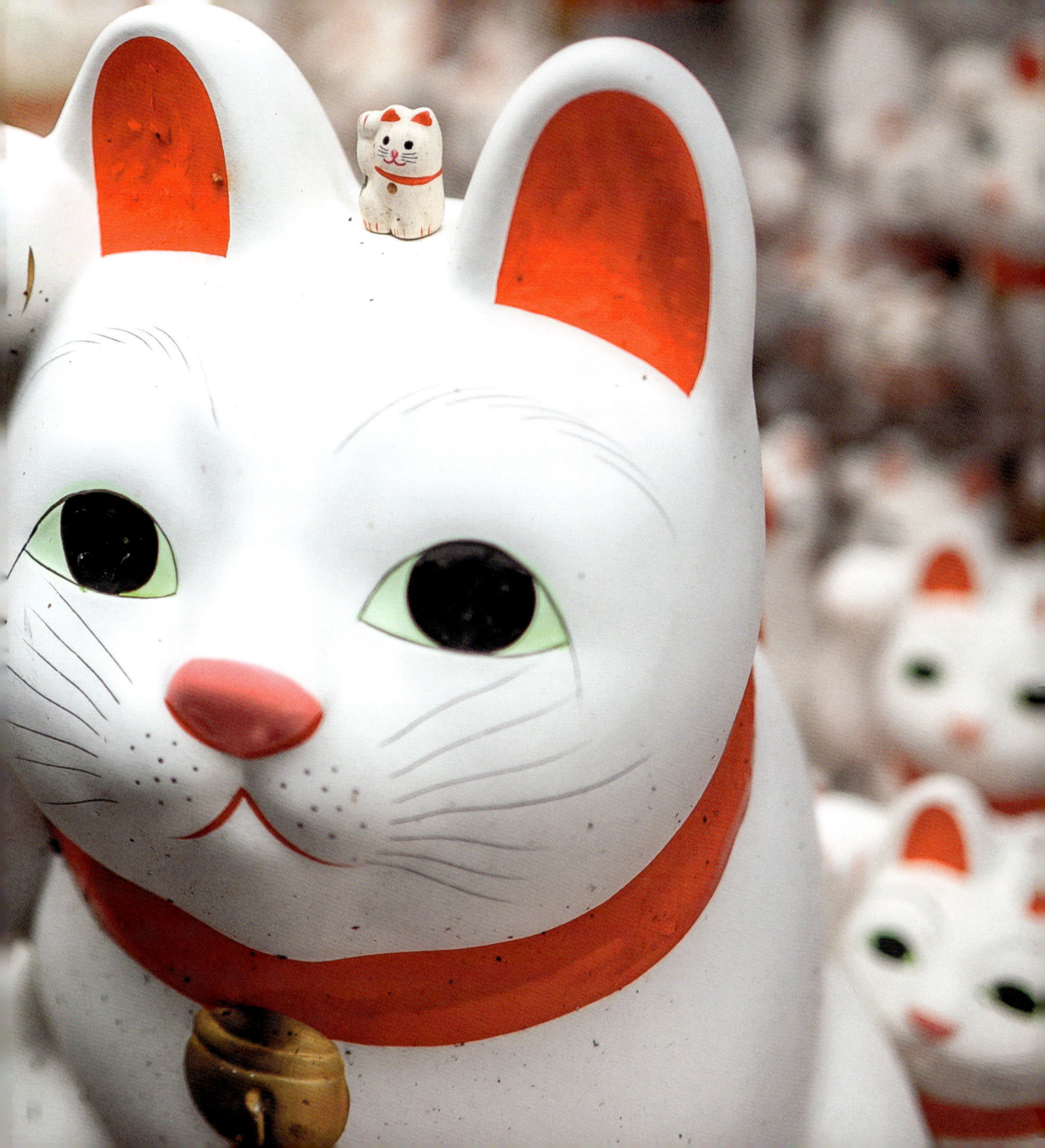

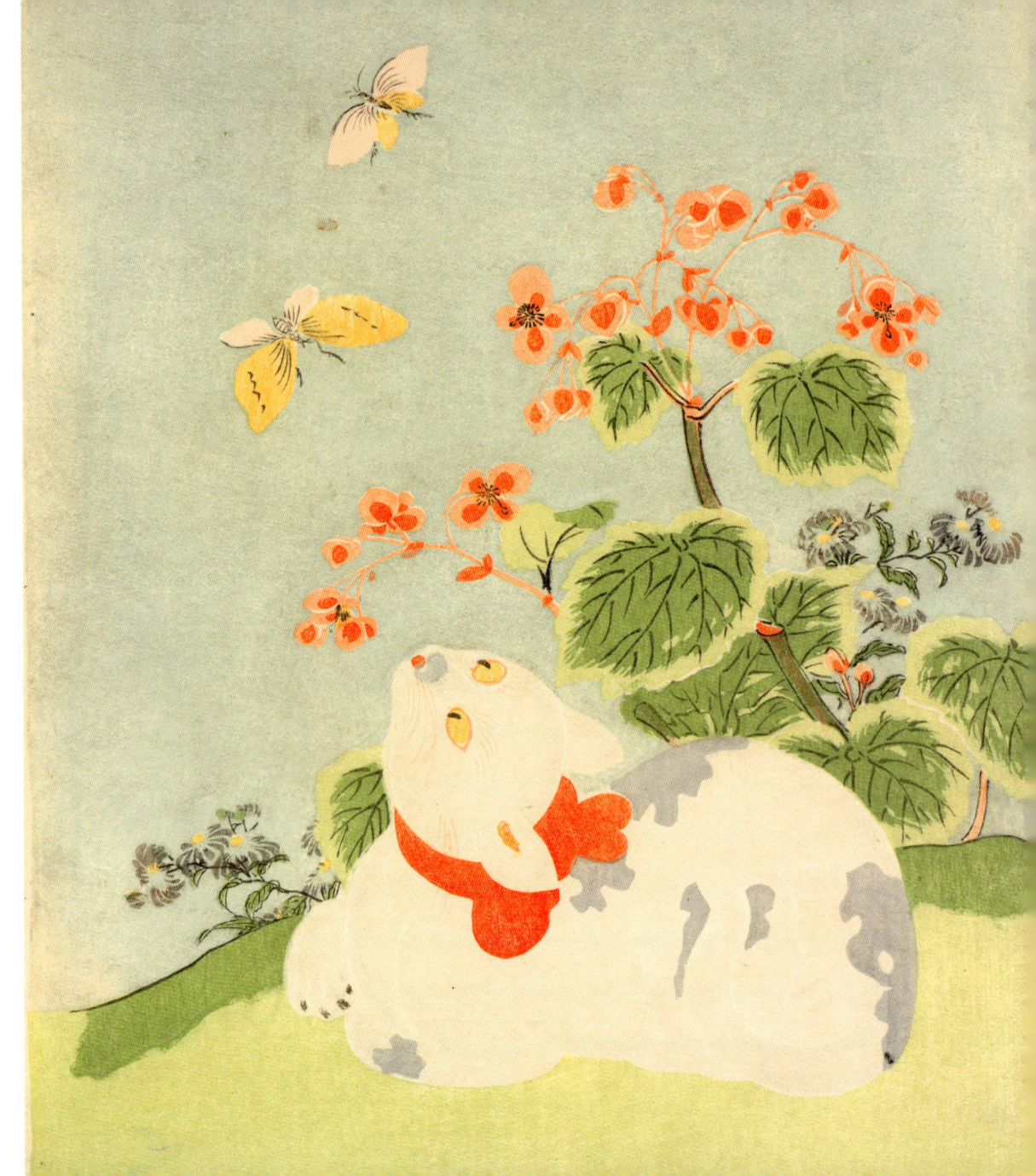

Gatos que auguran fortuna

En las culturas occidentales, los gatos –sobre todo los negros– comparten un trasfondo histórico complicado. En la Europa medieval, los gatos estaban asociados con la veneración a Satanás, posiblemente debido al mito griego en el que Galantis es transformada en gato y termina sirviendo como sacerdotisa a Hécate, una de las diosas del inframundo. La desafortunada bula del papa Gregorio IX, en 1233, *Vox in Rama*, que describía al *gattus nigger*, o 'gato negro', como un instrumento y personificación del demonio, dio lugar a purgas y festivales anuales en los que miles de gatos fueron torturados y asesinados. En la actualidad, los gatos siguen asociándose popularmente con la mala suerte, las brujas y el ocultismo. Por otra parte, en algunas zonas de las islas británicas, se cree que los gatos negros bendicen los hogares con salud y prosperidad. Asimismo, dentro del folclore celta se pueden encontrar tanto felinos sagrados como malignos.

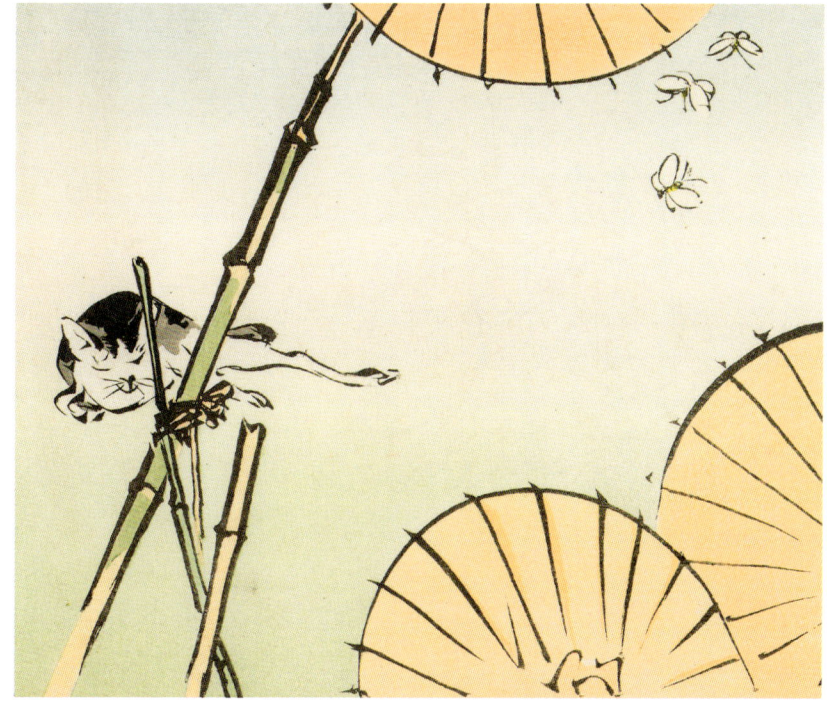

IZQUIERDA. **Atribuido a Suzuki Harunobu (1725-1770).** *Gato, mariposas y begonias, alrededor de 1767. Xilografía, tinta y color sobre papel con dorado, 28,3 x 21,1 cm. Museo de la Escuela de Diseño de Rhode Island, obsequio de la mujer de John D. Rockefeller Jr.*

DERECHA. **Shibata Zeshin (1807-1891).** *Bambú, paraguas, un gato y mariposas, alrededor de 1877. Xilografía, tinta y color sobre papel, 17,8 x 23,8 cm. Instituto de Arte de Minneapolis, obsequio de los fondos del Sr. y Sra. Samuel H. Maslon.*

DESPLEGABLE ANTERIOR. **Figuras maneki neko en el templo Gōtokuji, en Setagaya, Tokio.**

GATOS DE LA SUERTE

99

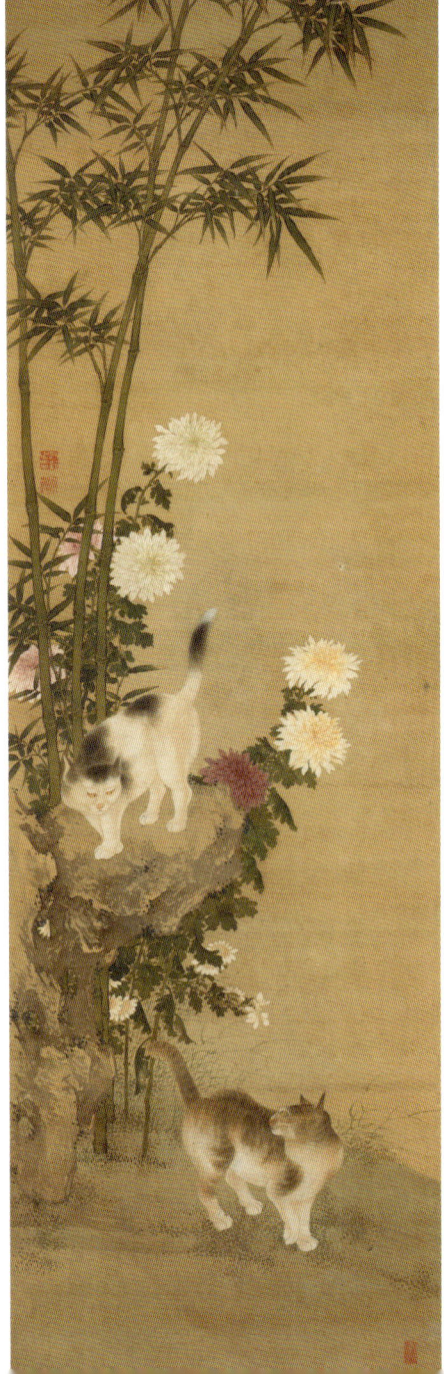

En Japón, los gatos también están conectados con lo sobrenatural, pero como el reino de los *kami* nunca se ha considerado algo claramente positivo o negativo, ni se ha preocupado por la noción del pecado humano, se puede afirmar que no existe rela-ción entre los gatos y la mala suerte. En el arte y la cultura visual, ya sea originaria de Japón o adaptada de China, los gatos suelen representarse como criaturas que auguran buena suerte.

Además de ser unos objetos de decoración fascinantes y desenfadados, las imágenes de gatos también podían incluir mensajes ocultos. El término chino para *gato, māo,* es homófono de la palabra que se usa para decir ochenta años en dicho idioma. En la pintura de la corte china de las dinastías Ming (1368-1644) y Qing (1644-1911), los gatos se solían representar con mariposas, o *dié* en chino, cuya pronunciación es similar a la del término para *setenta años.* Combinados con otros motivos de la buena suerte como las peonías, el bambú y los crisantemos, los gatos podían transmitir el deseo de una vida larga, próspera y honorable.

El pintor chino Shen Nanpin viajó a la ciudad portuaria de Nagasaki por invitación de un oficial japonés, en 1731. Durante los dos años que estuvo allí, instruyó a un gran número de estudiantes japoneses en las técnicas y temáticas de la pintura china, haciendo un énfasis especial en la descripción realista de flores y animales, la minuciosidad en los detalles y el uso de tonalidades cromáticas propias de las joyas. Los discípulos de Nanpin empezaron a ser conocidos como la Escuela de Nagasaki. Estas dos pinturas, realizadas durante la estadía de Nanpin en Japón, están repletas de símbolos de la suerte.

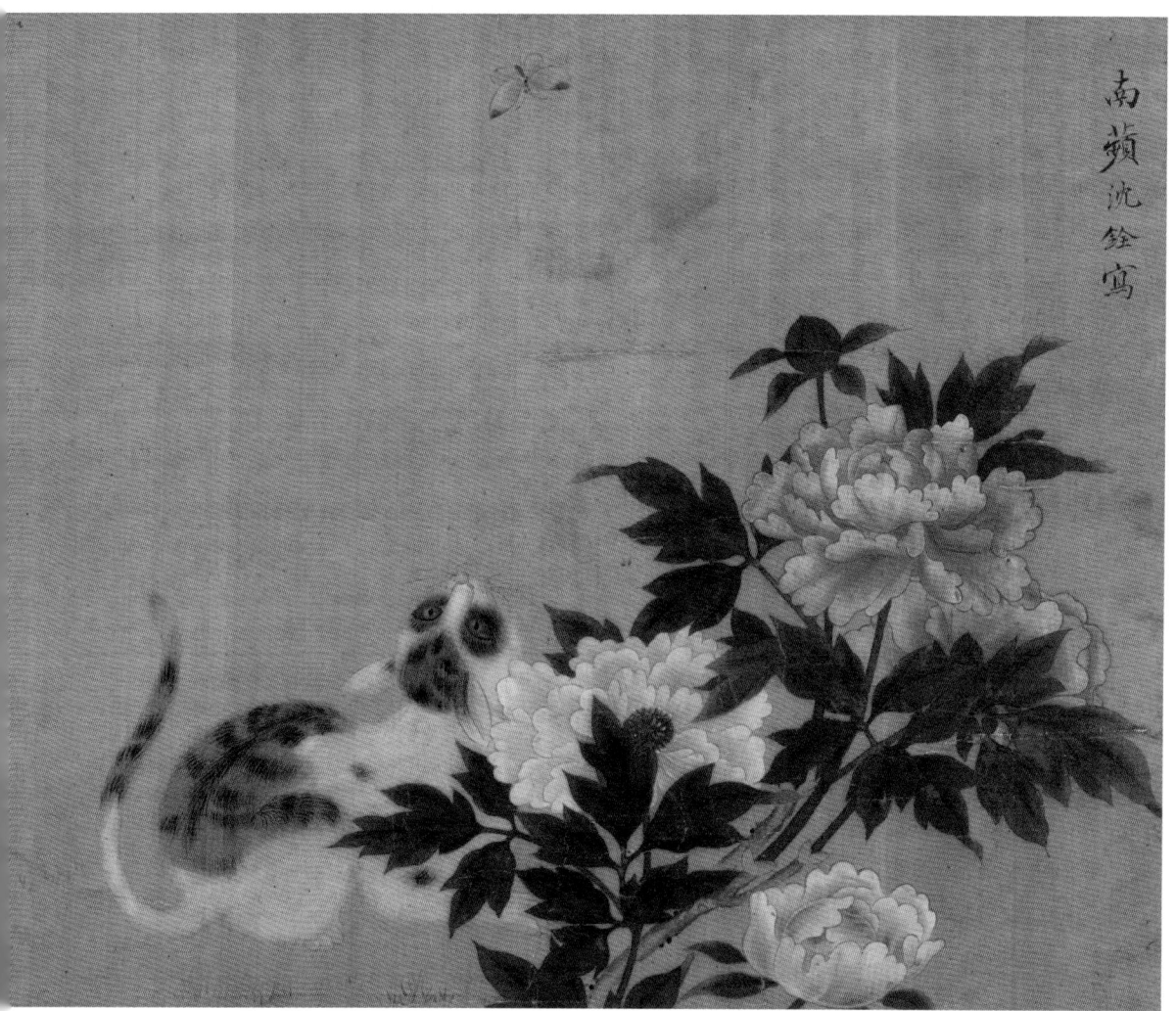

南嶽沈銓寫

<ÁGINA ANTERIOR. **Shin Sen (en chino, Shen Quan,** ~~t~~**ambién conocido como Shin Nanpin; 1682-después** ~~d~~**e 1758).** *Gatos con bambú y crisantemos, alrededor de* ~~1~~*732. Pergamino japonés, tinta y color sobre papel, 147 x* ~~6~~*5,72 cm (imagen). Instituto de Arte de Minneapolis,* ~~c~~*olección de Mary Griggs Burke, obsequio de la Fundación* ~~M~~*ary y Jackson Burke.*

ARRIBA. **Shin Sen (en chino, Shen Quan, también conocido como Shin Nanpin; 1682-después de 1758).** *Gato y mariposa con peonías, alrededor de 1732. Pergamino japonés, tinta y color sobre seda, 38,1 x 51,12 cm (imagen). Instituto de Arte de Minneapolis, colección de Mary Griggs Burke, obsequio de la Fundación Mary y Jackson Burke.*

Maneki neko

Japón cuenta con su propia tradición autóctona de gatos de la suerte. En prácticamente cualquier negocio pequeño de Japón –y, cada vez más, también de fuera–, es muy probable que te reciba la figura de un gato sentado, con una pata rechoncha levantada a la altura de los bigotes. Estos *maneki neko*, o 'gatos que invitan', son un tipo de *engimono* u 'objetos de la suerte' que prometen traer buena fortuna, clientes y éxito en las finanzas. Los *maneki neko,* que van desde figuritas pequeñas hasta estatuas con un tamaño mayor al del modelo real, están hechos, por lo general, de porcelana, yeso, papel maché, metal o plástico.

Hay numerosos mitos de origen para estas amigables mascotas, y no son pocos los templos y santuarios por todo el país que afirman ser el lugar donde se originaron. Hay una historia que conecta al *maneki neko* con el gato del relato de

Usugumo, que, como hemos mencionado anteriormente, salvó a la cortesana de una serpiente demoniaca. Para consolar a Usugumo de la pérdida de su heroica mascota, un cliente realizó para ella una figura de su gato con la pata levantada, en estado en alerta. También hay otras versiones que sostienen que la pata está así para limpiarse detrás de las orejas, un gesto que supuestamente indica que van a llegar visitantes, de la misma manera que en Occidente significa un presagio de lluvia.

De acuerdo con otro relato, en 1633, Ii Naotaka (1590-1659), el señor del dominio de Hikone, buscó refugio durante una tormenta bajo un gran árbol que estaba junto a un templo en ruinas. Mientras esperaba a que la tempestad se detuviera, observó que había un gato blanco levantando la pata, como si le estuviera invitando a entrar

DERECHA. **Maneki neko de cerámica (1880).** *53,34 x 22,86 x 24,13 cm. Cerámica. Museo Internacional Mingei, obsequio de Billie L. Moffitt.*

EXTREMO DERECHO. **Maneki neko de cerámica (siglo XX).** *21,59 x 13,97 x 15,24 cm. Terracota pulida. Museo Internacional Mingei, obsequio de Billie L. Moffitt.*

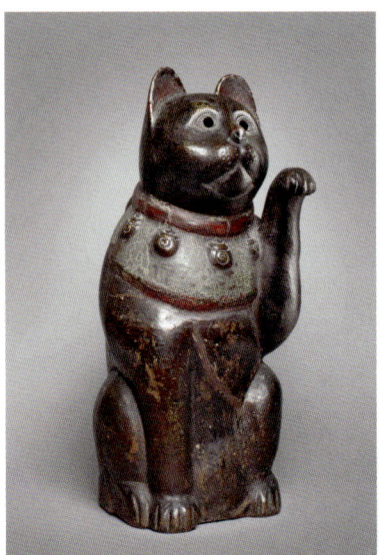

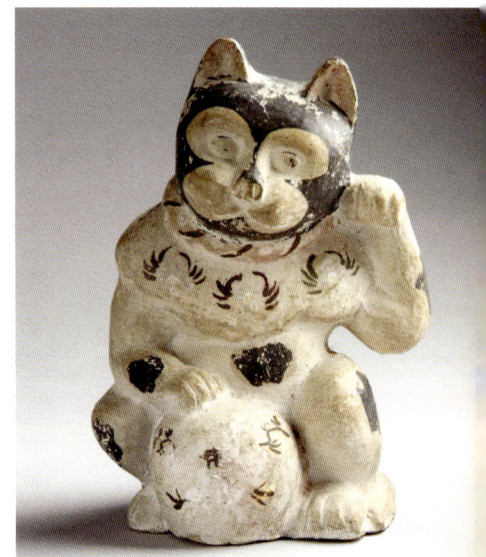

al templo. Obedientemente, Naotaka se adentró corriendo y, un segundo después, un relámpago cayó sobre el árbol, reduciéndolo a astillas. El gato le condujo hasta el monje, quien sorprendió a Naotaka con su sabiduría. Naotaka tomó la decisión de que su familia financiara al templo, lo que permitiría recuperar su prosperidad y asegurarle un futuro con buenos augurios. Después de su muerte, empezó a ser conocido como Gōtokuji, en honor al nombre budista póstumo de Naotaka. El templo está localizado en el barrio de Setagaya, en los suburbios occidentales de Tokio, y en la actualidad es famoso por sus miles de figuras de *maneki neko*.

El prototipo más antiguo que se conoce del *maneki neko* es el *marushime no neko,* un tipo de figurilla de barro cocido a baja temperatura, llamada *tsuchi ningyo,* que se realizaba en el distrito de Imado, en la ciudad de Edo, la actual Asakusa. A lo largo del periodo Edo y principios del Meiji, los hornos de Imado producían, cada día, objetos variados como tejas, utensilios de cocina y *tsuchi ningyo,* a las que se solían atribuir las propiedades de un talismán.

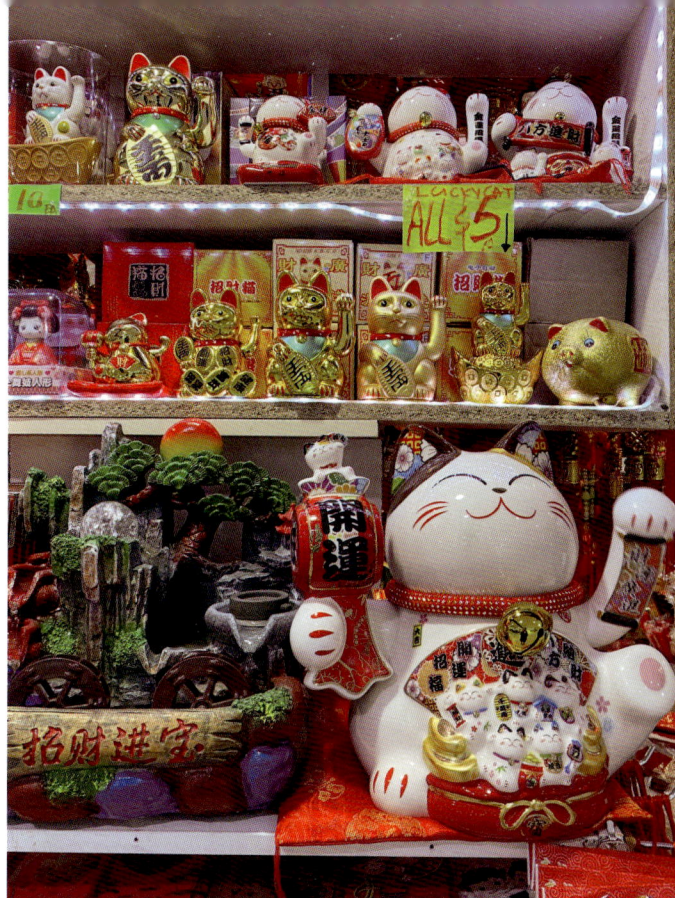

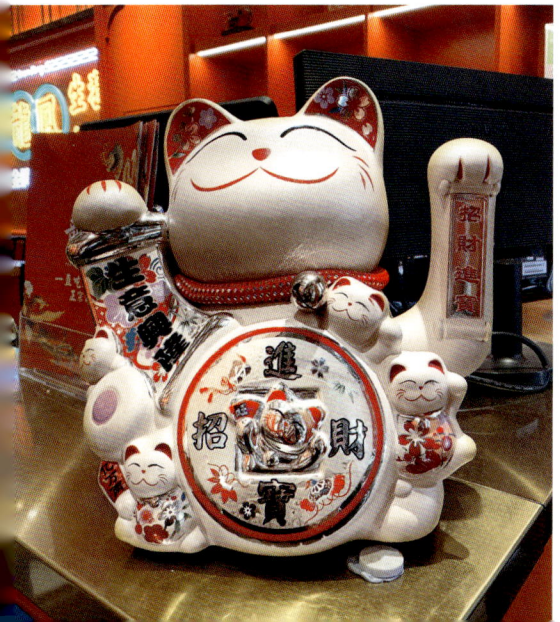

ARRIBA. **Maneki neko** a la venta en Haymarket, Sídney (Australia).

IZQUIERDA. **Maneki neko** saludando a los comensales en Haymarket, Sídney (Australia).

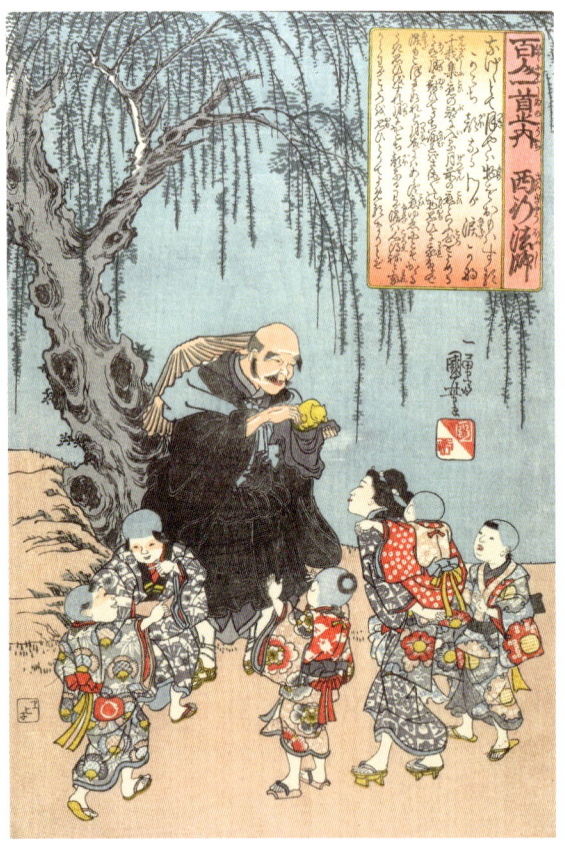

ARRIBA. **Utagawa Kuniyoshi (1798-1861).** *Saigyō Hōshi, de la serie Cien poemas de cien poetas, alrededor de 1840-1842. Publicado por Ebisu. Xilografía, tinta y color sobre papel, aprox. 39 x 27 cm. Museo de Arte de Harvard/Museo Arthur M. Sackler, obsequio de los amigos de Arthur B. Duel.*

PÁGINA SIGUIENTE. **Utagawa Hiroshige (1797-1858).** *Negocio próspero en la ciudad de las baladas, 1852. Publicado por Ibaya Senzaburō. Xilografía, tinta y color sobre papel, aprox. 36,6 x 25,3 cm. Biblioteca Nacional de la Dieta, Tokio.*

El *marushime no neko* está pintado, generalmente, de color blanco con manchas negras, y suele tener unos rasgos faciales simples, un collar rojo y, en ocasiones, una sutil pechera con volantes. Está esculpido en posición sentada en ángulo recto con respecto al frente y tiene la cabeza girada hacia un lado, mirando al espectador. Esto es diferente en los *maneki neko* más tardíos, que suelen estar sentados y mirando hacia delante. La palabra *marushima* deriva de una expresión que se usa para atraer prosperidad y felicidad. Los *engimono*, por otra parte, se suelen considerar objetos efímeros y están destinados a ser desechados y reemplazados temporalmente. Debido a ello y a la baja durabilidad de las *tsuchi ningyo*, hay muy pocos *marushime no neko* del periodo Edo que hayan perdurado en la actualidad.

Según un recuento de la *Crónica Bukyō (Bukyō nenpyō)*, compilada por Saitō Gesshin, el *marushime no neko* nació en 1852, cuando una anciana afligida por la pobreza se vio obligada a separarse de su gato. Al poco tiempo de ello, su gato se le apareció en sueños y le pidió que hiciera una figurilla de arcilla a su imagen y semejanza, prometiéndole que obtendría buena fortuna si lo hacía. La anciana le hizo caso y llevó dicha figura a las puertas del santuario Imado, donde se vendió al momento. Después hizo otra, que también se vendió al instante, y luego otra más. En poco tiempo, la mujer había conseguido labrarse un negocio próspero, y estas figuras empezaron a conocerse como *marushime no neko*. Algunos textos contemporáneos, como el *Diario de Fujioka (Fujioka nikki)*, suelen ofrecer versiones alternativas de esta historia.

El grabado de Hiroshige que se muestra en la siguiente página, publicado en 1852, es el registro de *marushime no neko* más antiguo del que se consta. Los vendedores callejeros de un mercado abarrotado venden brotes de bambú, artesanías y pequeñas copas de licor. En la parte superior izquierda, se muestra a un vendedor que ofrece *un marushime neko* a una joven.

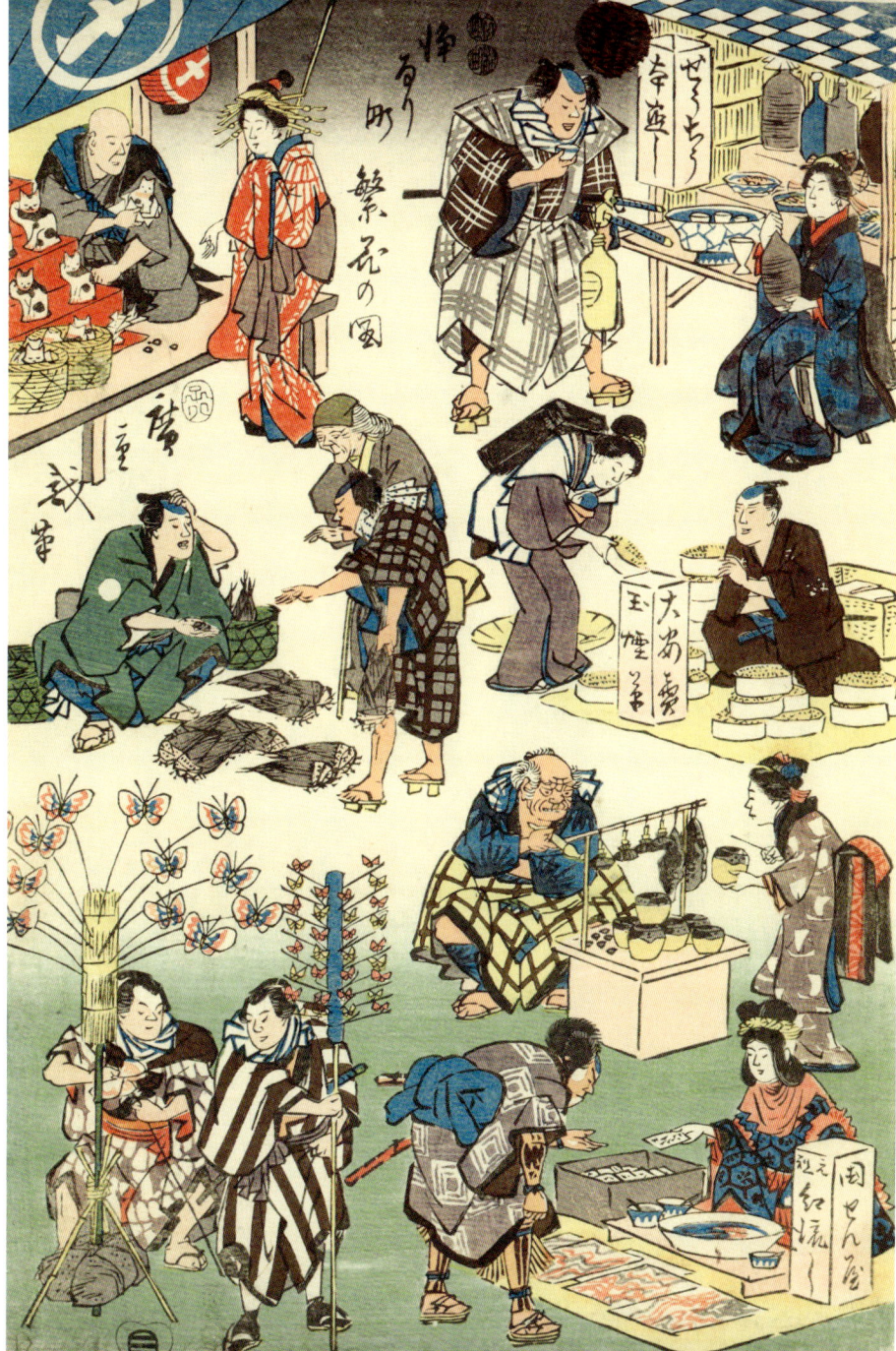

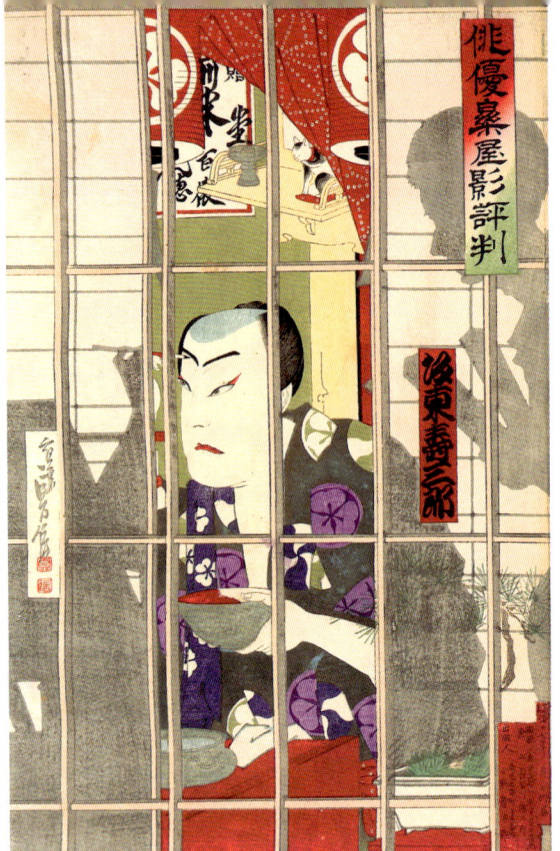

En vez de limitarse a retratar una simple escena callejera, el artista representa personajes de historias populares actuando como mercaderes y clientes. El comerciante, que lleva vestiduras monacales, es el guerrero convertido en poeta itinerante y monje, Saigyō (1118-90), mientras que la joven clienta que aparece vestida como una cortesana es su hija. Esta interacción alude a una historia que está grabada en una estela del santuario Tsurugaoka Hachiman-gū, en Kamakura. Minamoto Yoritomo (1147-99), el primer sogún del régimen militar de Kamakura (1192-1333), invitó a Saigyō a venir a su palacio para hablar sobre tiro con arco y estrategia militar. Al final de la velada, Yoritomo le regaló a Saigyō una figura pequeña de un gato labrada en plata como símbolo de gratitud. No obstante, Saigyō, quien no tenía mucho apego por las posesiones materiales, le regaló el gato a unos niños con los que se cruzó por el camino mientras salía del palacio, tal y como se describe en el grabado de Kuniyoshi de la página 104. Cuando Saigyō asumió la tonsura, renunció no solo a su carrera militar, sino también a su propia familia, incluida su joven hija, quien, en un momento dado, se convirtió en monja. No obstante, de acuerdo con algunas historias popularizadas por el teatro *kabuki,* en realidad se hizo cortesana de Yoshiwara.

Hasegawa Sadanobu II (1848-alrededor de 1940). *Bandō Jūzaburō II, de la serie Las famosas sombras de los camerinos de los actores, 1884. Publicado por Ono Toyojirō. Xilografía, tinta y color sobre papel, 36,5 x 24,4 cm. Museo de Arte de David y Alfred Smart, Universidad de Chicago, colección de impresiones japonesas de Brooks McCormick Jr.*

BENDICIONES ENTRE BAMBALINAS

Podemos encontrar un pequeño *maneki neko* sobre la *kamidana* que preside el camerino del actor Bandō Jūzaburō II. Una *kamidana,* o 'estante de los espíritus', es un altar sintoísta en miniatura que se instala en un hogar o un negocio, y en el que se pueden dejar ofrendas o ante el que se puede rezar al dios o *kami* del santuario. Entre los objetos que suelen dejarse sobre dichos altares encontramos velas, jarrones con flores y *engimono,* como los *maneki neko,* que ayudarán a traer buena fortuna.

Estilos regionales de *maneki neko*

A partir de finales del siglo XIX, las ciudades de la región comenzaron a realizar sus propias versiones de *maneki neko* utilizando moldes que facilitaran una producción en masa. Alan Pate presenta varios tipos en su libro *Maneki Neko: Japan's Beckoning Cats from Talisman to Pop Icon* (2001). Al igual que en Imado, los hornos de Fushimi, en Kioto, tenían una larga experiencia en elaborar *tsuchi ningyo* con la propiedad de atraer buena suerte (en este caso, asociadas con el santuario Fushimi-Inari). Seguramente, tras observar el éxito del que gozaron los *marushime no neko*, decidieron expandir su repertorio e incluir gatos de la suerte. Los *maneki neko* de Fushimi tienen el cuerpo pintado a mano de color blanco; no obstante, su moldeado es más delicado y las decoraciones son más detalladas que los prototipos de Imado, lo que los hace algo más realistas. También tienen unas manchas negras, grises o blancas, similares al pelaje tricolor de un gato calicó. Sin embargo, el rasgo más distintivo de los artesanos de Fushimi era que esculpían los gatos en posición sentada y mirando hacia el frente, lo que se terminaría convirtiendo en el estándar para los *maneki neko*.

La ciudad de Seto, conocida como uno de los «seis hornos antiguos» de Japón, empezó a producir *maneki neko* utilizando porcelana, un material más opaco y resistente que la cerámica. Al igual que los gatos de estilo Fushimi,

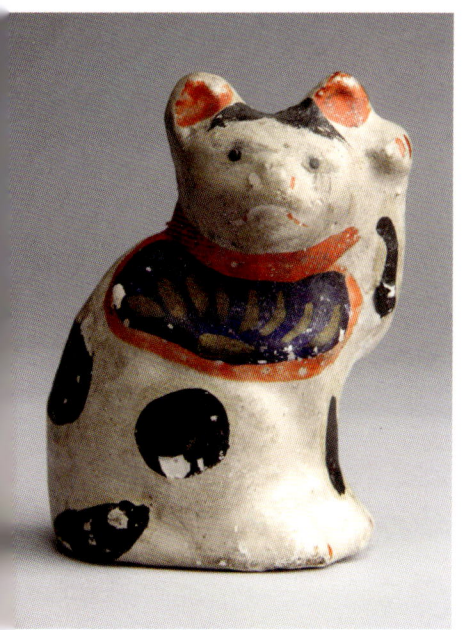

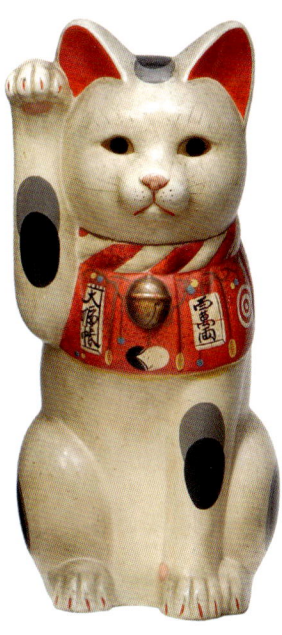

IZQUIERDA. **Maneki neko de estilo Imado de material compuesto, alrededor de 1890.** *Gofun/serrín, 10,8 x 7,3 x 5,08 cm. Museo Internacional Mingei, obsequio de Billie L. Moffitt.*

DERECHA. **Maneki neko de estilo Fushimi, siglo XX.** *Arcilla, pigmento, 33,02 x 13,97 x 13,97 cm. Museo Internacional Mingei, obsequio de Billie L. Moffitt.*

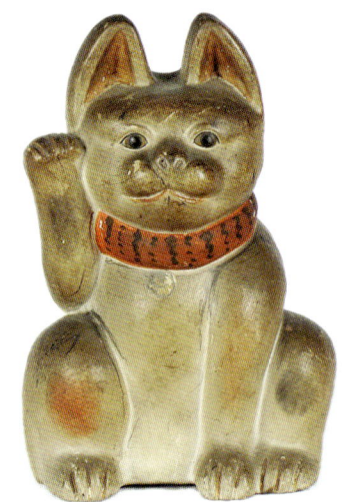

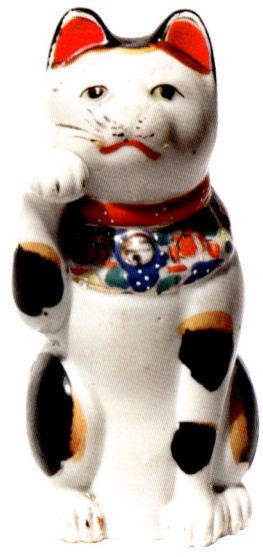

*DERECHA. **Maneki neko** de estilo* **Mikawa (alrededor de 1870-1890).** *Arcilla cocida a baja temperatura y pintada a mano, 22,5 x 15,25 x 12,7 cm. Imagen cedida por cortesía de Kagedo Japanese Art.*

*EXTREMO DERECHO. **Maneki neko** de* **estilo Seto (principios del siglo XX).** *Porcelana con esmaltados policromáticos, 20,96 x 12,7 x 12,7 cm. Imagen cedida por cortesía de Guillermina Emy LaFever.*

*PÁGINA SIGUIENTE. **Maneki neko** de* **estilo Tokoname en Sarasota, Florida (EE. UU.).**

los *maneki neko* de Seto tienden a ser esbeltos y erguidos, y suelen estar decorados con pecheras llenas de volantes, realizadas de manera minuciosa, así como con el habitual collar y cascabel.

Regordetes y llamativos, los **maneki neko** que se producían en los hornos de la región de Mikawa, cerca de Nagoya, en el centro de Japón, se caracterizaban por tener unas patas traseras anchas y unas orejas que apuntaban directamente hacia el frente. Sus cuerpos de cerámica están esmaltados o pintados a mano con manchas similares a las de sus primos de Fushimi y Seto. Asimismo, suelen estar decorados con un collar sencillo y un cascabel moldeados en relieve y pintados de color rojo.

El modelo más conocido en la actualidad –un gato blanco y gordo, de manera casi caricaturesca, con manchas negras y marrones, la cabeza y los ojos muy grandes, y una moneda de oro en una de sus patas regordetas– es una muestra seminal del arte *kawaii- kitsch* de mitad de siglo. Este diseño data de la década de 1950, cuando se producía en la fábrica de Baigetsu Tomimoto Ningyōen, en Tokoname, otro de los seis hornos antiguos de Japón. Gracias a una campaña publicitaria que se realizó durante el *boom* económico de la posguerra, los *maneki neko* de estilo Tokoname se afianzaron en los negocios y hogares de todo el país y fuera de él. Las imitaciones de este estilo, de hecho, se realizan tanto a nivel internacional como nacional.

Aunque los *maneki neko* están estrechamente relacionados con los negocios urbanos, en las zonas rurales también se pueden colocar para atraer buenas cosechas. Según la fábrica Tomimoto, la pata derecha levantada sirve para atraer el dinero, mientras que la pata izquierda se reserva para las personas. Asimismo, las versiones de colores vivos que se comercializan en la actualidad sirven para atraer seguridad personal y éxito en el amor y en los exámenes.

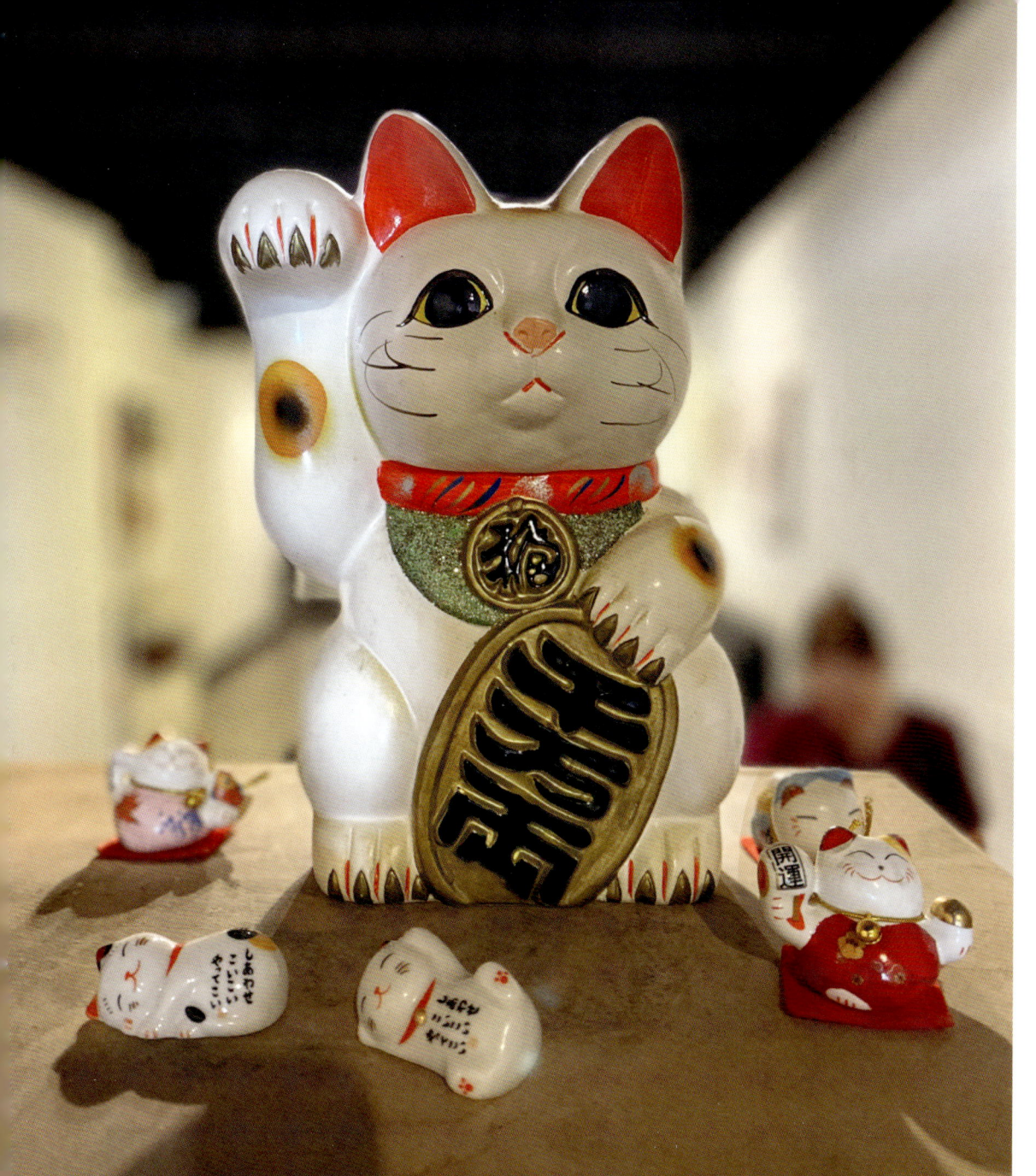

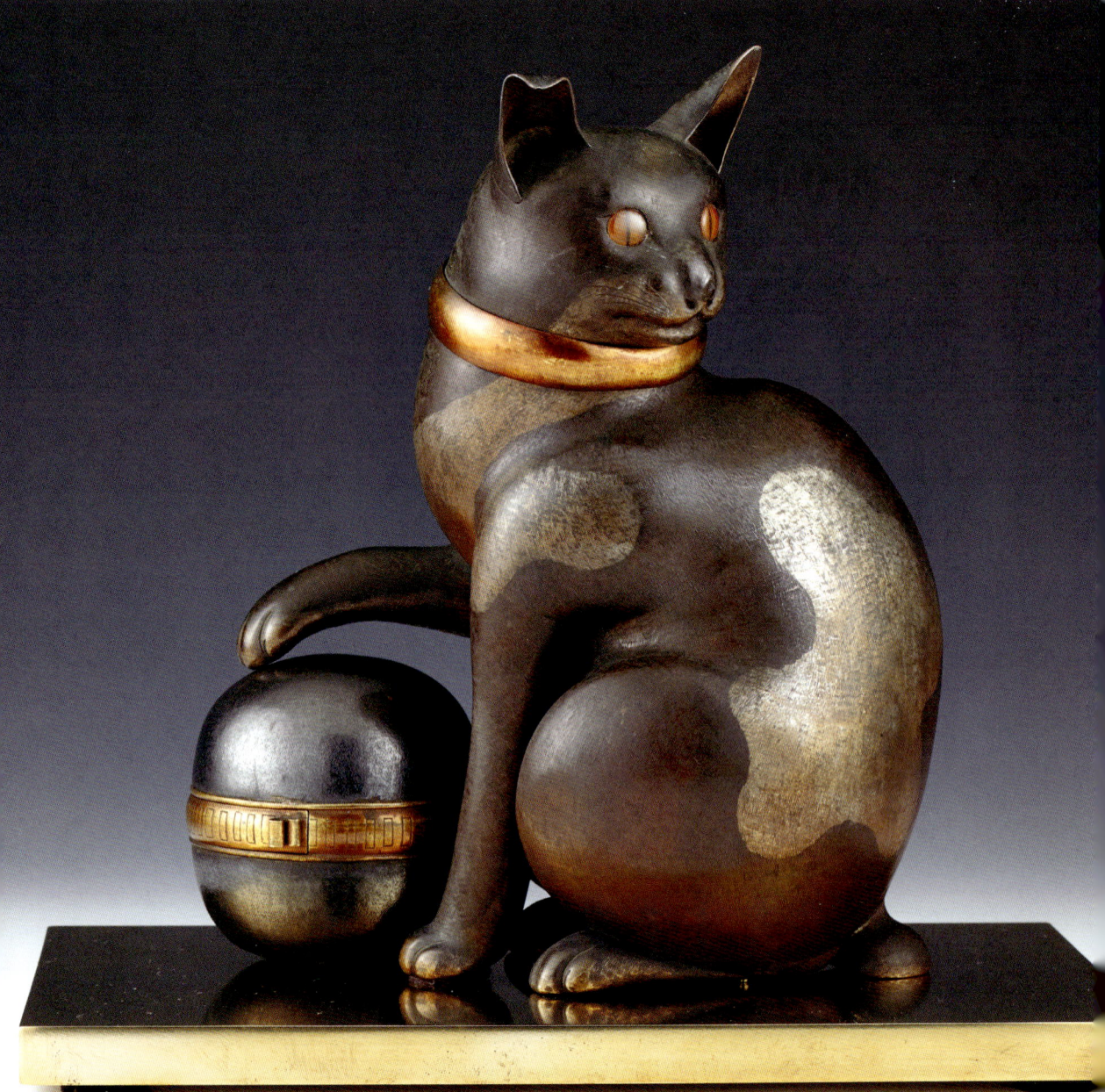

Gato *okimono* con brújula

Este *okimono,* u 'ornamento escultural', tan poco habitual, toma la forma de un gato tricolor con ojos brillantes, que apoya su pata con delicadeza en el gran cascabel de un santuario sintoísta. Este gato no cumple del todo con la definición de *maneki neko* debido a que no tiene la pata delantera levantada; no obstante, posee su propia esencia de buen augurio.

Los cascabeles sintoístas, como el que se muestra aquí, en la imagen de la izquierda, cuentan con una variedad muy diversa de tamaños. Los pequeños, conocidos con el nombre de *suzu,* están unidos a objetos rituales de mano, mientras que los más grandes, *kane,* cuelgan en las entradas de los santuarios. Al tocarlos se invoca a los dioses para pedirles su poder y protección. No son muy diferentes de los cascabeles que tintinean en los collares de los gatos, los cuales pregonan su misteriosa presencia con cada paso.

El cascabel de esta pieza se abre hacia un lado, revelando la brújula de su interior. ¿El gato está reivindicando su dominio sobre el reino? ¿Podría, con un simple gesto de su pata, hacer que la Tierra empezase a rotar fuera de su eje? Es posible que esta escultura perteneciera a un proveedor de dispositivos mecánicos o instrumentos científicos como brújulas, lentes y relojes. Los gatos se asocian con el tiempo y la medición debido a la sensibilidad con la que se contraen y dilatan sus pupilas dependiendo de la luz. En la guerra Imjin (1592-1598), durante la cual Japón perpetró dos invasiones a Corea, el jefe militar Toyotomi Hideyoshi ordenó al general Shimazu Yoshihiro (1535-1619) que llevara siete gatos a su expedición –se dice que para ayudar a coordinar los movimientos de sus tropas–. De los siete felinos, dos regresaron vivos a Japón y fueron deificados en un santuario de la hacienda familiar, Senganen, en Kagoshima.

Gato *okimono* con brújula (siglo XVIII y principios del XIX). **Yeso y grabados en bronce.** *Yeso, recubrimiento de cobre cincelado en cortafrío y cristales incrustados en los ojos; la brújula es de yeso, con recubrimiento de cobre cincelado con cortafrío y cobertura de cristal, 21 x x 10,9 cm. Imagen cedida por cortesía de Kagedo Japanese Art.*

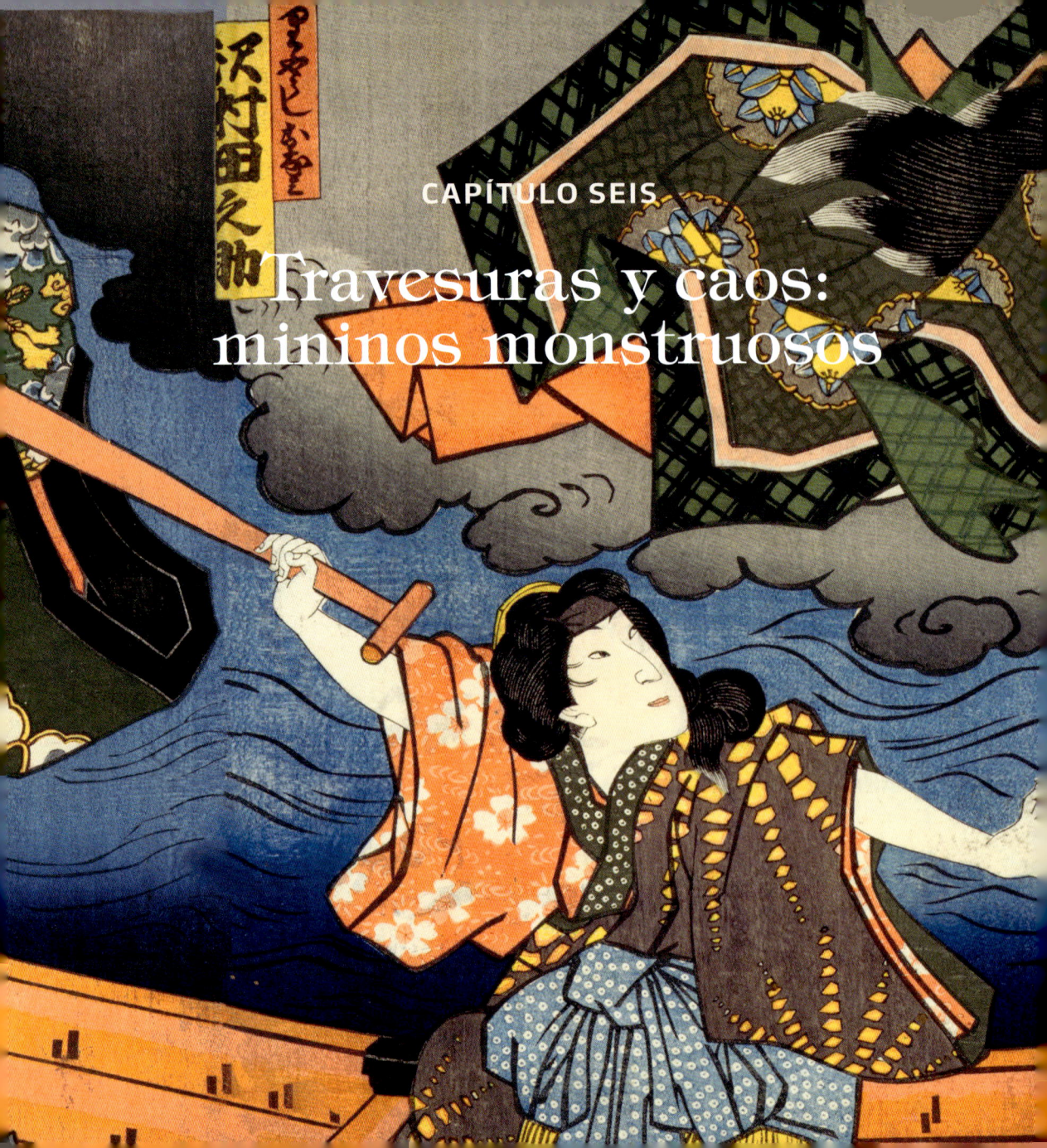

Travesuras y caos: mininos monstruosos

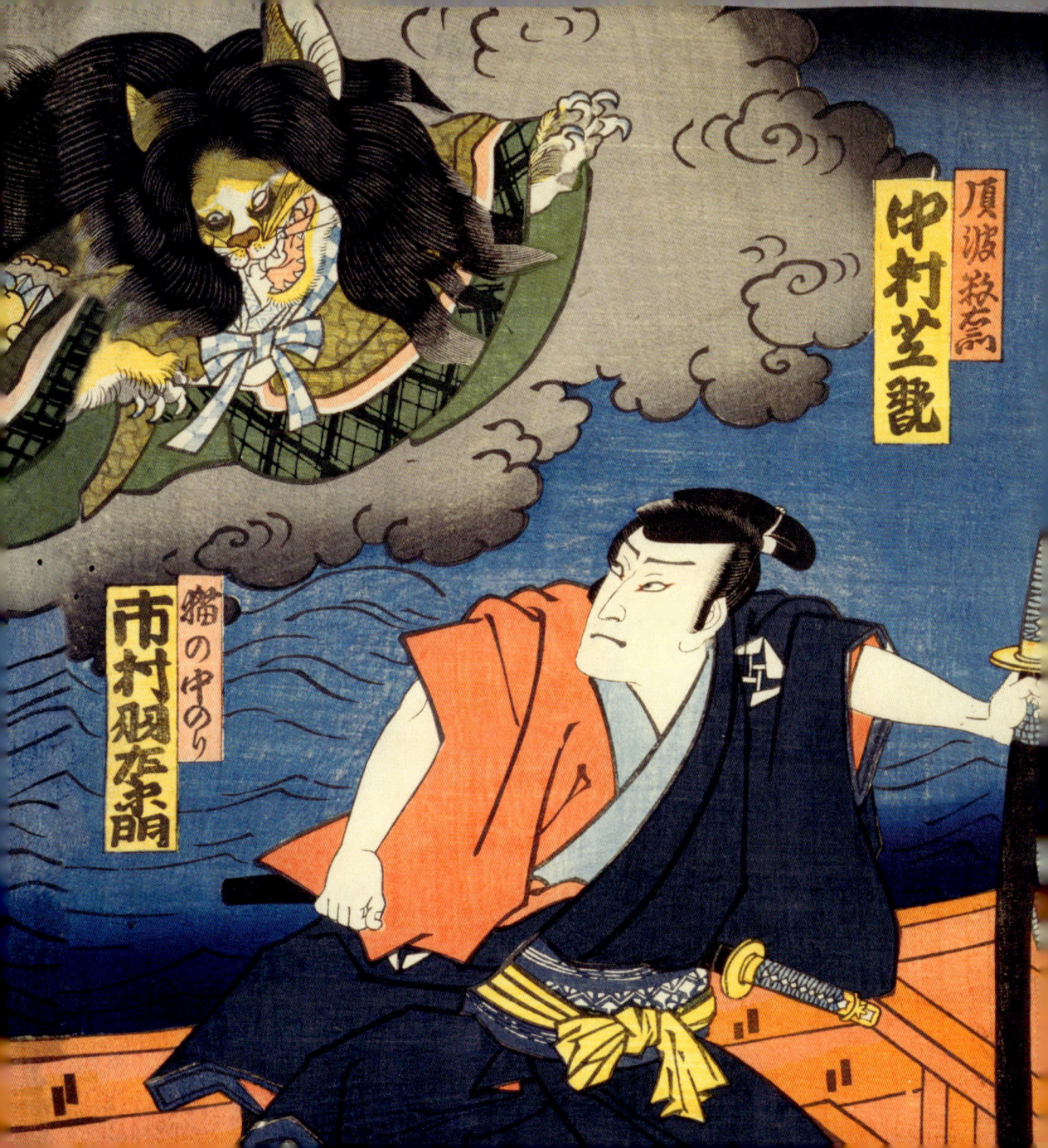

頂波救高　中村芝翫

猫の中のり　市村羽左衛門

Gatos sobrenaturales

Los gatos, famosos por ser unos animales domésticos especialmente inescrutables, pueden pasar de la indiferencia y la tranquilidad a una actividad frenética en tan solo un instante. Su forma espléndida y su pelaje suave esconden unas garras y dientes como cuchillas. Como depredadores formidables que son, pueden moverse tan silenciosamente como el humo. Cuando se sienten amenazados, pueden transformarse en monstruos con cola erizada y andares de cangrejo que bufan y escupen. El registro vocal felino abarca maullidos de todo tipo y ronroneos, así como gritos guturales de guerra y aullidos sobrenaturales. Además, sus sentidos agudos les hacen parecer estar en sintonía con los fenómenos paranormales.

No es de extrañar, pues, que los felinos encantados pueblen el folclore, los registros históricos y la cultura popular de Japón. Algunos están relacionados con los *yamaneko,* unos gatos salvajes que viven en las montañas; otros, con encantadoras mascotas que se han rebelado contra los humanos. Hay dos tipos de gatos sobrenaturales que aparecen con frecuencia: los *bakeneko* y los *nekomata.* Los *bakeneko* son una especie de *bakemono,* entre los que se incluyen fantasmas, duendes, demonios y monstruos. La raíz de las palabras *bakeneko* y *bakemono* procede del verbo *bakeru,* que significa 'cambiar de forma' o 'disfrazarse', mientras que mono significa 'cosa'. Los *bakeneko* pueden maldecir y poseer a las personas, así como convertirse en recipientes para los espíritus vengativos de los humanos.

La diferencia entre los *bakeneko* y los *nekomata* no siempre queda clara: algunas fuentes describen a los *nekomata* como una especie de *bakeneko* más diabólica. El atributo fundamental en los *nekomata* es su cola bifurcada (*mata* significa la bifurcación que puede darse

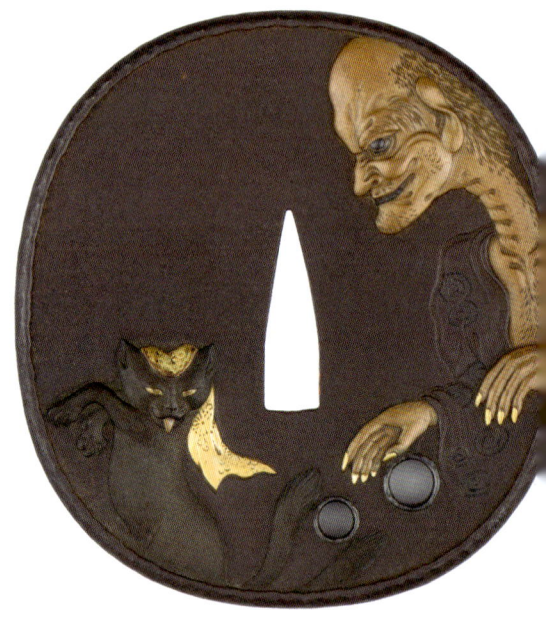

en una carretera, un árbol o la cola, como en este caso). Poseen un comportamiento humanoide, como la manera de hablar, caminar o bailar sobre las patas traseras, y llevan un *tenugui*, o toalla de mano, atada sobre la cabeza. Se dice que los *nekomata* son gatas que, cuando llegan a una edad determinada, son poseídas y tienen la habilidad de cambiar de forma, por lo general, transformándose en mujeres seductoras. Por ende, sugieren un aspecto más oscuro en la asociación que existe entre mujeres y gatos. Esto a su vez los conecta con los *tsukumokami*, utensilios y herramientas viejas del hogar que se han convertido en espíritus resentidos tras ser abandonados sin ningún cuidado por sus ingratos dueños.

En los registros de principios del periodo Kamakura, se pueden encontrar descripciones *de nekomata*. Fujiwara no Teika escribió en su diario que, durante la segunda noche de agosto de 1233, un *nekomata* que procedía de las montañas, y al que describía como una bestia de dos colas, ojos de gato y cuerpo grande como el de un perro, atacó y devoró a ocho personas en Nara.

También hay un pasaje de *Ensayos en ociosidad Tsurezuregusa,* 1331), del monje Yoshida Kenkō (1282-1352), en el que se mencionan rumores sobre la misma criatura. Alguien aseguró que, en las profundidades de las montañas, vivía una bestia devoradora de humanos llamada *nekomata*. Otra persona dijo: "No solo pasa en las montañas. Dicen que, incluso en esta zona, cuando un gato llega a una edad avanzada, se convierte en *nekomata* y empieza a devorar a la gente"». A esto le sigue una anécdota irónica sobre un monje que, tras escuchar los rumores, se cayó en un estanque mientras regresaba por la noche a su hogar, al creer que él también estaba bajo el ataque de un *nekomata*. La temible bestia que se le abalanzó resultó ser su perro. Y es que, en los tiempos premodernos, creer en la existencia de fuerzas espirituales en la vida diaria no excluía una dosis sana de escepticismo.

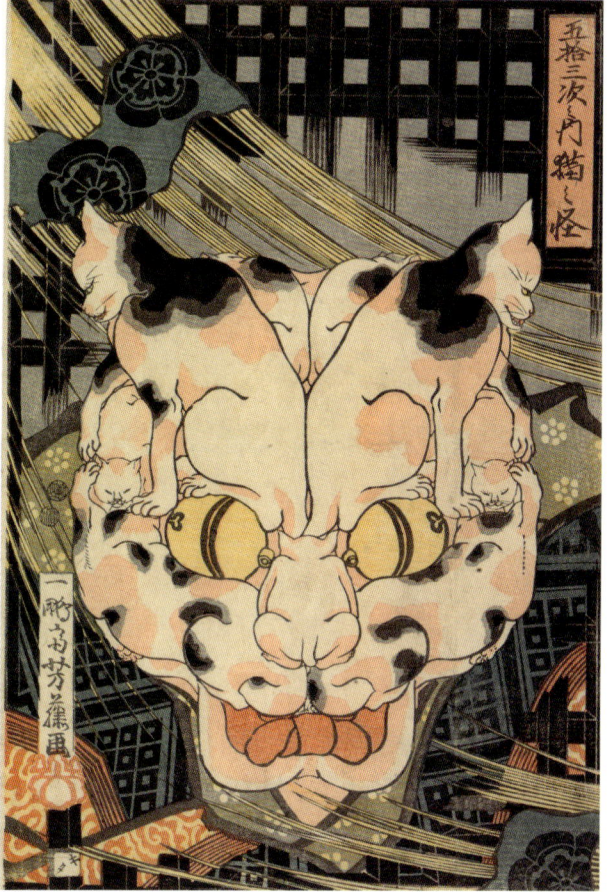

En Los cuentos de *Sorori (Sorori Monogatari,* 1663), aparece una historia titulada «Sobre un *nekomata»,* en la que una misteriosa criatura alerta a un cazador al acecho de su presa, tomando la forma de su esposa, de que se acerca una tormenta. El hombre sospecha de que se trate de una trampa y dispara una flecha a la extraña aparición. Cuando vuelve a su casa, ve sangre en la puerta delantera, pero su mujer parece estar ilesa. Las huellas, entonces, le conducen al cadáver de un gato monstruoso.

Durante el periodo Edo, los gatos demonio se incluían junto con otras criaturas sobrenaturales en un género de pergaminos pintados que se denominan *bakemono zukushi*, o 'compendio visual de *bakemono*'. Hay numerosas versiones que incluyen una gata antropomórfica tocando un *shamisen*, el instrumento musical de tres cuerdas. El artista desconocido de uno de los pergaminos, que podemos encontrar en la Universidad Brigham Young, (a la derecha), le dio a la criatura una cabeza con cabello humano, pelaje tricolor, nariz ancha y felina, y manos redondeadas, como si fueran patas. Por el dobladillo de la lujosa túnica roja sobresalen los extremos de una pata y una cola. La inscripción de arriba identifica a la criatura como un *nekomata*, pero el *shamisen*, un instrumento asociado al distrito rojo, relaciona la imagen con las historias de miedo protagonizadas por *bakeneko yūjo*, gatas que cambian de forma y adoptan la apariencia de prostitutas con el único objetivo de cazar hombres.

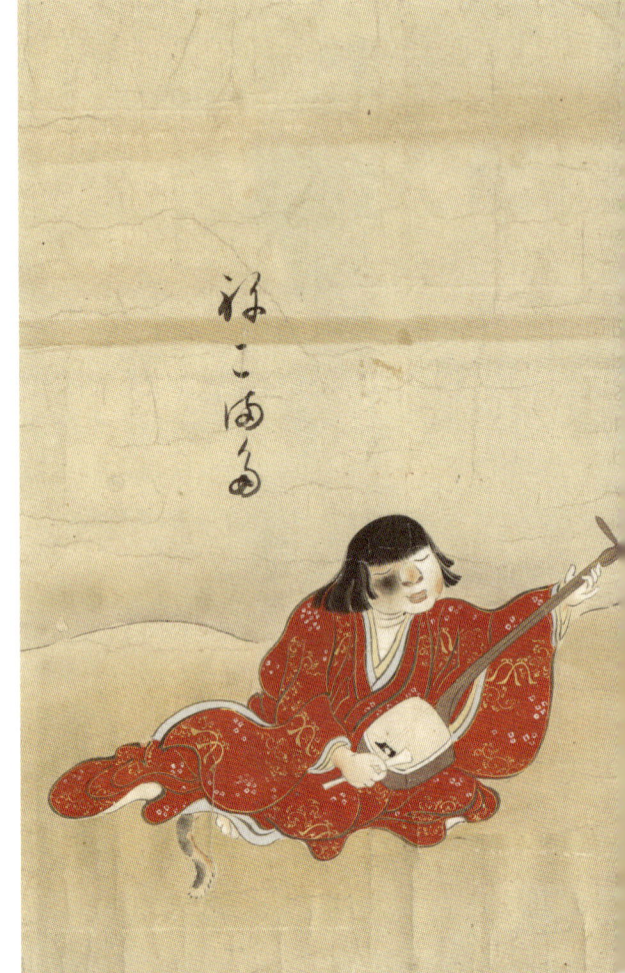

Nekomata, **detalle de Índice de Bakemono (alrededor de 1660).** *Pergamino, tinta, color y oro sobre papel, 44 x 1525 cm. Universidad Brigham Young, colecciones especiales de L. Tom Perry Special de la biblioteca de Harold B. Lee.*

Las xilografías impresas en masa, y sobre todo el compendio de los cuatro libros de Toriyama Sekien, un éxito de ventas publicado por primera vez en 1776-1784, difundieron imágenes de gatos sobrenaturales y otros *bakemono* por todo el mundo. El título del libro de Sekien, *El desfile nocturno de los cien demonios,* proviene de un subgénero de pintura japonesa que se fusionó en el siglo XV y que representaba varios tipos de criaturas sobrenaturales y objetos encantados divirtiéndose por la noche, generalmente a lo largo de pergaminos pintados. Más que como un desfile, Sekien concibió sus libros como un compendio de ilustraciones, nombres y, en los últimos volúmenes, datos de diversos monstruos de obras literarias y tradiciones populares. Las imágenes grotescas, sin duda, resonaban de manera divertida con el espíritu irreverente del humor del periodo Edo.

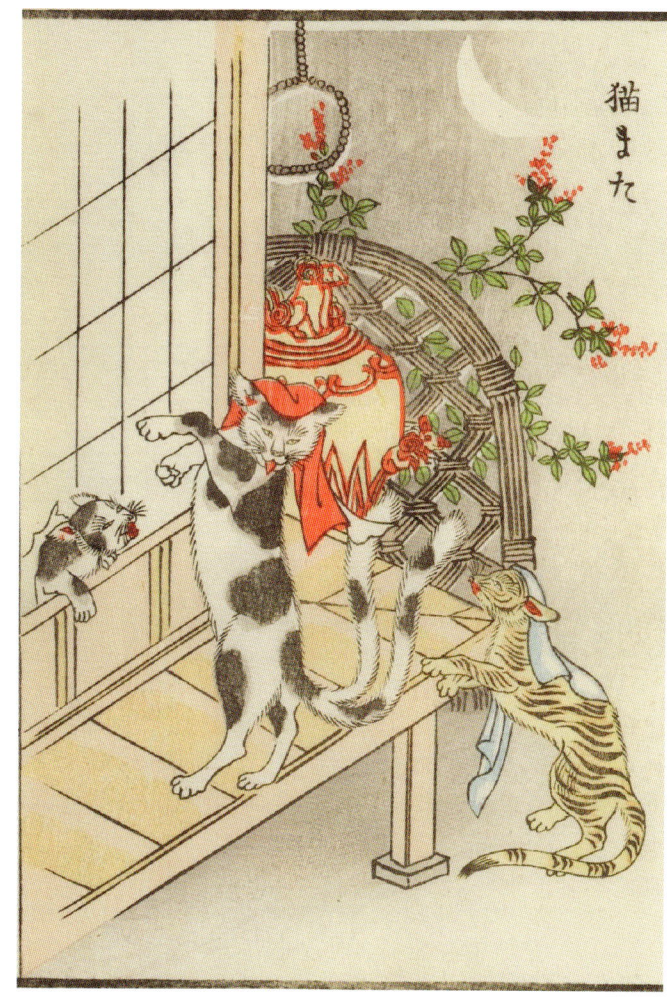

猫また

Tabeta Gyokuei (1847-s/f), *inspirándose en Nekomata de Toriyama Sekien, de El libro ilustrado de monstruos (Kaibutsu ehon), 1883. Publicado por Wada Mojūrō. Libro de xilografías, tinta y color sobre papel, 21,80 x 15,10 cm. Museo Británico © Los Administradores del Museo Británico.*

El gato *kabuki* de Okazaki

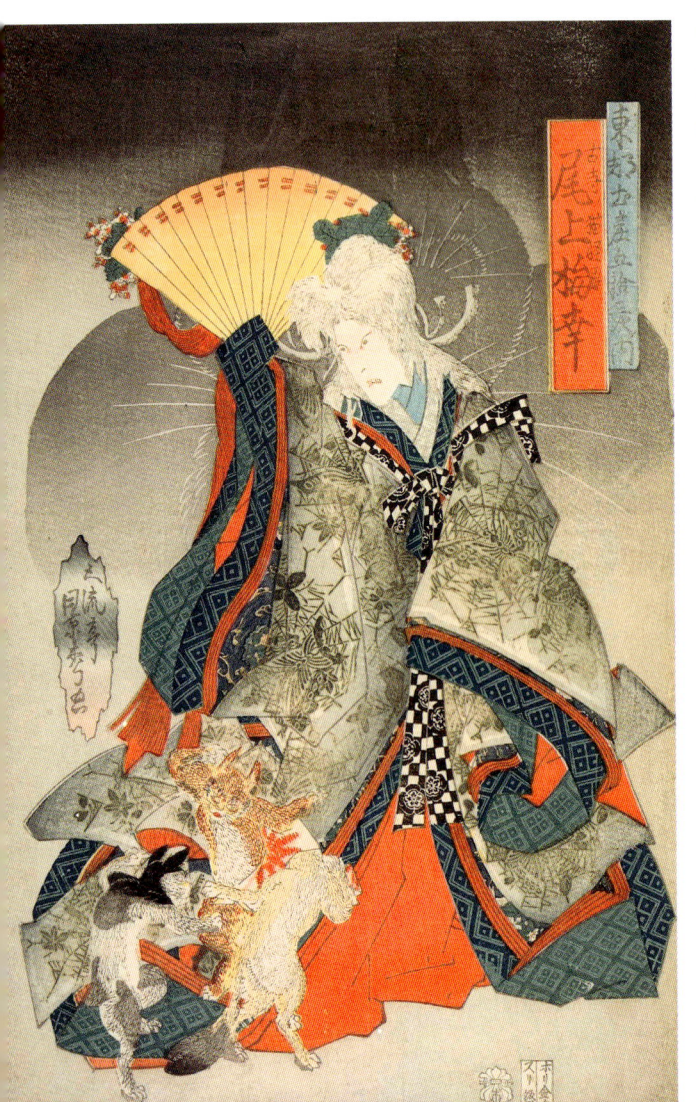

Una fuente fundamental para el imaginario de felinos demoniacos era la ficción popular y el teatro *kabuki,* cuyas tramas extravagantes se decía que solían estar basadas en historias reales. El malvado gato demonio de Okazaki fue presentado en un acto de la popular obra *Viajando solo por las cincuenta y tres estaciones (Hitori Tabi Gojūsan Tsugi)*, escrita por el dramaturgo Tsuruya Nanboku IV. La obra, que se estrenó en el teatro Kawarasakiza de Edo, en el sexto mes de 1827, fue protagonizada por Onoe Kikugorō III, quien interpretó al gato demonio, y el cual se convirtió en uno de sus papeles característicos.

La trama hila numerosas leyendas urbanas y regionales sobre posadas y templos encantados, viejas asesinas, felinos metamorfos y una piedra con forma de gato, en diversos puntos de la ruta Tōkaidō, que unía Edo y Kioto. Un grupo de viajeros interrumpe su travesía en un templo en ruinas, en Okazaki, donde son recibidos por una anciana vestida para la corte y sus gatos, que están bailando sobre sus patas traseras. En un momento crucial, una lámpara ilumina la sombra de la mujer –la silueta de un gato lamiendo el aceite– y se revela su verdadera naturaleza de demonio. En cuanto se transforma en gato gigante, comienza a erradicar a sus invitados antes de ser interrumpida por un héroe que empuña una espada,

IZQUIERDA. **Utagawa Kagematsu, activo alrededor de las décadas de 1830-1840.** *Recuerdos de la capital oriental por las cincuenta y tres estaciones: Onoe Baikō III interpreta el papel del gato demonio en el templo viejo, 1841. Publicado por Wataya Kihei. Xilografía, tinta y color sobre papel, aprox. 39 x 27 cm. Colección de Hendrick Lühl.*

DERECHA. **Toyohara Kunichika (1835-1900).** *Escena en Okabe: Sawamura Tosshō II interpreta el papel de Inabanosuke y del gato demonio, 1860. Publicado por Daikokuya Kinzaburō. Xilografía, tinta y color sobre papel, aprox. 39 x 27 cm. Imagen cedida por cortesía de la Galería Egenolf.*

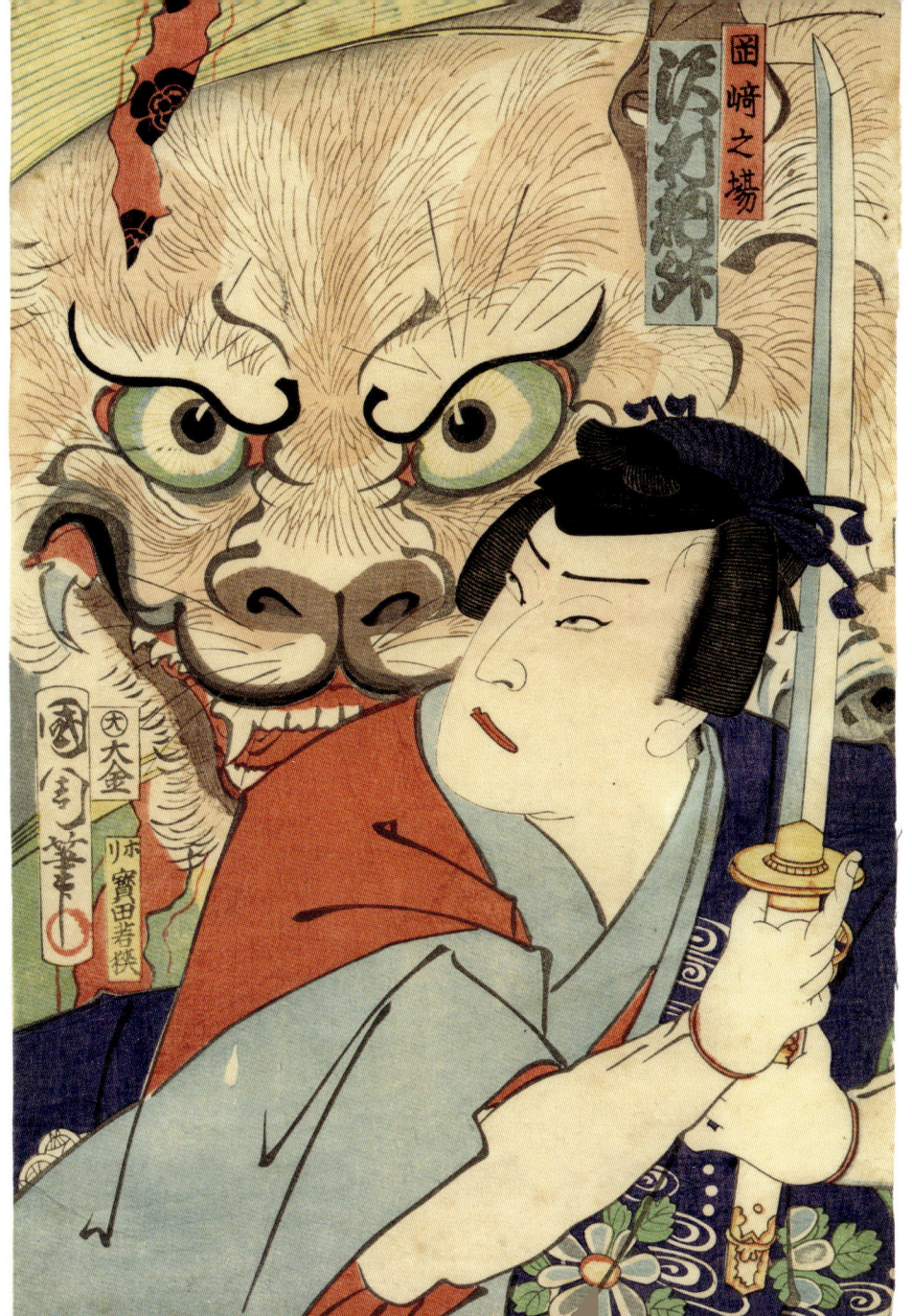

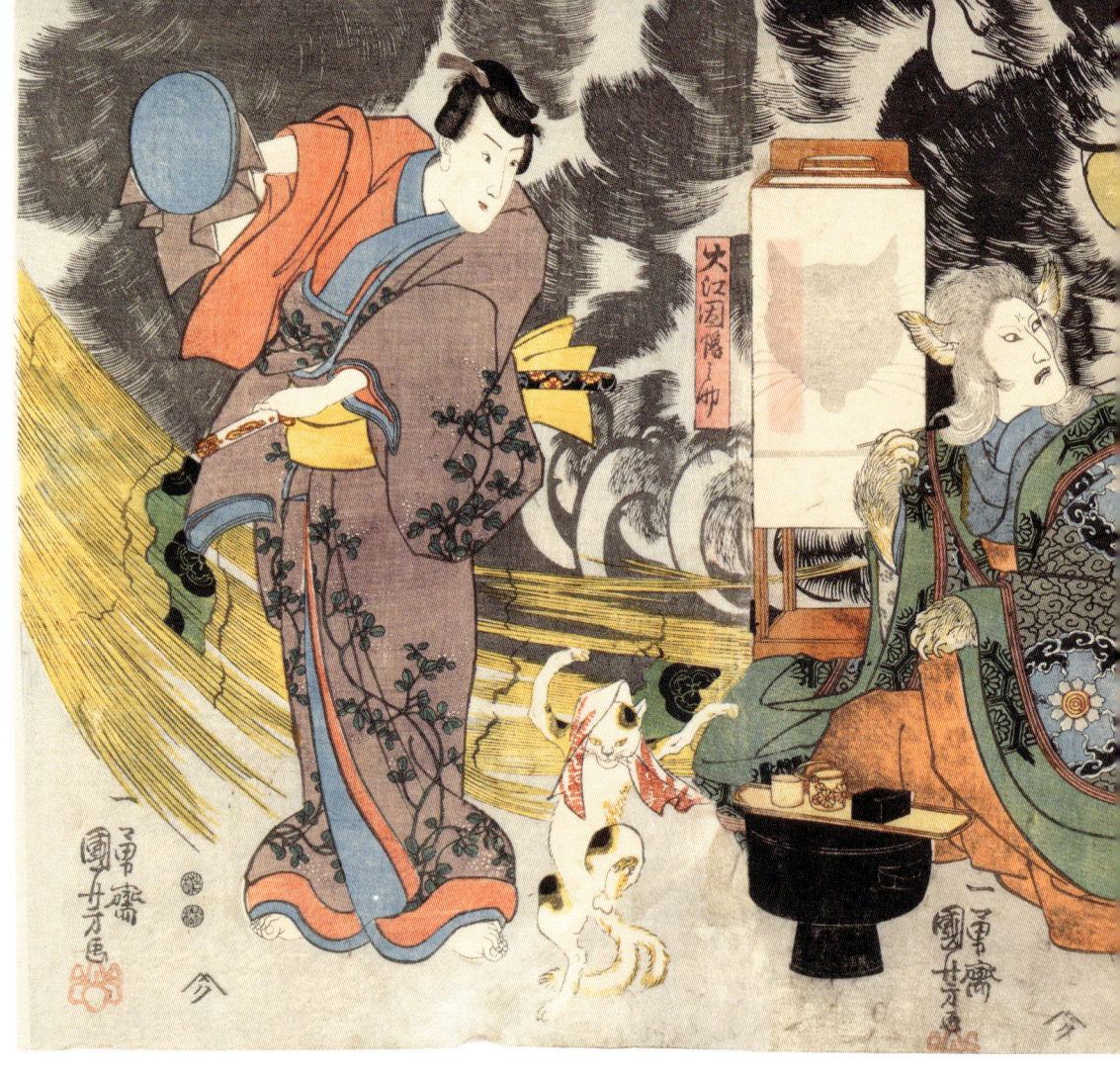

大江園隠シ申

**Utagawa Kuniyoshi (1798-
1861).** *La historia de origen del gato
de piedra en Okazaki, representando
una de las cincuenta y tres estaciones
de Tōkaidō, 1847. Tríptico de
xilografías, tinta y color sobre papel,
36,8 x 74 cm. Museo de Arte Chazen,
donativo de Abigail Van Vleck.*

por lo que finalmente decide huir en la noche. Se dice que
esta mujer fue poseída por el espíritu del gato de piedra.

Estas xilografías, que resultan tan emocionantes como
las propias tramas, representan escenas culminantes de
creaciones derivadas de la obra original de Nanboku, entre
las que se incluyen *Ciruelos en primavera y las cincuenta y tres*

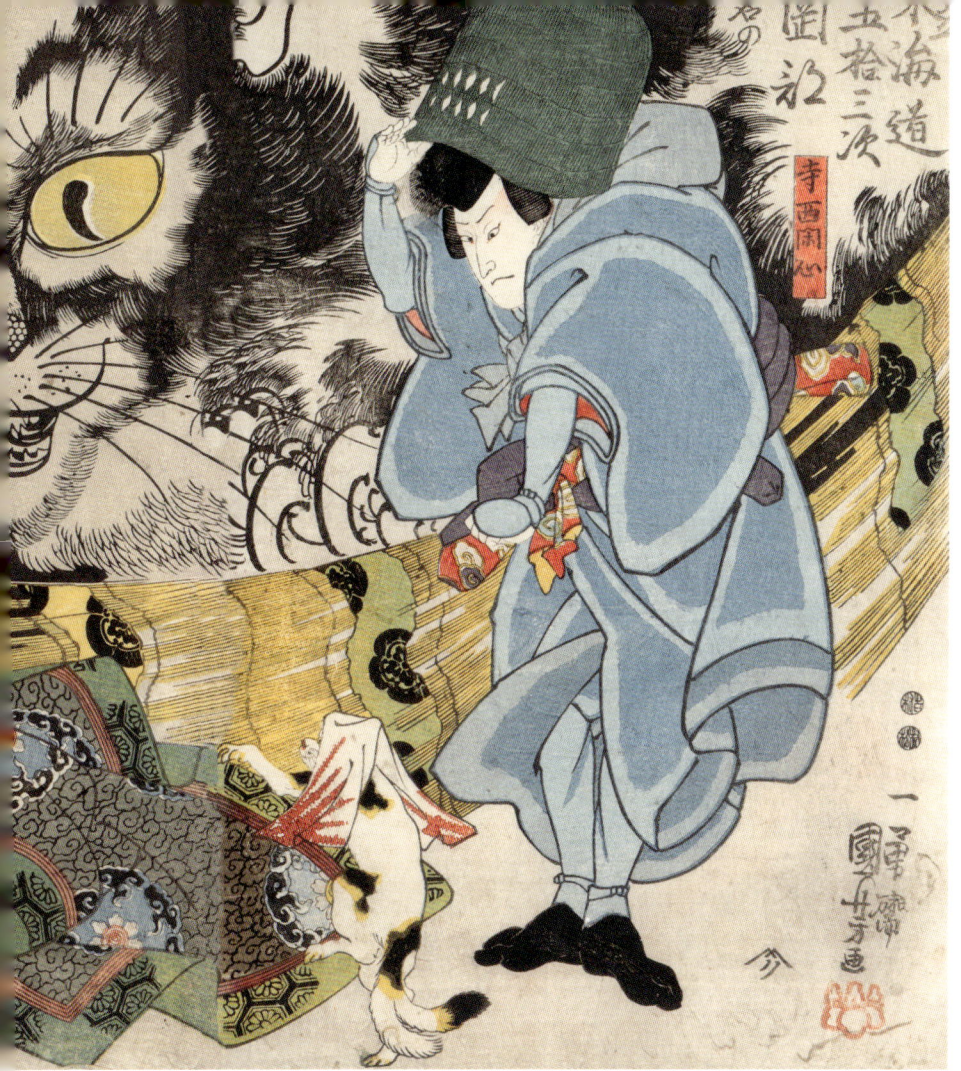

...staciones (1835), cuyo ejemplo podemos ver en la imagen uperior, y la obra tributo *La vida de Onoe Kikugorō III* (1847). uniyoshi creó múltiples diseños inspirados en un momento rucial de la historia, en el que un gato gigante, conjurado or el espíritu del gato de piedra, se abre camino por las ersianas de bambú del templo para atacar a los viajeros. Su pupilo, Yoshifuji, concibió una imagen fantástica compuesta por nueve gatos más pequeños, como si este poderoso demonio fuera capaz de crear clones suyos a voluntad (véase la xilografía de la página 115). Los ojos del gato demonio son cascabeles y la lengua, que sobresale, es un collar de seda. Todos ellos son buenos ejemplos de gatos sobrenaturales.

El gato demonio de Saga

El gato demonio de Saga es un espeluznante personaje, famoso por salir en la obra de terror de época, *La historia del gato demonio de la feria de Saga (Hana Saga nekomata zōshi)*, escrita en 1853 por Segawa Jokō III (1806-1881) y estrenada en el Teatro Nakamura al año siguiente. La trama cuenta, con gran belleza, varias leyendas de maldiciones que persiguieron a la familia Nabeshima, tras arrebatar el control del dominio de Saga al antiguo clan Ryūzōji a finales del siglo XVI, lo que se conocería popularmente como el altercado Nabeshima. El señor de Saga reta a Ryūzōji Matashichirō, quien había sido rebajado a servir como criado de los Nabeshima, a jugar una partida de go, pero este es derrotado y termina asesinando a su oponente en un arranque de ira. Durante ese tiempo, la madre viuda de Matashichirō había estado confiándole al gato de la familia su resentimiento hacia los Nabeshima y la preocupación por su hijo. No obstante, cuando se da cuenta de que su hijo ha sido asesinado, la mujer se suicida. El gato lame su sangre y es poseído por el espíritu vengativo de la mujer, u *onryō*, lo que le convierte en un *bakeneko*. Bajo la forma de la consorte del señor de Saga, el *bakeneko* empieza a atormentarlo noche tras noche. Finalmente, el sirviente, Komori Hanzaemon, termina revelando la verdadera identidad del demonio, en un giro dramático, en el momento en el que se da cuenta de que la consorte está atrapando un pez del estanque del terreno del palacio con las manos, lamiendo un farolillo de aceite (hecho de pescado) o lanzándose contra la sombra que crea una lámpara de luz, dependiendo de la versión.

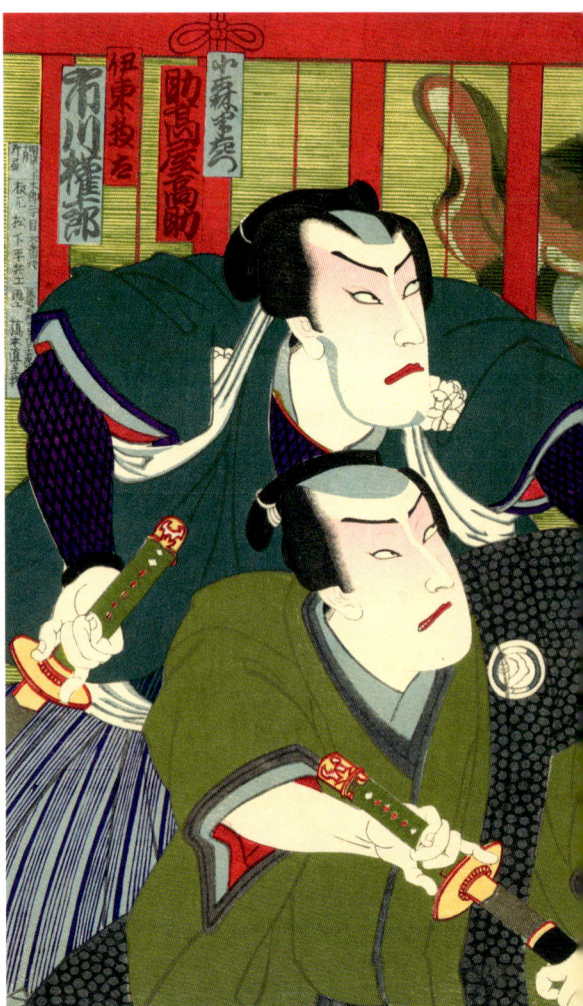

Yōshū Chikanobu (1838-1912). *El actor Bandō Shikua interpreta el papel del señor de la amante de Nabeshima. Nakamura Tokizō es Takaki Sanpei, Sawamura Hyakunosuke es el gato demonio, Suketakaya Takasuke es Omori Hanzaemon e Ichikawa Kanjūrō es Itō Sōta, 1880. Publicado por Matsushita Heibei. Tríptico de xilografías, tinta y color sobre papel, 36,5 x 74,9 cm. Imagen cedida por cortesía de la Galería Egenolf.*

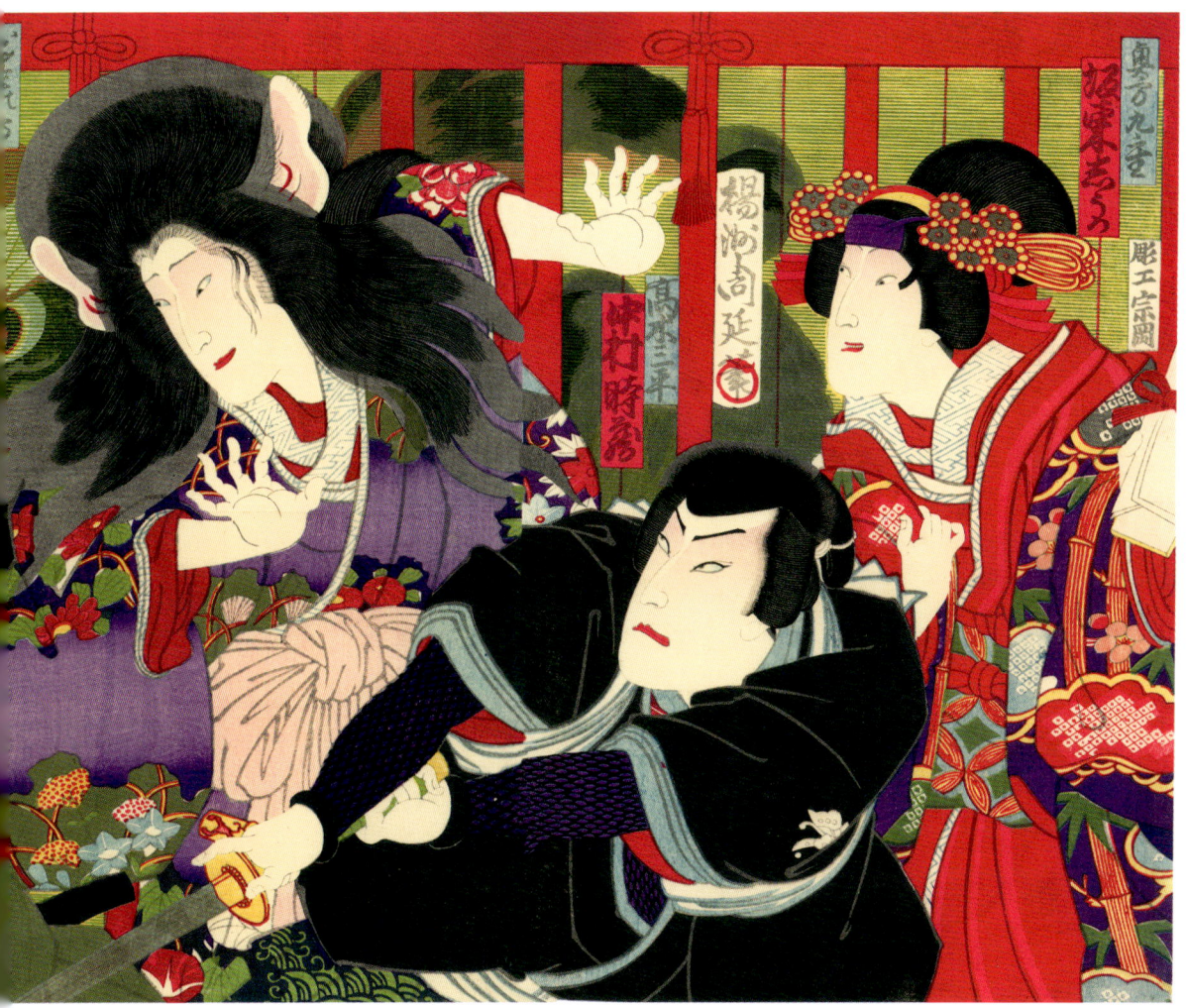

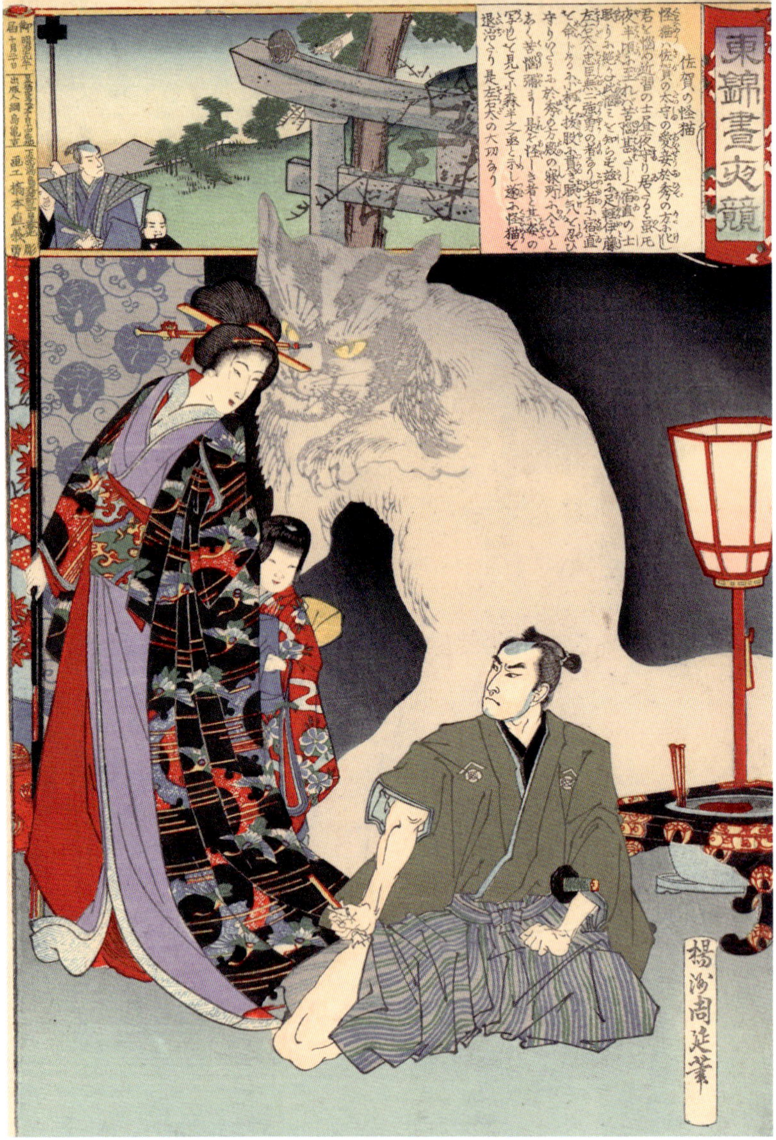

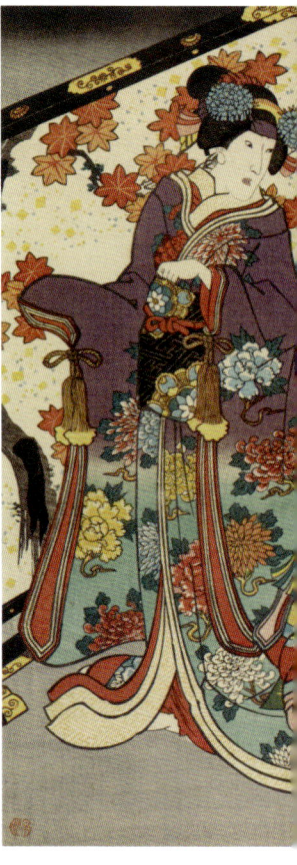

ARRIBA. **Utagawa Kunisada (1786-1865).** *El actor Ichikawa Danjūrō VIII interpreta el papel de Itō Sōta (R), Ichikawa Kodanji IV es la viuda de Saga (C) y Onoe Baikō IV es la concubina Kochō (L), 1853. Publicado por Yamamoto Heikichi. Tríptico de xilografías, tinta y color sobre papel, cada página aprox. 39 x 27 cm. Museo Conmemorativo del Teatro Tsubouchi, Universidad de Waseda.*

ARRIBA. **Yōshū Chikanobu (1838-1912).** *El fantasma gato, de la serie Concurso de día y de noche en brocado oriental, 1886. Publicado por Tsunajima Kamekichi. Xilografía, tinta y color sobre papel, 37,2 x 25,4 cm. Imagen cedida por cortesía de la Galería Egenolf.*

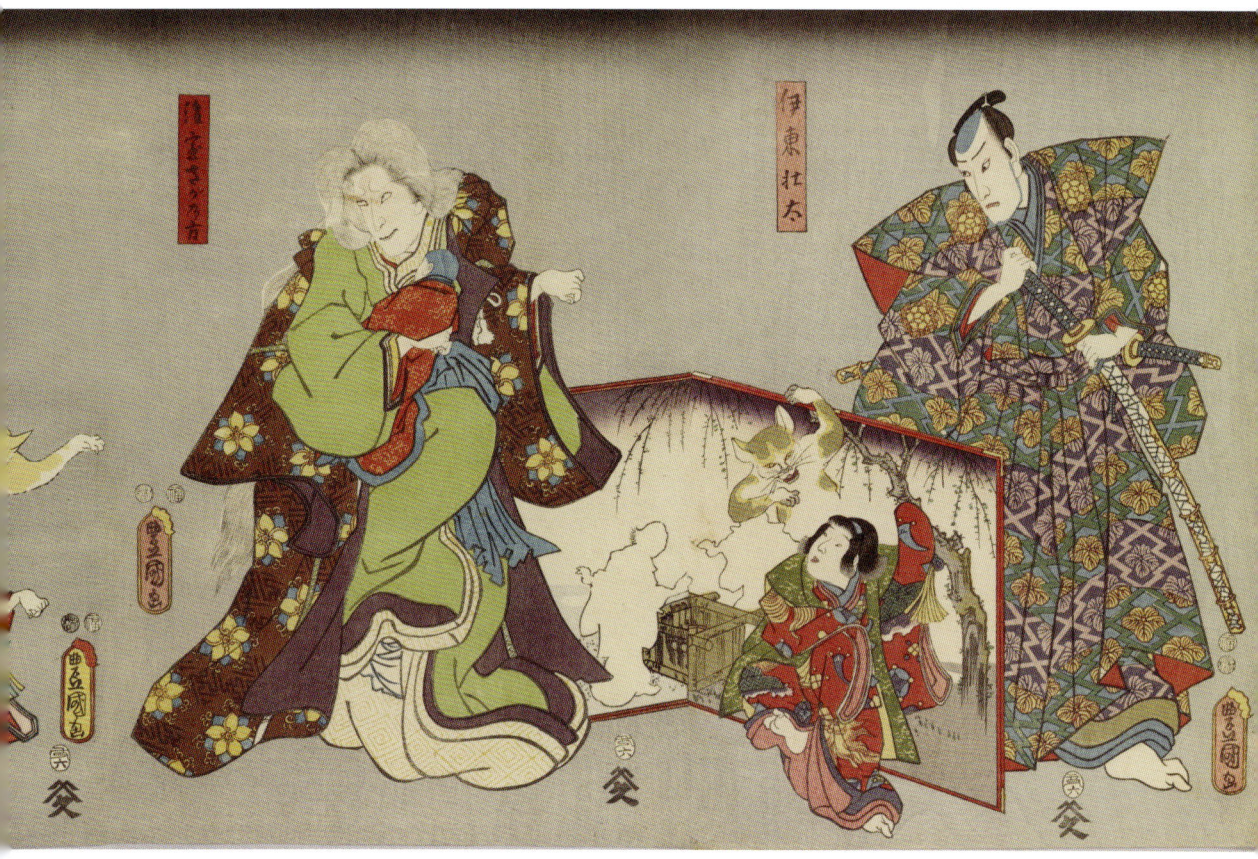

Las producciones basadas en la obra de Segawa Jokō y las diversas obras derivadas que acontecieron fueron conmemoradas, con gran imaginación, en muchos grabados. Uno de los trípticos de Kunisada muestra a Ichikawa Kodanji IV en el papel de la viuda, sujetando un bebé con uno de sus brazos, y liderando un baile disparatado con gatos y niños que parecen haber salido de la pintura del biombo (veáse arriba). Por otra parte, el díptico vertical de la página 127, también de Kunisada, representa a Kodanji, que lleva orejas prostéticas, patas y una cola bifurcada caracterizada como el gato poseído por el espíritu de la mujer, intentando huir de

la espada del valiente sirviente, Itō Sōta, por una columna de humo.

En la versión de la historia a la que se hace referencia en la obra de Chikanobu de la página 124, el señor de Saga solicita una patrulla nocturna para protegerse contra el demonio gato, pero sus guardias terminan sucumbiendo al sueño repetidamente. Itō Sōta se ofrece como voluntario, y para combatir la somnolencia decide clavarse una daga en el muslo, tal y como se muestra. Cuando aparece la consorte del señor, es cuando Sōta se da cuenta de que su sombra pertenece a la de un felino demoniaco.

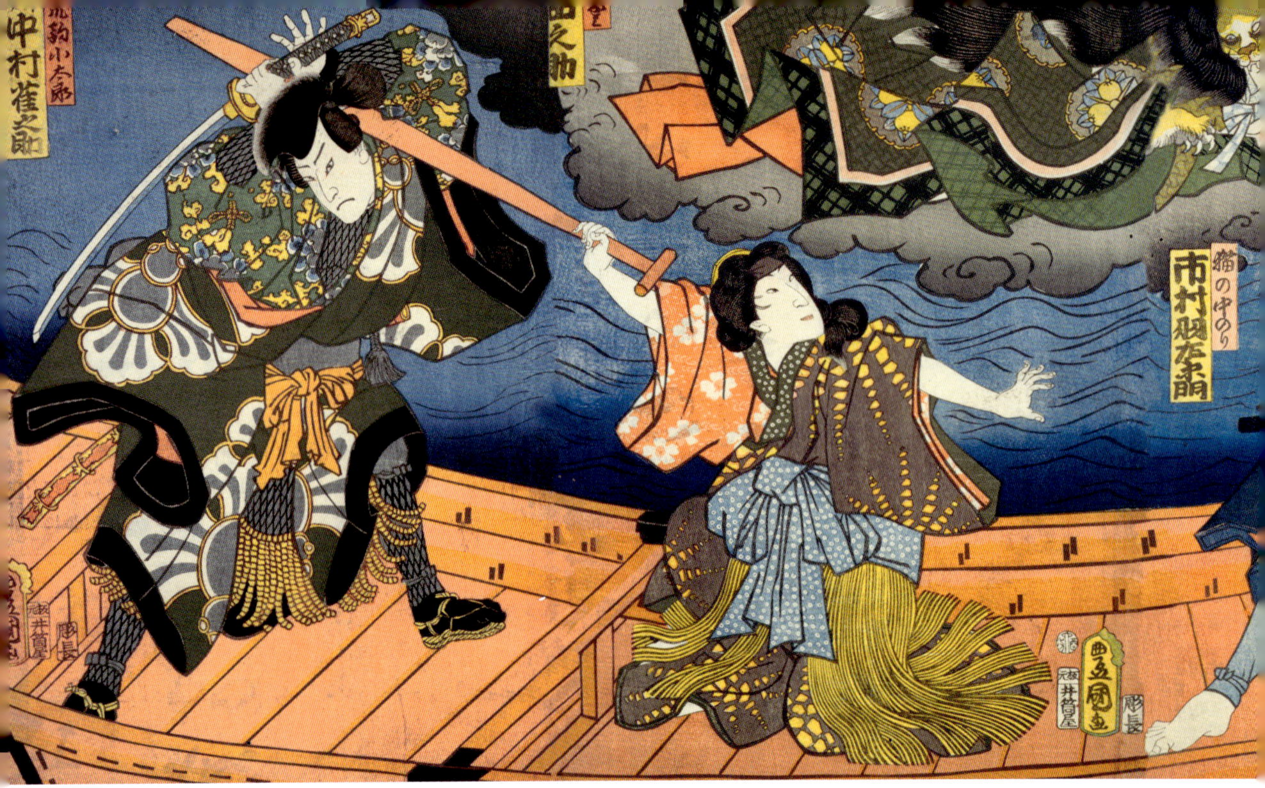

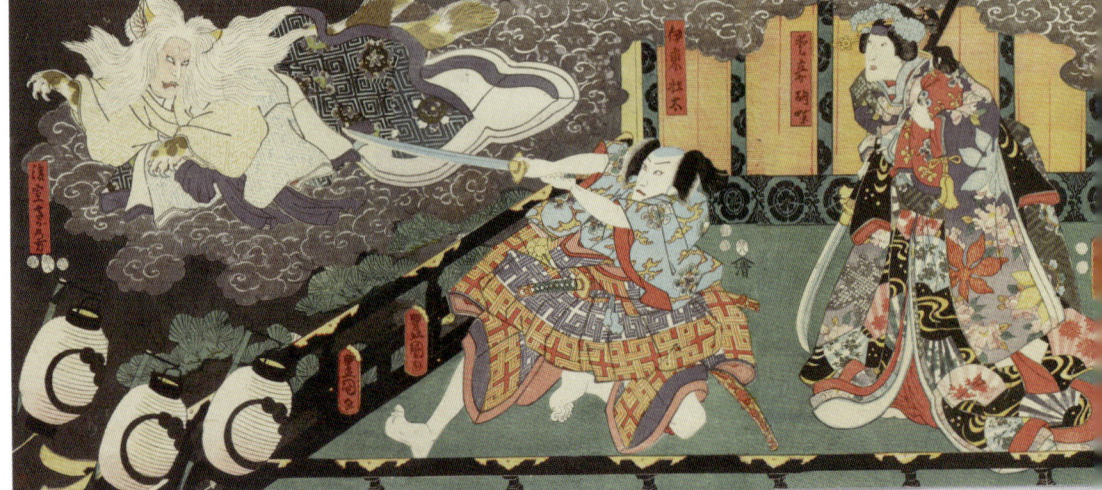

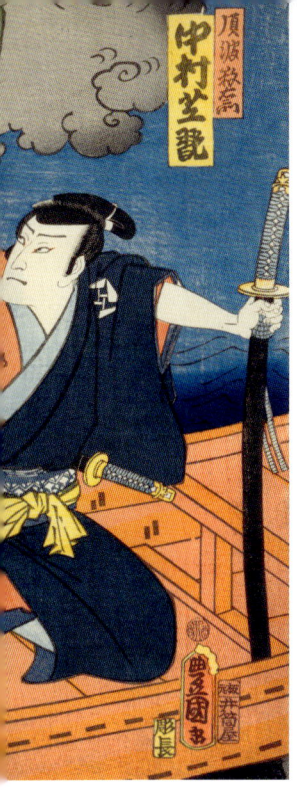

IZQUIERDA. **Utagawa Kunisada (1786-1865).** *El actor Onoe Baikō IV interpreta el papel de la concubina Kochō (R), Ichikawa Danjūrō VIII es Itō Sōta (C) e Ichikawa Kodanji IV es la viuda de Saga (L), 1853. Publicado por Kiyomizuya Naojirō. Tríptico de xilografías, tinta y color sobre papel. Cada página aprox. 39 x 27 cm. Museo Conmemorativo del Teatro Tsubouchi, Universidad de Waseda.*

IZQUIERDA. **Utagawa Kunisada (1786-1865).** *El actor Nakamura Shikan interpreta el papel de Suwa Kazuemon (derecha), Ichimura Uzaemon XIII es el gato que vuela (arriba), Sawamura Tanosuke III es la pescadora Onami (centro), Nakamura Sakunosuke es Arakoma Kotarō (izquierda) de la obra Un diario silabario de Tōkaidō (Tōkaidō Iroha Nikki), 1861. Publicado por Sutsuya Shōkichi. Tríptico de xilografías, tinta y color sobre papel. Cada página aprox. 39 x 27 cm. Biblioteca Nacional de la Dieta de Tokio.*

ARRIBA A LA DERECHA Y ABAJO. **Utagawa Kunisada (1786-1865).** *La viuda de Saga, 1853. Publicado por Kurokiya Heikichi. Díptico vertical de xilografías, tinta y color sobre papel. Cada página aprox. 39 x 27 cm. Página superior: Rijksmuseum, Sr. H. J. Herwig y Sra. A. H. Herwig-Kempers. Página inferior: Museo Conmemorativo del Teatro Tsubouchi, Universidad de Waseda.*

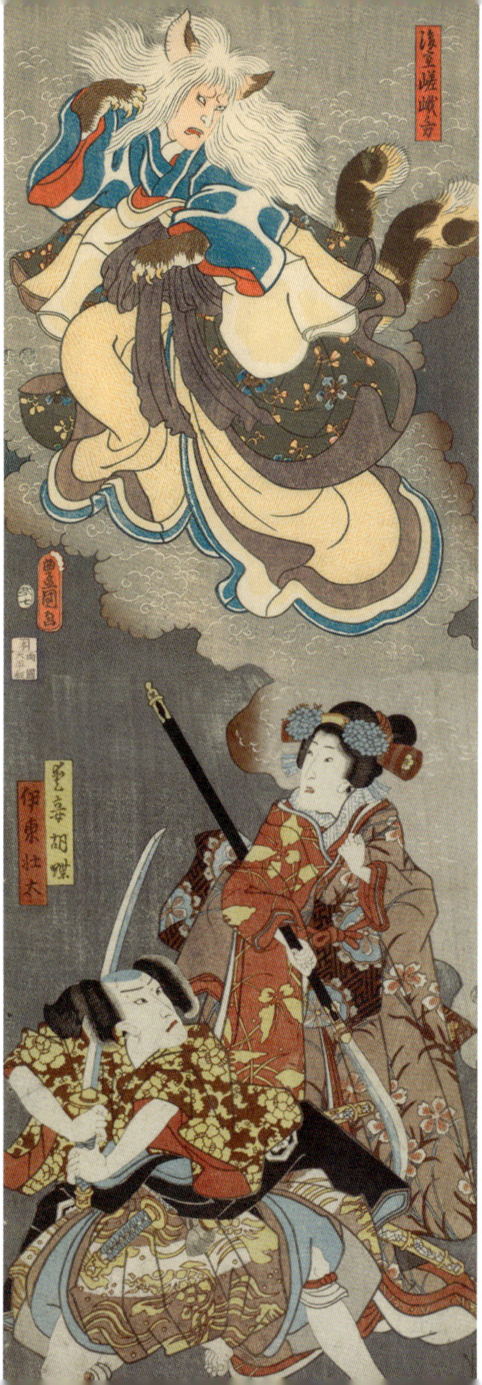

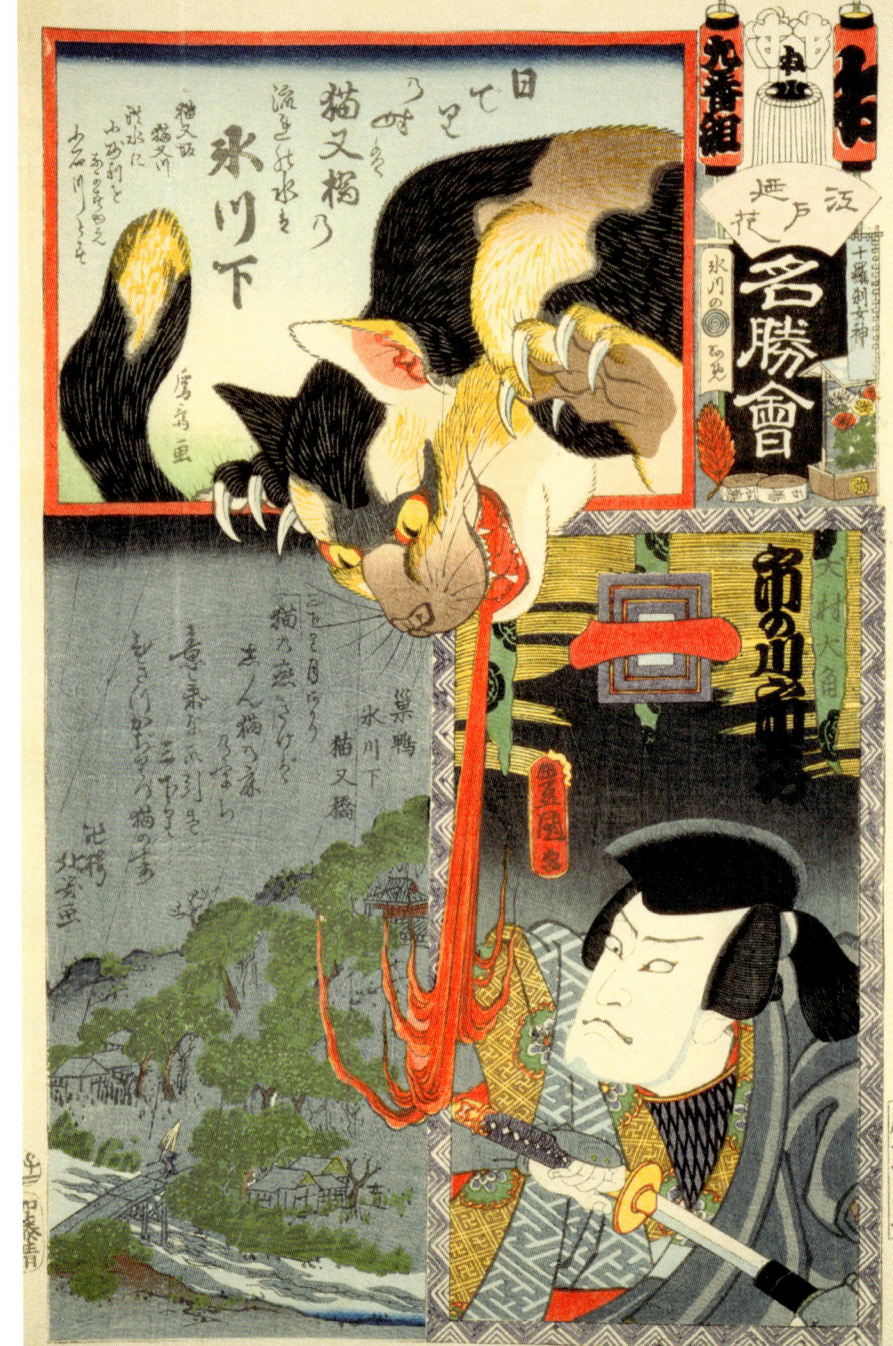

Monstruos felinos derrotados por guerreros

En su momento, el puente Nekomata *(Nekomata-bashi)* atravesaba el río Sengawa, que discurría a lo largo de la base de la ladera que se conoce hoy en día como el barrio Bukyō, en Tokio. Más allá de dos grandes piedras, el puente ya no existe, pero la ladera se sigue conociendo como la colina Nekomata *(Nekomata-zaka)*. La obra de Kuniyoshi, en la que aparece un temible monstruo con forma de gato que escupe fuego, mezcla el puente Nekomata de Edo con la historia no relacionada del monstruo felino del monte Kōshin, erradicado por Ichinokawa Ichizō, en *Las vidas de los ocho perros de Satomi del sur de Kazusa*.

De acuerdo con algunas fuentes, el nombre de *Nekomata-bashi* originalmente hacía referencia a la manera en la que se construyó el puente a partir de la raíz bifurcada de un árbol, pero con el tiempo empezó a escribirse con los caracteres que designaban al persuasivo gato demonio. La guía topográfica, *Arenas de Edo: secuela (Zoku Edo sunago*, 1735), habla sobre unos extraños avistamientos de *tanukis* bailando y otras bestias encantadas en esta localización. En aquella época, los caracteres chinos que se usaban para escribir tanuki también podían significar 'gato', lo cual ayudó a reforzar la asociación entre el puente y los *nekomata*.

Otra de las historias sobre el origen del puente trata sobre el amado gato de un mercader de seda en la era Kanei (1624-44). Mientras el mercader y su esposa están llorando la muerte de su hijo pequeño, un bebé aparece abandonado en el umbral de su puerta. La pareja decide llamar al niño Monjirō y empiezan a criarlo como si fuera su propio hijo. Por desgracia, la tragedia irrumpe una vez más cuando el mercader es asesinado.

En cuanto Monjirō llega a la adolescencia, se muda con su madre y su gato a Edo, y comienza a entrenar con un espadachín, con la intención de vengar la muerte de su padre.

Una vez asentado en su nueva vivienda, el gato comienza a traer, noche tras noche, monedas de oro, las cuales, Monjirō,

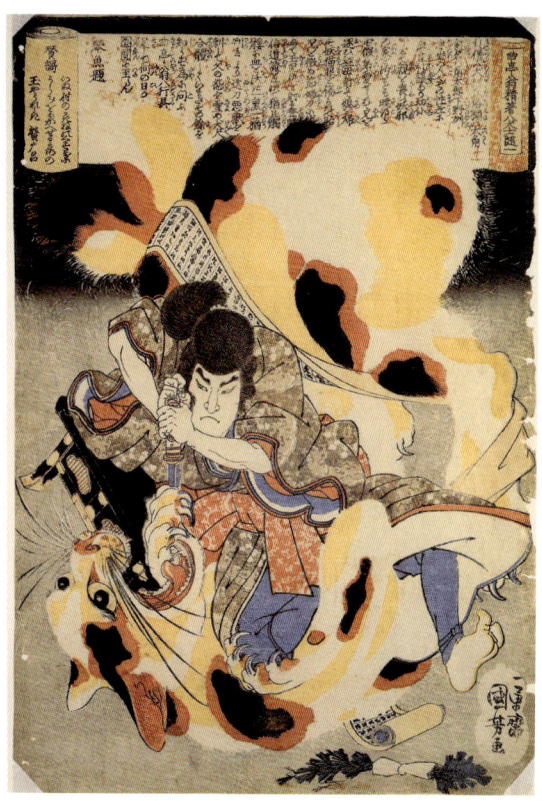

ARRIBA. **Utagawa Kuniyoshi (1798-1861).** *La auténtica historia sobre los ocho perros del antiguo Kyokutei, lo mejor del refinado artista Utagawa: Inumura Daikaku, 1836. Publicado por Nishimuraya Yohachi. Xilografía, tinta y color sobre papel, aprox. 37,5 x 25,5 cm. Museo de Etnología de Leiden.*

PÁGINA ANTERIOR. **Utagawa Kunisada I (Toyokuni III) (1786-1865); Katsushika Isai (1821-1880); Katsushika Hokuen, activo durante la década de 1860.** *Brigada Ne, noveno grupo, Nekomatabashi: el actor Ichinokawa Ichizō interpreta el papel de Inumura Daikaku, de la serie Flores de Edo y vistas de lugares famosos, 1864. Publicado por Katōya Iwazō. Xilografía, tinta y color sobre papel, aprox. 39 x 27 cm. Biblioteca Nacional de la Dieta de Tokio.*

quien de otra manera estaría desamparado, utiliza para poder mantener su hogar. Esas monedas proceden de los fondos de un prestamista, quien termina asesinando al gato en cuanto descubre que le está robando. Tras enterarse, Monjirō visita al prestamista para recuperar el cadáver del gato de su padre.

El prestamista se queda entonces estupefacto al darse cuenta del parecido de Monjirō con su esposa muerta, e inmediatamente lo reconoce como el hijo al que había abandonado, varios años atrás, ante el umbral de la puerta de un mercader de seda. Tras vengar la muerte de su padre adoptivo, Monjirō construye el *Nekomata-bashi* para honrar la memoria del gato ladrón que le había ayudado a mantener viva a su familia y que había orquestado una reunión entre su padre biológico y él.

En la página 129, un gato tricolor de tamaño antinatural y cola bifurcada se retuerce de dolor ante la espada de Inumura Daikaku Masanori, uno de los ocho héroes de la novela más vendida de Takizawa Bakin, *Las vidas de los ocho perros de Satomi del este de Kazusa (Nansō Satomi Hak-kenden*, serializada entre 1814 y 1842). Esta epopeya, que contó con más de cien volúmenes, sigue las aventuras de ocho héroes, descendientes místicos de la princesa Fuse y su marido canino, Yatsufusa. La historia gozó de una inmensa popularidad e inspiró numerosas adaptaciones e imitaciones en la literatura, el teatro y los grabados.

El monstruoso felino del diseño de Kuniyoshi es un malvado yamaneko, o gato montañés metamorfo, que, años atrás, asesinó al padre de Daikaku y tomó su forma, lo que hace de este episodio un caso relativamente inusual de felino que se convierte en hombre. Tras años de maltrato por parte de su padrastro, el fantasma del verdadero padre de Daikaku se aparece ante su hijo, rogándole que vengue su muerte. Daikaku, de corazón fuerte y filial, ataca a la criatura mientras está en su forma humana, consiguiendo herirle y devolviéndole a su naturaleza auténtica: un gato demonio gigante.

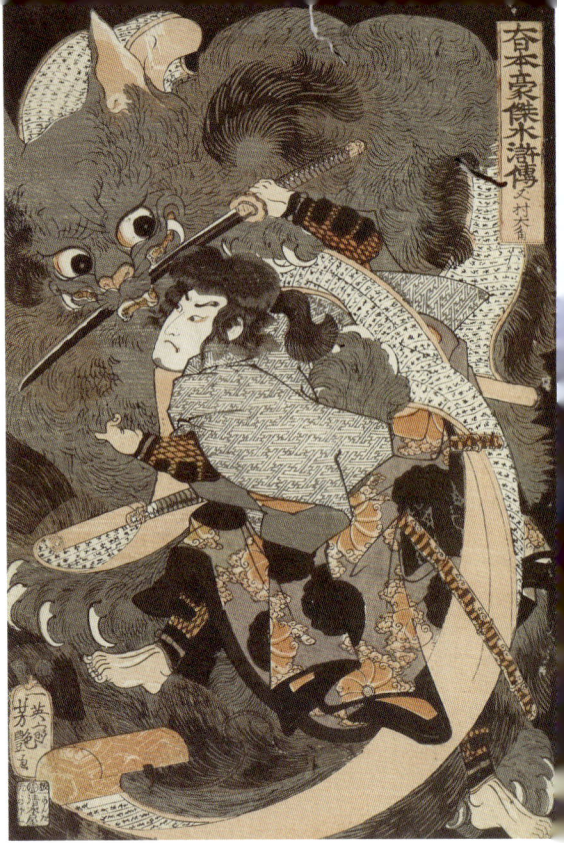

Kamada Matahachi es un hombre de gran fuerza que aparece en numerosas tramas del kurohon ('libro negro'), un género de ficción ligera. Matahachi, originario de Matsuzaka, en la actual prefectura de Ise, viaja a Edo, donde realiza increíbles proezas de fuerza sobrehumana. En la página 131 aparece representado venciendo a un monstruo felino que acecha las montañas de Seishū. Este episodio está extraído del libro *Kamada Matahachi extermina a los monstruos (Kamada Matahachi bakemono taiji*, 1769), en el que Matahachi combate contra diversos demonios, culminando con este felino monstruoso, que había adoptado la forma de una anciana, tras devorarla.

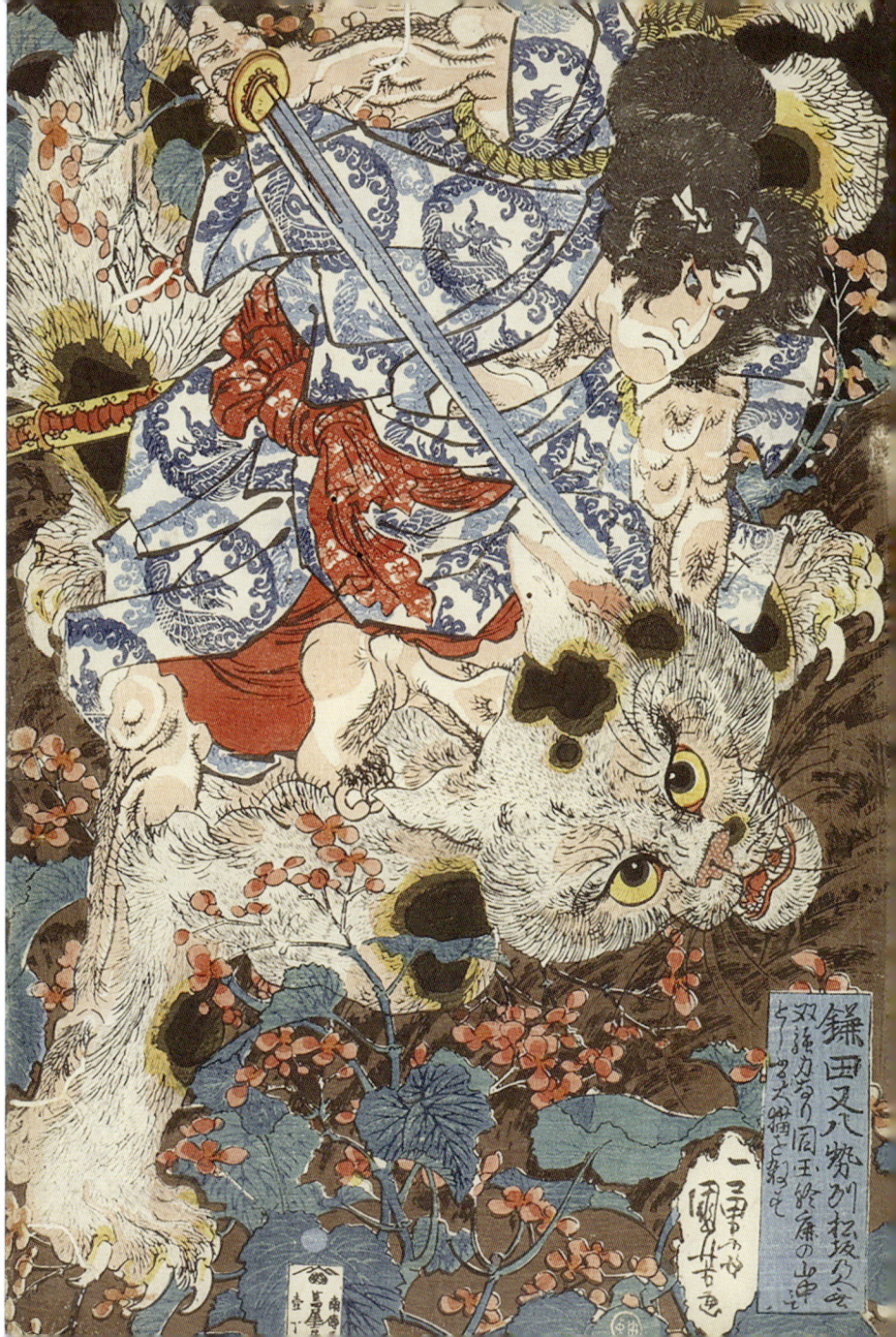

IZQUIERDA. **Utagawa Yoshitsuya (1822-1866).** *Héroes del gran Japón: el margen del agua: Inumura Daikaku, alrededor de la década de 1850. Publicado por Kiyomizuya. Xilografía, tinta y color sobre papel, aprox. 39 x 27 cm. Museo Conmemorativo del Teatro Tsubouchi, Universidad de Waseda.*

DERECHA. **Utagawa Kuniyoshi (1798-1861).** *Kamada Matahachi derrota al monstruo felino en las montañas de la provincia de Ise, alrededor de 1840. Publicado por Tsutaya Kichizō. Xilografía, tinta y color sobre papel, aprox. 39 x 27 cm. Museo Conmemorativo del Teatro Tsubouchi, Universidad de Waseda.*

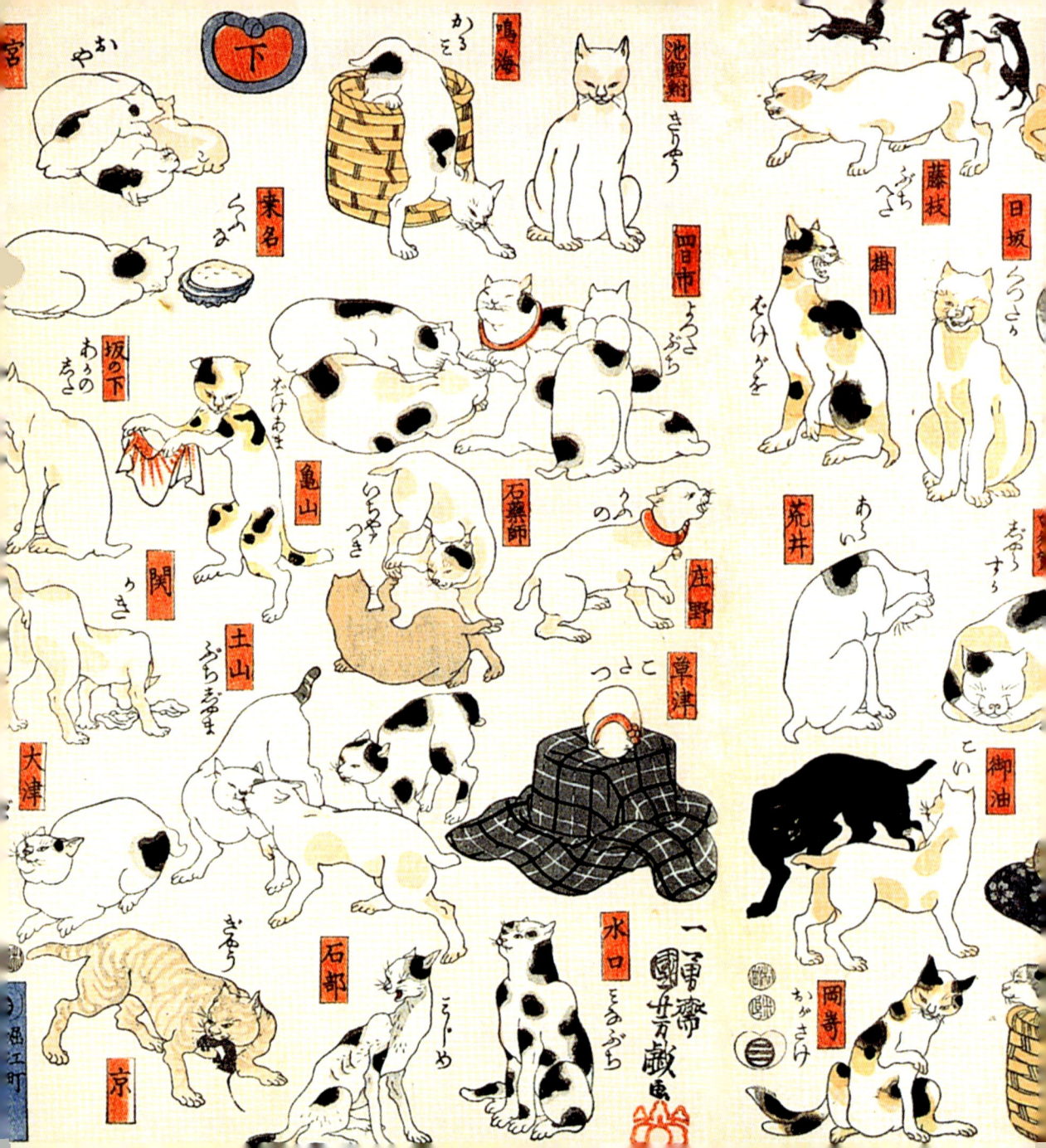

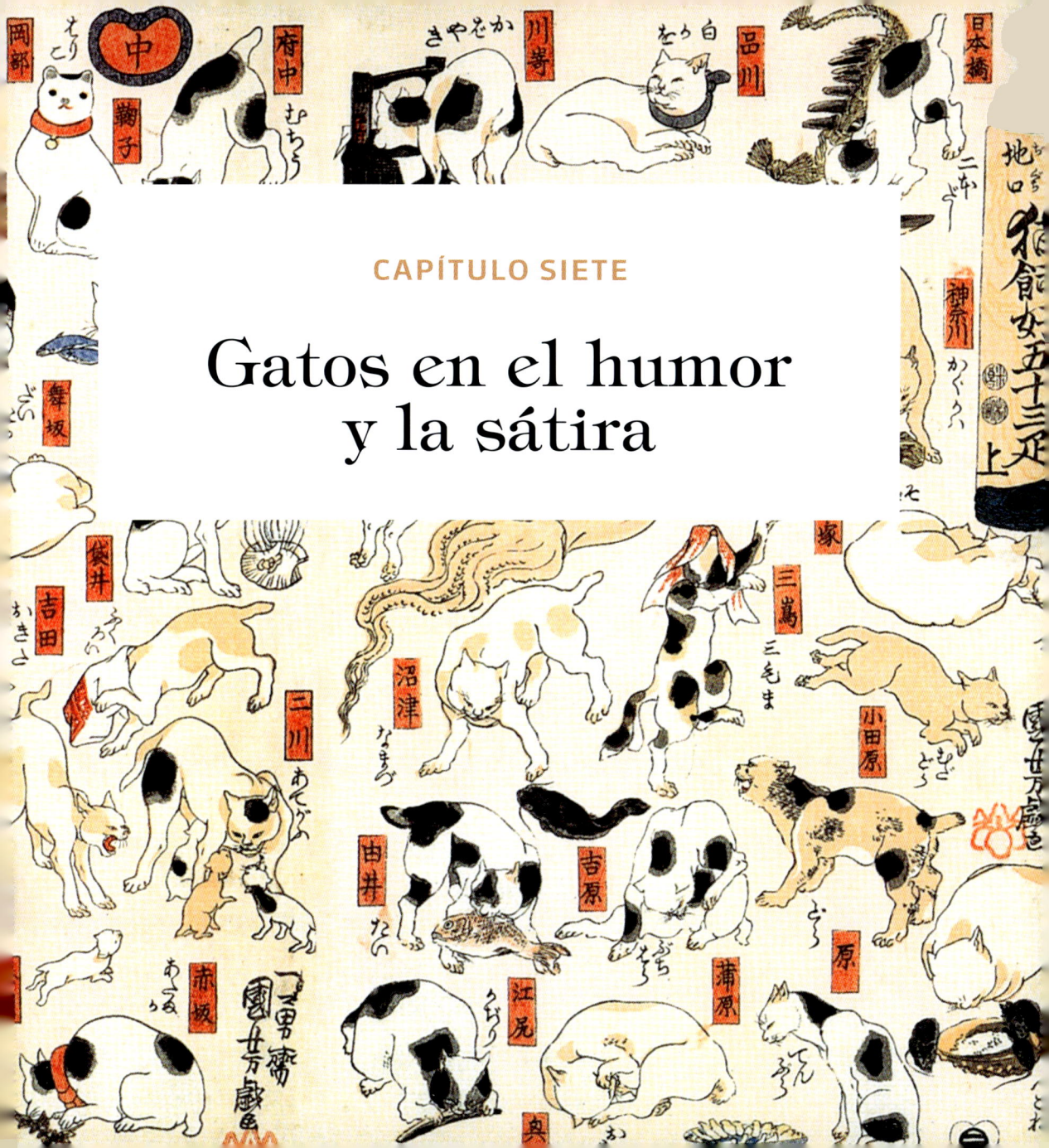

CAPÍTULO SIETE

Gatos en el humor
y la sátira

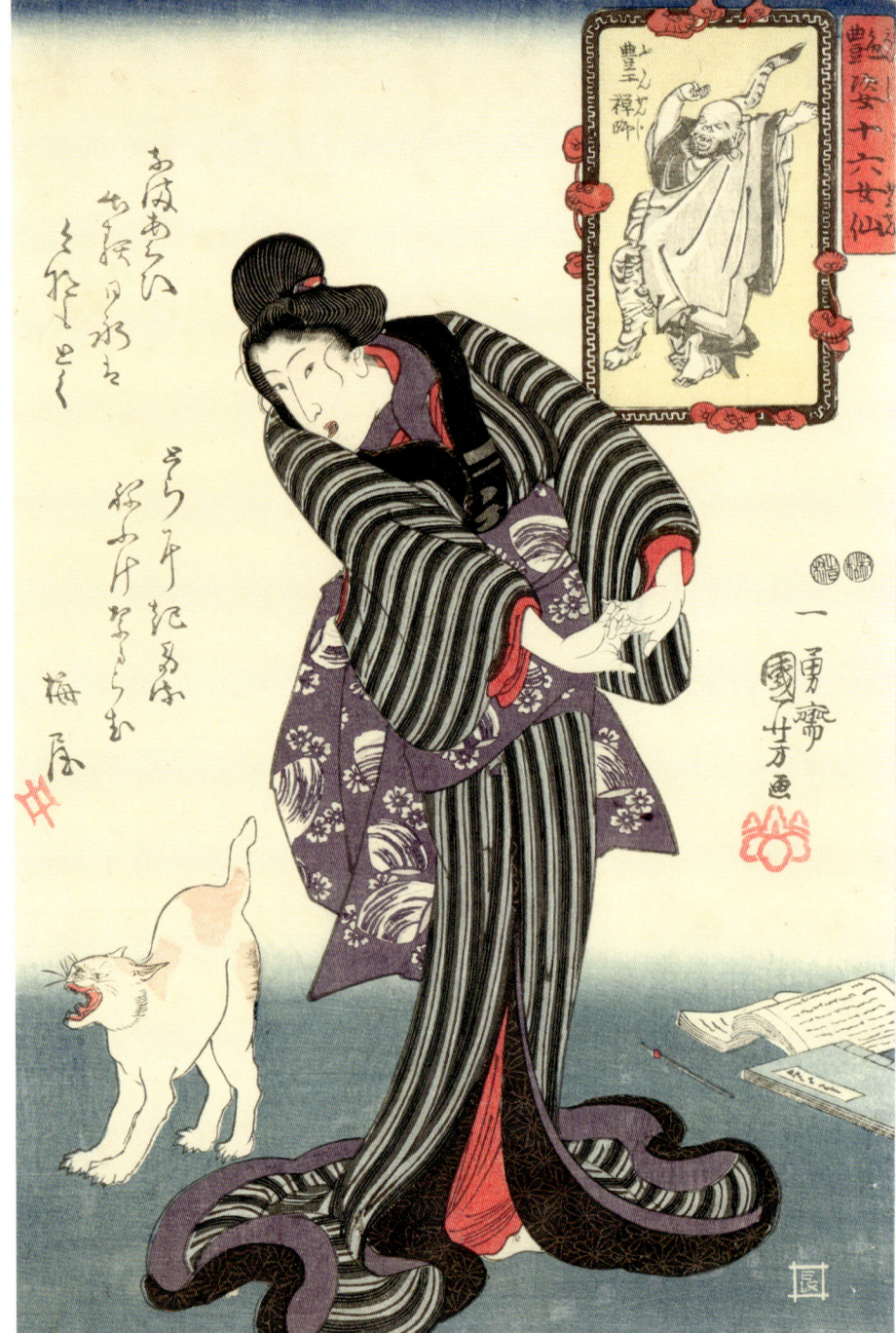

Gatos en el humor y la sátira

Tiempo antes de la era de internet, los humanos ya compartían lo mucho que disfrutaban y se reían con las travesuras y reacciones de los gatos, además de cómo se divertían proyectando sus propios pensamientos, emociones y deseos en estos animales domésticos. En Japón, las imágenes más antiguas de gatos de las que se tiene registro se encuentran en los humorísticos *Pergaminos de animales jugando (Chōjō-jinbutsu-giga, alrededor de 1200).* Entre las ranas, conejos, monos y otros animales que se encuentran enfrascados en actividades humanas como el sumo, las ceremonias religiosas o la natación, también podemos ver tres gatos atigrados de cola larga que parecen satirizar las labores de los monjes budistas o sintoístas.

En esta sección, en la que se presentan imágenes, la mayoría *ukiyo-e* de entre mediados y finales del siglo XIX, repletas de un humor, absurdez e irreverencia irresistibles, se muestra cómo estas fierecillas entretenían y sorprendían a sus compañeros humanos con su curiosidad, su carácter juguetón y su vivacidad, y cómo además representaban un tema interesante a partir del cual las personas podían reírse de sí mismas y burlarse de sus superiores. Aunque es posible que sean necesarias algunas explicaciones para entender el subtexto o los matices que subyacen en estos grabados, el humor que puede extraerse de las hábiles representaciones de los animales por parte de los artistas, las situaciones

absurdas en las que se encuentran y el poder reconocer a nosotros mismos en sus actos y expresiones faciales son hechos que trascienden cualquier época y lugar.

Dos de los grabados de Kuniyoshi contraponen a las mujeres y sus gatos con los inmortales taoístas, llamados *sennin*. El monje chino Bukan (en chino, Fenggan) fue famoso entre sus hermanos por domesticar a un tigre e ir montado en él hasta el monasterio. Las imágenes de Bukan y su bestia rayada durmiendo juntos de manera afectuosa son una temática popular en el imaginario budista. Kuniyoshi imagina a los dos humanos y felinos de estas parejas despertándose de la siesta. Con la cola en alto, las orejas aplastadas, los bigotes erizados, y los dientes y la lengua al descubierto por el amplio bostezo, el gato refleja, de manera cómica, la pose de su dueña. El poema inscrito aclara que la pareja está algo somnolienta porque se han despertado en la hora del tigre, que equivaldría a las 4 de la mañana.

El sapo hace referencia a Gama Sennin (en chino, Liu Hai), literalmente, 'el sapo inmortal', que aparece representado sosteniendo en brazos a su sempiterno compañero, un sapo blanco mágico de tres patas, en el recuadro de arriba. Se

IZQUIERDA. **Utagawa Kuniyoshi (1798-1861).** *El sacerdote zen Bukan, de la serie Dieciséis encantadoras inmortales, alrededor de 1847. Publicado por Iritaya Kiyoemon. Xilografía, tinta y color sobre papel, aprox. 38 x 25 cm. Imagen cedida por cortesía de la Galería Egenolf.*

DESPLEGABLE ANTERIOR. **Utagawa Kuniyoshi (1798-1861).** *Juegos de palabras como este: los cincuenta y tres gatos de la ailurofilia, 1847-52. Publicado por Ibaya Sensaburō. Tríptico de xilografías, tinta y color sobre papel, 37,1 x 76,2 cm. Dominio público.*

decía que Gama Sennin era capaz de separar el alma de su cuerpo, cambiar de forma y volar. En la imagen principal, una mujer sostiene a su gato sobre el hombro, emulando al inmortal.

Debajo, la legendaria emperatriz Jingū sostiene una caña de pescar, y Ebisu, el dios de la pesca y de la buena fortuna, se muestra absorto en un alegre juego con un gato. La imagen es una divertida referencia de un episodio de *Las crónicas de Japón (Nihon Shoki,* completado en el año 720), uno de los textos históricos japoneses más antiguos que

han conseguido permanecer en el tiempo. Se cree que la emperatriz Jingū sirvió como regente desde la muerte de su marido en el año 201, hasta la mayoría de edad de su hijo. Tras expandir sus territorios de manera agresiva, Jingū estaba lista para invadir la «tierra sagrada» –se cree que podría tratarse del reino de Silla, en la península de Corea–. Para ello, pidió a los dioses una señal, lanzó un hilo de pescar al río y consiguió atrapar una trucha –o, como puede verse en esta versión de la historia, un gato.

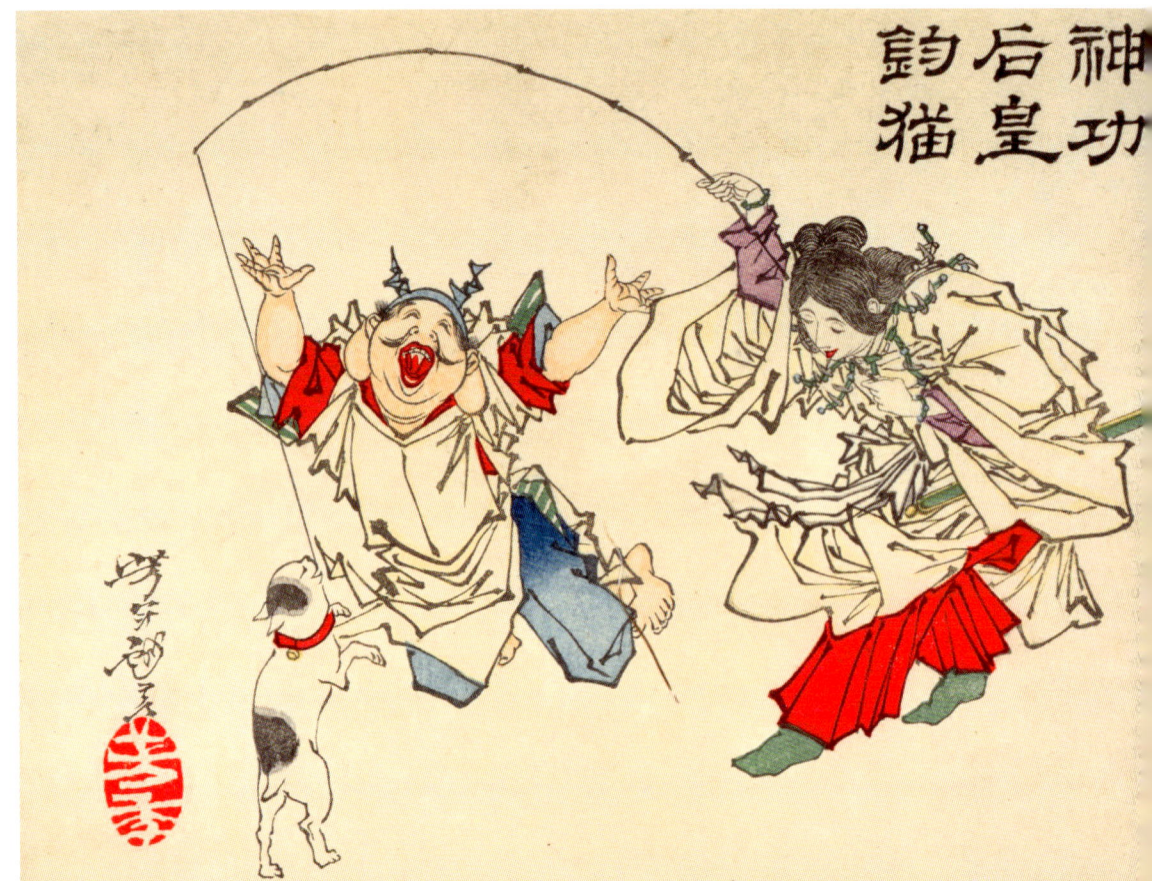

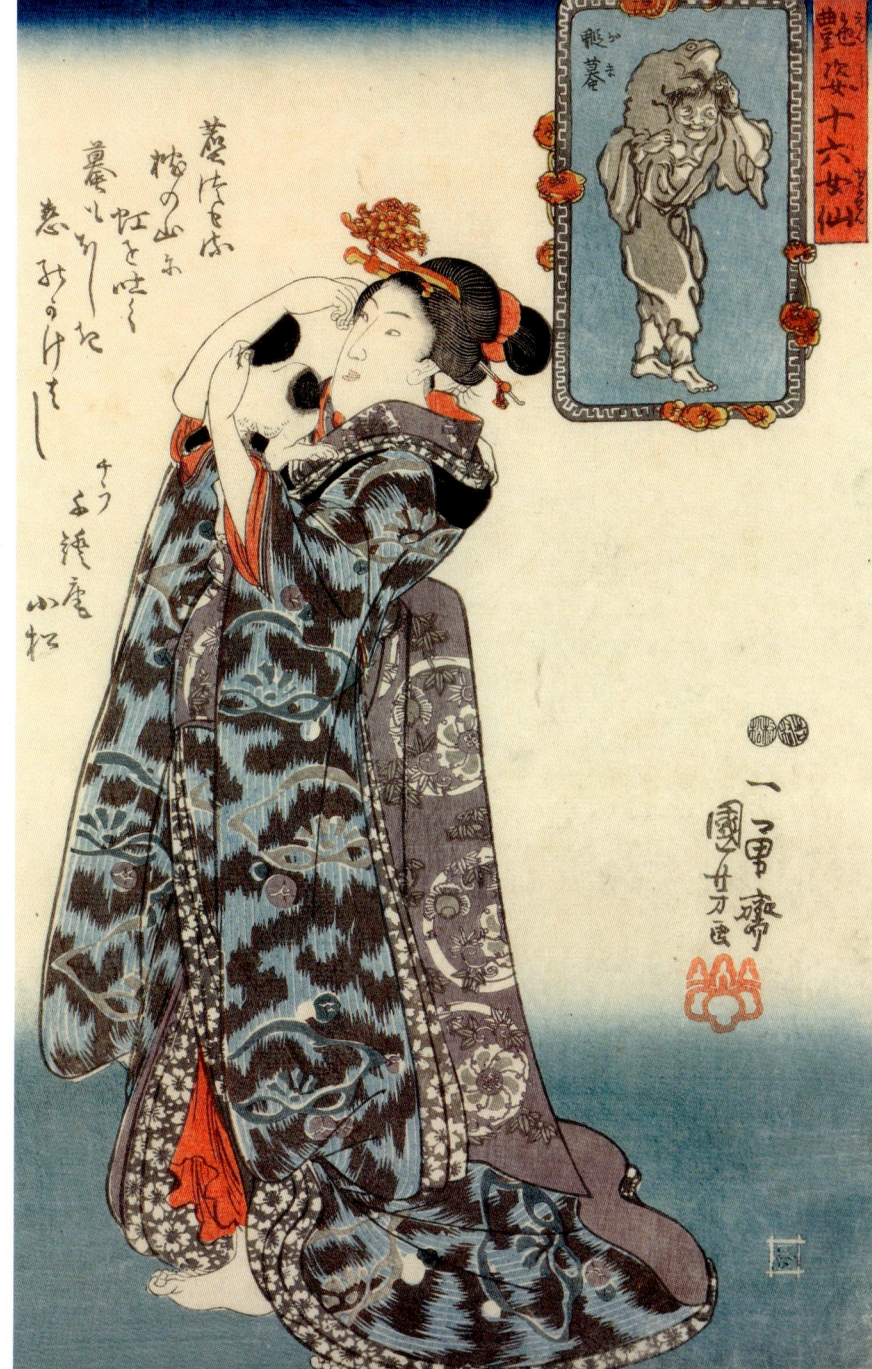

蓬莱を
梅の山の
蓬ひおりて
悲みの鐘を

かつ
千徳庵
小松

IZQUIERDA. **Tsukioka
Yoshitoshi (1839-1892).**
*La emperatriz Jingū pescando
un gato, de la serie Bocetos de
Yoshitoshi, principios de la
década de 1880. Publicado por
Funazu Chūjirō. Xilografía, tinta
y color sobre papel, 25 x 10,9
cm. Biblioteca Nacional de la
Dieta de Tokio.*

DERECHA. **Utagawa
Kuniyoshi (1798-1861).** *El
sapo, de la serie Dieciséis
encantadoras inmortales,
alrededor de 1847. Publicado
por Aritaya Kiyoemon. 36,3 x
25,1 cm. Museo Británico.
Donado por los Amigos
Estadounidenses del Museo
Británico © Los Administradores
del Museo Británico.*

137

Los gatos de la ruta Tōkaidō

El *sugoroku* es un juego de mesa con dados, similar al juego de serpientes y escaleras, que tradicionalmente se realizaba en familia, durante las vacaciones de Año Nuevo. En este ejemplo, los jugadores comienzan en la casilla de inicio de abajo a la derecha, donde se representa una tierna escena entre una mamá gato y sus dos cachorros, y compiten para alcanzar la meta situada en el centro, titulada «la vuelta de la celebración», en la que aparecen unos gatos escuchando música, bailando, celebrando y brindando con copas de sake. Por el camino, los jugadores pueden caer en casillas de la buena suerte, que representan cosas como tomar el sol o atrapar un pez, o en casillas de contratiempos, como ser perseguido por un niño con un palo o recibir una reprimenda por haberse afilado las garras en una de las puertas corredizas de papel.

El concepto y el título del juego de mesa parodian la novela de humor *A pie por la Tōkaidō* (1802-1822), de Jippensha Ikku (1765-1831), una aventura picante de dos amigos que viajan a pie por la ruta Tōkaidō, que conectaba Edo (la actual Tokio) y Kioto.

El tríptico de Kuniyoshi que se muestra en las páginas 132 y 133 es una de las imágenes de gatos más reproducidas del arte japonés. En este diseño se hacen bromas con las actividades, atributos y pensamientos de los gatos, y los nombres, en cartelas rojas, de las cincuenta y tres estaciones distribuidas por la Tōkaidō, donde los viajeros podían encontrar alojamiento, comida y entretenimiento.

El título en japonés del grabado sustituye el *Tōkaidō* por la palabra inventada *myōkaidō,* que se escribe con los caracteres chinos que se usarían para decir 'entusiasta de los gatos'. El espectador comienza su viaje en Nihonbashi, que se representa con un gato moteado a la fuga con dos bonitos

Utagawa Yoshifuji (1828-1887). *La vuelta del gato del sugoroku, alrededor de las décadas de 1880-90. Publicado por Ōhashi. Xilografía, tinta y color sobre papel, aprox. 37 x 48 cm. Biblioteca Metropolitana de Tokio.*

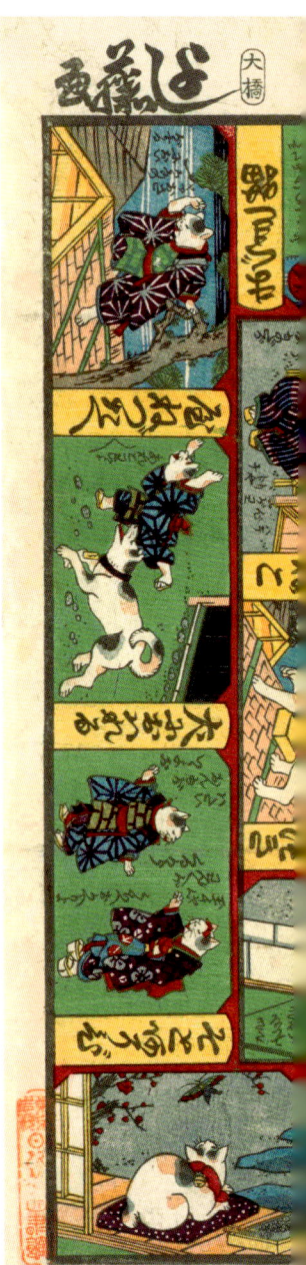

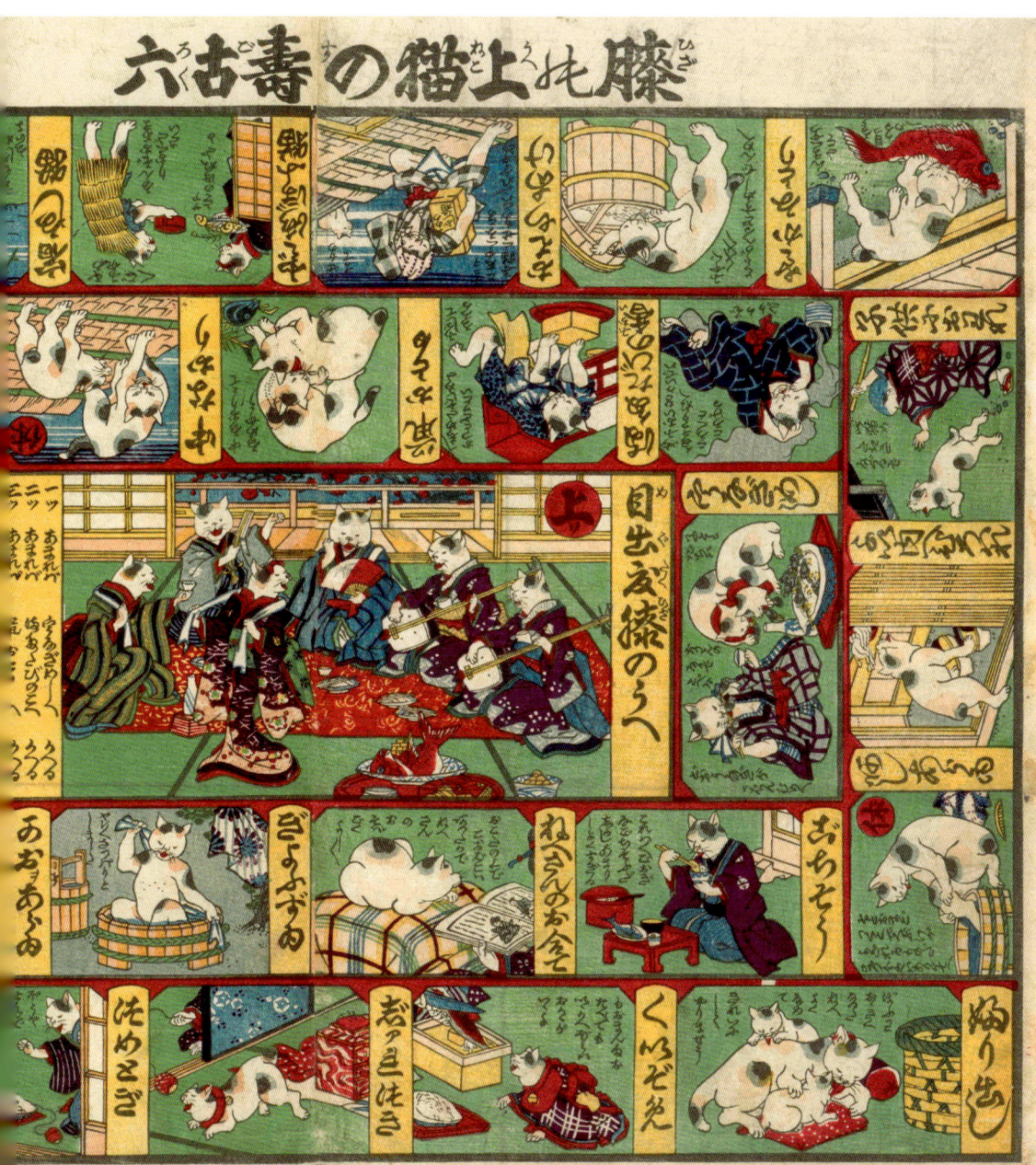

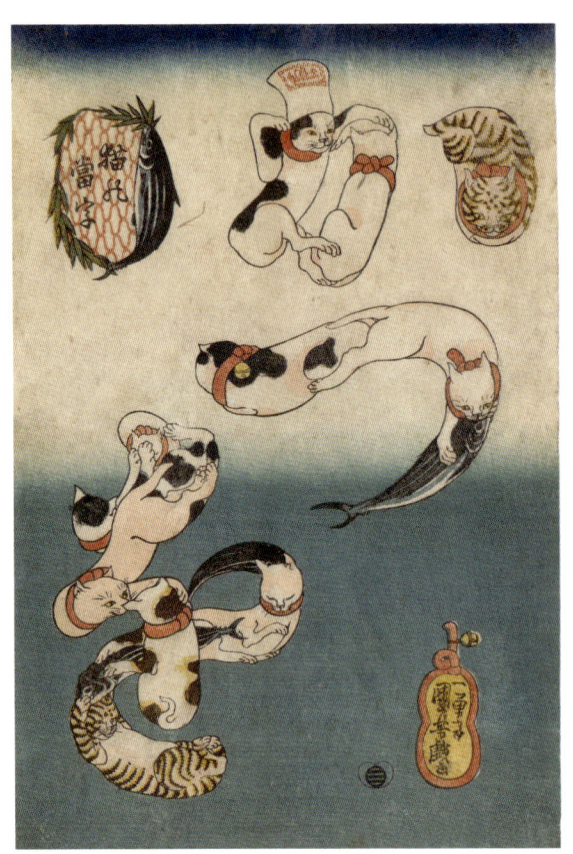

secos *(nihon dashi)*, y llega a Kioto *(Kyō)*, donde aparece un gato atigrado pelirrojo que acaba de atrapar un ratón. El animalillo emite el sonido «¡gyū!» mientras es devorado entre las fauces del felino. Por el camino, se encuentra con otro gato en Ôiso que exclama «¡cómo pesa!» *(omoizo)*, ya que está arrastrando un calamar gigante. Debajo, en Mishima, un gato calicó con la cola bifurcada, típica del demoníaco *nekomata,* baila sobre sus patas traseras con una toalla sobre la cabeza. En la inscripción se puede leer *mikema,* que quiere decir 'bruja calicó'. En la parte superior de la página central, para Mariko, hay una figurita de papel maché *(hariko)*. Debajo, para Mitsuke, hay un gato atigrado marrón hecho un ovillo y dormido *(netsuki)* sobre un cojín, mientras que a la derecha, para Yoshida, aparece un gato blanco y canela despertándose, mientras bosteza y se estira.

Si bien los juegos de palabras de Kuniyoshi suelen provocar reacciones de desconcierto, no se puede negar que el artista demuestra una sensibilidad especial para la temática felina y un ingenio agudo como caricaturista. Asimismo, muchos de los gatos que salen en el diseño también aparecen en grabados anteriores. Esta obra, por tanto, condensa el atractivo de los felinos de su amplio catálogo, para sus seguidores entusiastas de los gatos.

En el grabado de la izquierda, once mininos y tres peces deletrean las sílabas かつお *(katsuo)*, que significa 'bonito'. En la parte superior, uno lleva una bolsa de papel de caramelos en la cabeza como si fuera un gorro. Las figuras de los gatos, deformadas de manera cómica, y sus rostros felices son elementos característicos de la creatividad y el sentido del humor de Kuniyoshi.

Utagawa Kuniyoshi (1798-1861). *Bonito, de la serie Gatos sustituyendo caracteres, alrededor de 1842. Publicado por Ibaya Senzaburō. Xilografía, tinta y color sobre papel, 36,2 x 25,3 cm. Museo Británico, donado por los Amigos Estadounidenses del Museo Británico © Los Administradores del Museo Británico.*

Gatos estrellas del *kabuki*

En 1842, debido a una serie de leyes suntuarias a las que se conoció como las reformas Tenpō (1841-43), las autoridades prohibieron la publicación de retratos de actores. Kuniyoshi esquivó la censura del gobierno al realizar diseños en los que las estrellas del *kabuki* aparecían caricaturizadas en forma de diversos animales: tortugas, peces de colores y, sobre todo, gatos. Ya tenía cierta experiencia en ello: en 1841, él y el escritor Santō Kyōzan publicaron la novela ilustrada por entregas *La leyenda del gato de la luna difusa* (1841-49), en la que aparecían tramas de *kabuki* protagonizadas por gatos. El humor absurdo y la sátira mordaz de los nuevos diseños de Kuniyoshi triunfaron sin duda entre el público, ya que siguió realizando ilustraciones con el mismo estilo, incluso tiempo después de que dichas leyes dejaran de aplicarse.

Los grabados de las páginas 141 y 142 de Kuniyoshi se basan en las ilustraciones que realizó para los libros de *La luna difusa*. Umegae, una heroína altruista, se ha

Utagawa Kuniyoshi (1798-1861). *Parodia de Umegae tocando la campana del infierno sin límites, de la serie Juegos de gatos modernos, alrededor de 1847-48. Publicado por Yamamotoya Heikichi. Xilografía, tinta y color sobre papel, 35,5 x 24,4 cm. Museo Británico © Los Administradores del Museo Británico.*

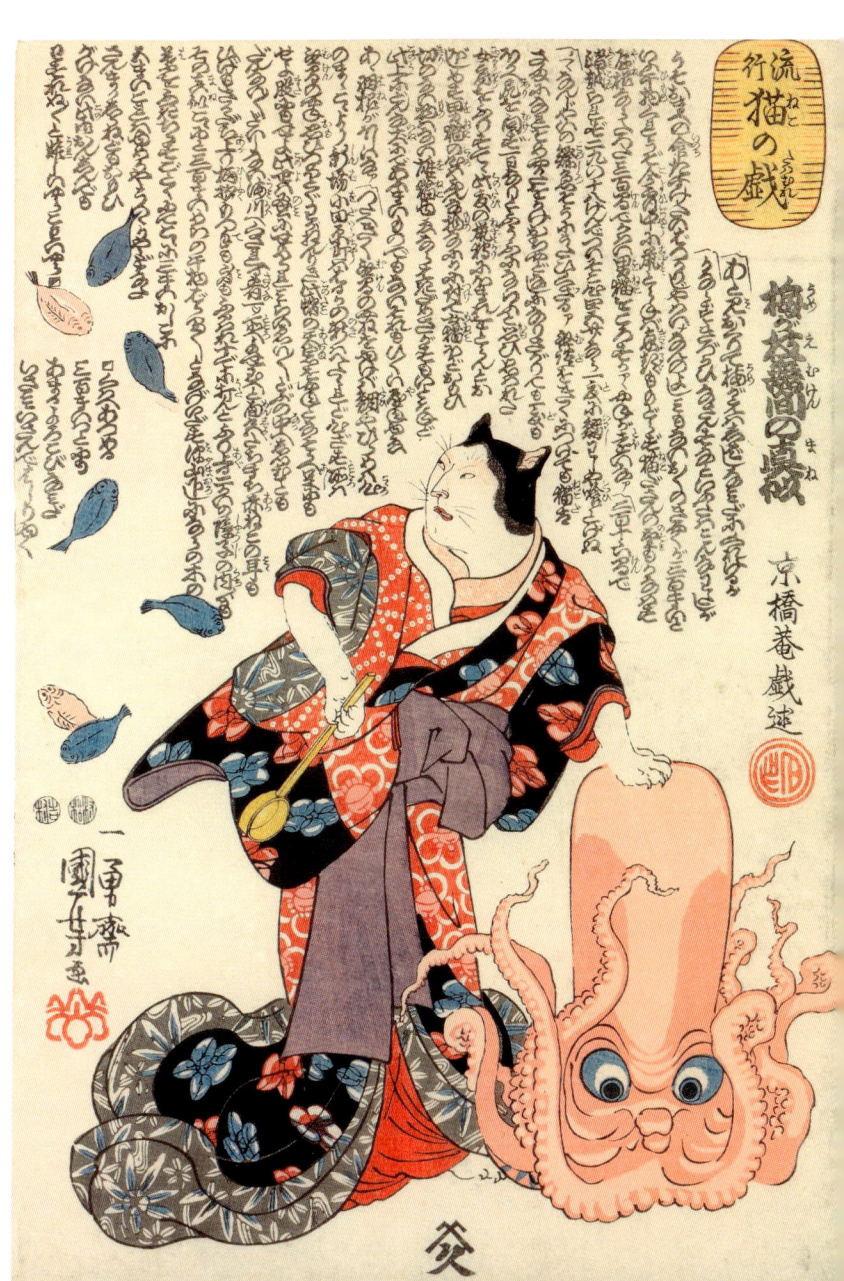

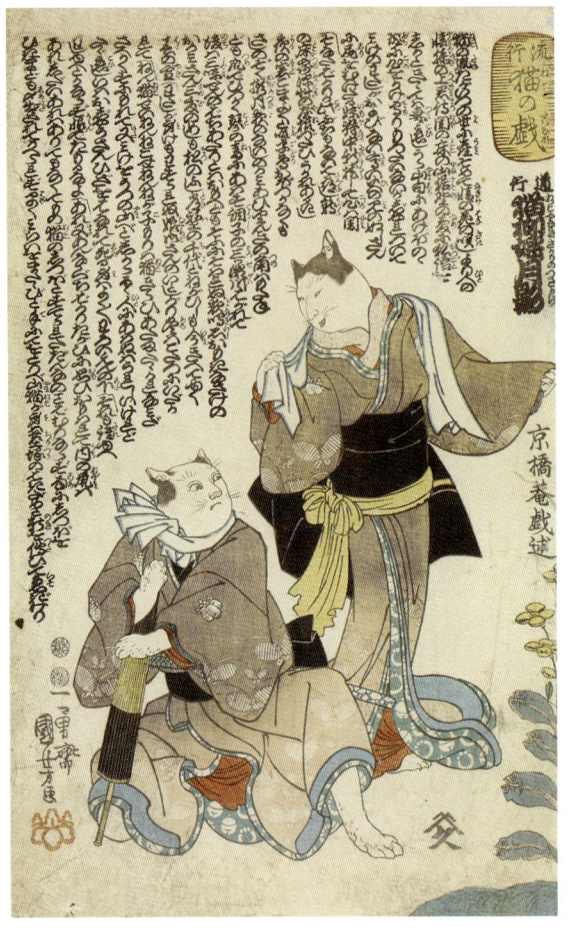

Utagawa Kuniyoshi (1798-1861). *Parodia de un michiyuki en la obra El sauce ceniciento que florece a la luz de la luna, de la serie Juegos de gatos modernos, alrededor de 1847-48. Publicado por Yamamotoya Heikichi. Xilografía, tinta y color sobre papel, aprox. 38 x 25 cm. Museo del Teatro Conmemorativo de Tsubouchi, Universidad de Waseda.*

vendido a sí misma como prostituta para poder reunir el dinero suficiente a fin de recuperar la armadura de su amado de una casa de empeños; no obstante, todavía le faltan trescientas monedas de oro. Al recordar una leyenda sobre una campana que ofrece riquezas incomparables cuando se la hace sonar, pero que también condena a la persona a un infierno eterno, decide golpear con un cucharón un recipiente para el agua del jardín. Para su sorpresa y desconcierto, comienzan a lloverle monedas. En vez de un recipiente para el agua, el felino de Kuniyoshi, Umegae, que es una caricatura del actor Sawamura Sōjūrō V, golpea la cabeza de un pulpo, cuyos ojos se abren y cuyos tentáculos se retuercen de dolor. De repente, comienza a caer pescado seco del cielo. El nombre de Umegae quiere decir 'rama de ciruelo', y es un papel que se interpreta habitualmente vistiendo un kimono con un diseño de pétalos de ciruelo. Aquí, Kuniyoshi creó el motivo floral a partir de los collares y cascabeles propios de los gatos.

En un segundo grabado de la serie, aparecen las caricaturas de los actores Bandō Shiu e Ichikawa Kyūzō II, interpretando los papeles de los amantes Matsuyama y Kubei durante la escena del viaje de la obra *Un paraguas compartido de ciruela y sauce (Ume yanagi tsui no aigasa).* Una vez más, Kuniyoshi incluyó detalles divertidos, como las decoraciones de los ropajes de los personajes, con unos motivos más apropiados para los felinos, como las mariposas y los cascabeles, o el hecho de que los pétalos y las hojas de la planta de abajo a la derecha estén compuestos por conchas de almejas y peces fileteados.

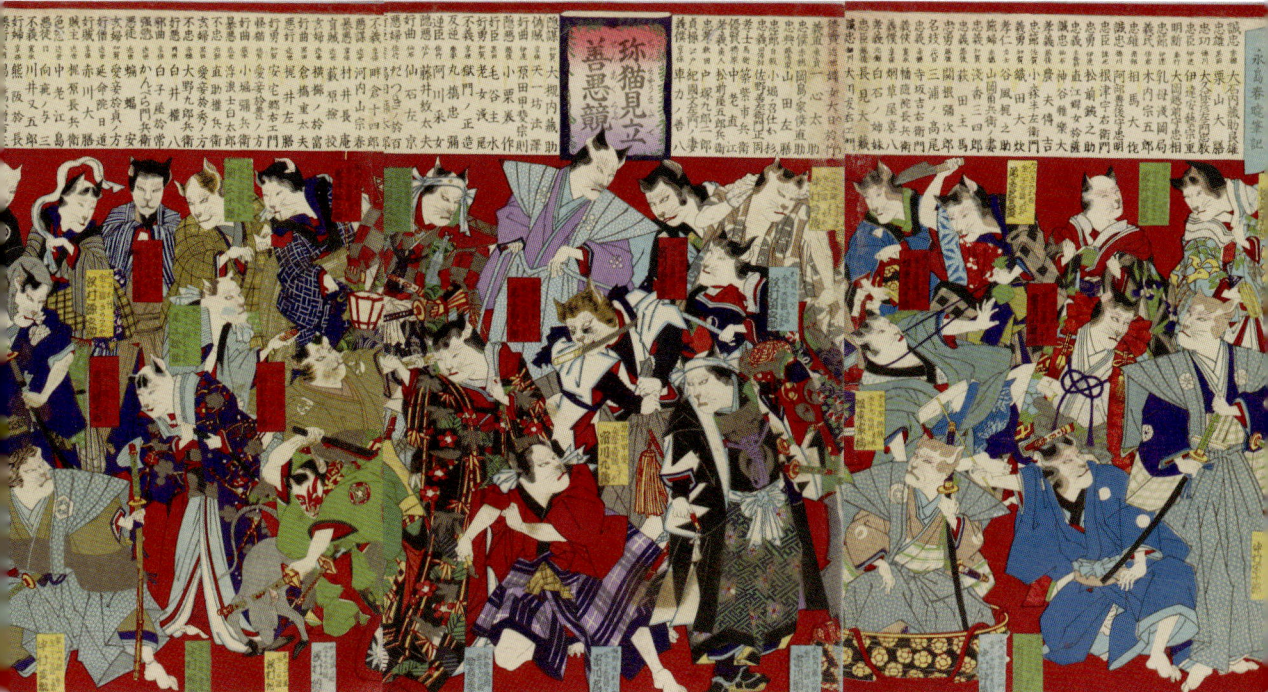

El grabado de arriba se basa en un *banzuke,* una tabla de clasificaciones en la que se registraba el estatus de actores, prostitutas, luchadores de sumo, restaurantes y, prácticamente, cualquier cosa que se pudiera ofrecer en el mundo flotante. En el título aparece un juego de palabras –el segundo carácter de la palabra *chinmyō,* 'extraño' o 'fantástico' en español, se ha sustituido por el carácter de gato–. El artista Kunichika representó a los mejores actores del momento como un montón de gatos antropomórficos (y una rata), cada uno interpretando el papel de un guerrero de la escena *kabuki.* Las cartelas rectangulares identifican a cada actor con su personaje y sus respectivos honorarios.

El listado de arriba, que recuerda a un pergamino desplegado conocido como los «registros de Nagashima Shungyō», incluye una lista extensa de nombres de personajes, cada uno identificado por sus rasgos, que van desde leal hasta malvado, y la región con la que están asociados.

Toyohara Kunichika (1835-1900). *Una fantástica comparación paródica entre el bien y el mal, 1884. Publicado por Fukuda Tamotsu. Tríptico de xilografías, tinta y color sobre papel. Cada página aprox. 36 x 24,5 cm. Museo del Teatro Conmemorativo de Tsubouchi, Universidad de Waseda.*

Gatos en la escuela, gatos en la bañera y «acromiaucias»

Como parte de sus políticas de «civilización e iluminación», que tenían el objetivo de modernizar Japón con base en las pautas occidentales, el gobierno Meiji japonés introdujo en 1872 el acceso universal a la educación. Este grabado, que representa una encantadora escena en la escuela, es una obra de dicho periodo. En la parte de abajo, los estudiantes felinos atraviesan las puertas de hierro de la escuela y juegan en el patio antes de que comience la hora de estudiar, que aparece representada en los dos niveles superiores. Los pupilos están divididos por género: los hombres, en el piso superior, parecen absortos en su lección de geografía, mientras que debajo de ellos están las mujeres, que probablemente estén aprendiendo cómo se dicen en inglés los objetos que aparecen en el gráfico de la pared. De acuerdo con las modas características de la época, los alumnos visten una mezcla de ropa japonesa y occidental, como pantalones, chaquetas y gorros, y uno de los que llegan más tarde lleva un paraguas de seda. Muchas de las alumnas lucen un *hakama,* un tipo de falda bifurcada que se lleva sobre el kimono. El *hakama*, prenda adaptada de la moda masculina, permitía una libertad de movimiento visiblemente mayor que el *kimono* solo, y fue adoptado en la era Meiji como uniforme para alumnas y profesoras.

Acudir a los baños públicos formaba parte de la vida social y del bienestar de la sociedad japonesa moderna temprana. Incluso en la actualidad, el baño comunal, ya sea en la casa de baños del barrio o en un hospedaje de montaña, sigue siendo una forma popular de relajación y recreo. Los gatos, famosos por sus hábitos escrupulosos en cuanto a limpieza y su aversión por el agua, ciertamente no necesitan de fuentes

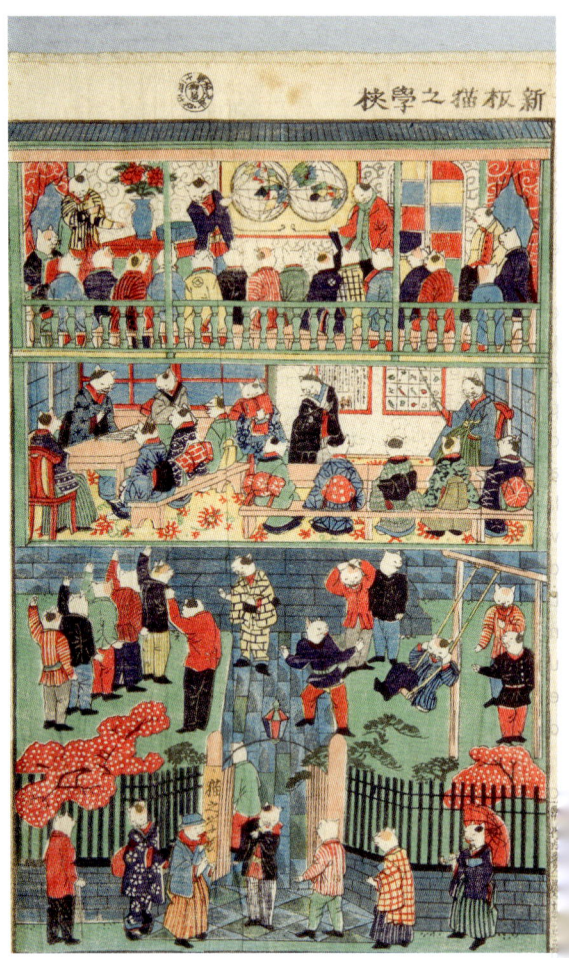

Utagawa Kunisada III (Kunimasa IV). *Nueva edición: escuela para gatos, 1876. Xilografía, tinta y color sobre papel, 3 x 23,3 cm. Museo de Arte de Honolulu, obsequio de Oliver Statler, 2003.*

termales; ahí radica el humor de una gran variedad de grabados protagonizados por felinos disfrutando de las casas de baños, y que fueron publicados numerosas veces en las décadas de 1880 y 1890.

En la imagen de Yoshifuji, hay un *noren* azul, una cortina que se coloca en la entrada, que anuncia el nombre de Matatabi-yu –el *matatabi* es el tallo seco de la *Actinidia polygama,* una planta que, al igual que la hierba gatera, provoca un estado de euforia en los felinos, mientras que yu significa 'agua caliente'–. En el diseño del *noren* aparecen una cadena de cascabeles y un manojo de la embriagadora hierba. Una madre y una hija felinas, vestidas con kimono, y recién salidas del baño, observan, distraídas, un puesto a las puertas de la casa de baños. Dentro del baño, gatos jóvenes y ancianos se frotan a sí mismos con toallas, se vierten cubos con agua caliente los unos a los otros y se sumergen en la bañera. Uno de los empleados de la casa de baños frota con vigor la espalda de un cliente.

En el dorso de la página hay diversos artistas callejeros representados como gatos calicós: acróbatas y saltimbanquis, bailarines con abanicos y juglares, percusionistas de tambores y músicos de *shamisen,* gatos que soplan burbujas y vendedores de mariposas elaboradas con papel y bambú. Entre el público se intercalan madres y padres con sus hijos.

Utagawa Yoshifuji (1828-1887). *Recién publicado: aguas termales para gatos, 1888. Publicado por Ozeki Toyo. Xilografía, tinta y color sobre papel, aprox. 38 x 25 cm. Imagen cedida por cortesía de la Galería Shukado.*

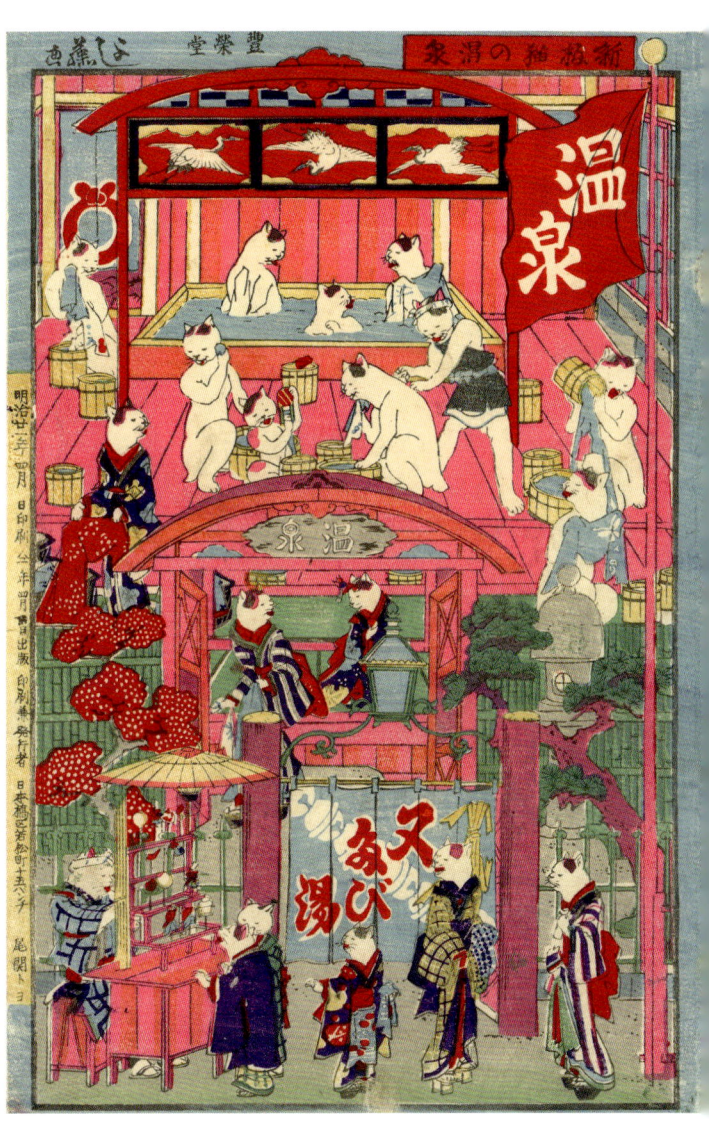

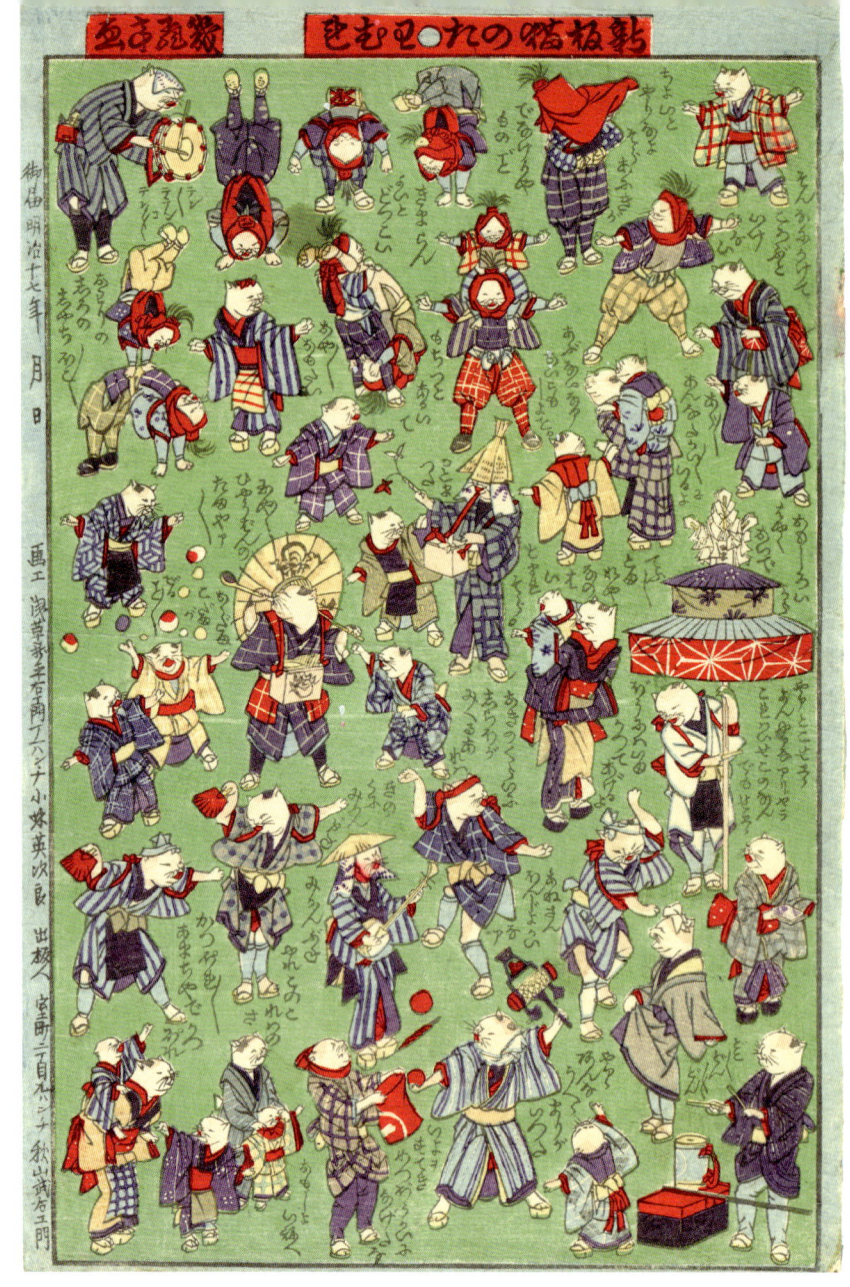

IZQUIERDA. **Kobayashi Ikuhide, activo aproximadamente entre 1880 y 1898.** *Nueva edición: gatos jugando, 1884. Publicado por Akiyama Buemon. Xilografía, tinta y color sobre papel, aproximadamente 36 x 24,5 cm. Imagen cedida por cortesía de la Galería Egenolf.*

PÁGINA SIGUIENTE. **Utagawa Kunimasa V (1848-1920).** *Recién publicado: juegos de ratones, 1882. Xilografía, tinta y color sobre papel, 37 x 25,2 cm. Imagen cedida por cortesía de la Galería Morimiya.*

Juegos del gato y del ratón

En esta imagen se representa a una amplia familia de ratones realizando travesuras y actos heroicos. En la cuadrícula inferior, un grupo de ratones ofrece sustento a uno de sus compañeros, que está atrapado en una jaula metálica. Asimismo, una ratona, probablemente la esposa del prisionero, se seca las lágrimas con una manga, mientras lleva a su pequeño metido en el interior de la parte trasera de su kimono.

En la cuadrícula del centro, unos ratones gastan bromas a un gato anciano, cuyas gafas cuelgan de una de sus orejas mientras duerme. Uno expulsa ventosidades en la cara del gato, otro le tira de uno de los bigotes y otro está a punto de colocarle una bolsa de papel sobre la cabeza. Un cuarto ratón hace sonar un cascabel sobre la cabeza del gato, mientras que, a la derecha, otros dos roedores están arruinándole la cena.

En la cuadrícula superior ha nacido una camada de ratoncillos. La madre está sentada en el extremo de la derecha, con una manta sobre el regazo. Otras mujeres de la familia bañan a los recién nacidos. Los abuelos entran desde el extremo de la izquierda y levantan sus patas delanteras, llenos de júbilo. Arriba, Daikokuten, el dios de la fortuna y las riquezas, desciende sobre un torbellino de nubes para otorgar sus bendiciones. Daikokuten está asociado con la rata del calendario del zodiaco chino.

La rivalidad ancestral entre los gatos y los ratones aparece reinterpretada como una batalla histórica entre samuráis por el artista Yoshitoshi (página 148), quien, al igual que su maestro Kuniyoshi, se especializó en la temática guerrera.

Aunque los gatos son fuertes y tienen trampas para ratones en su lado, estos son guerreros tácticos y se sirven de

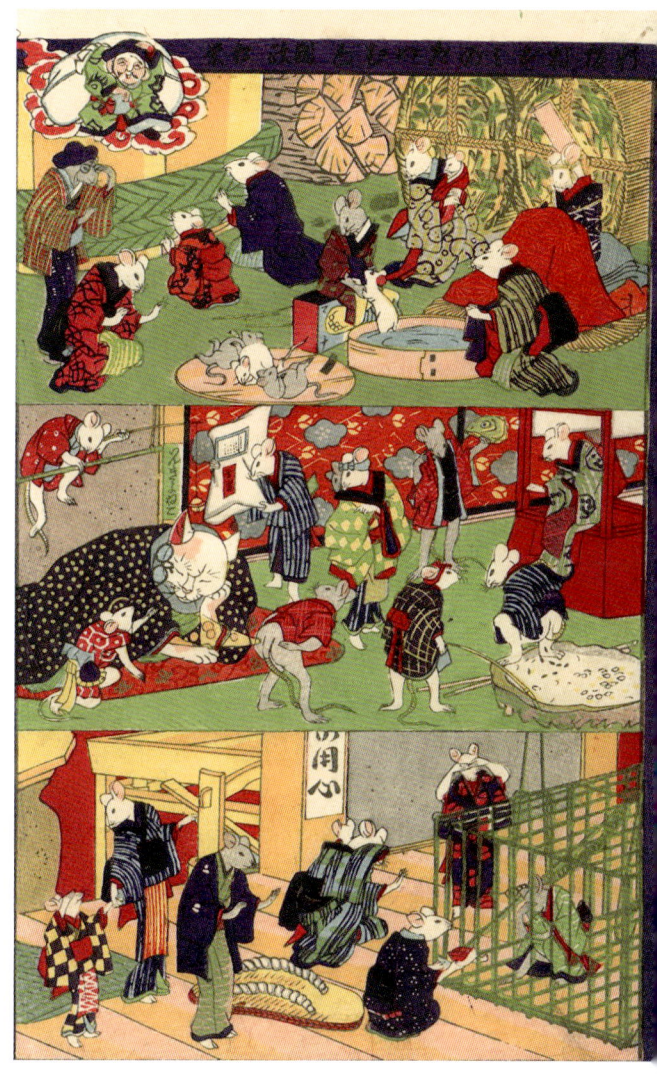

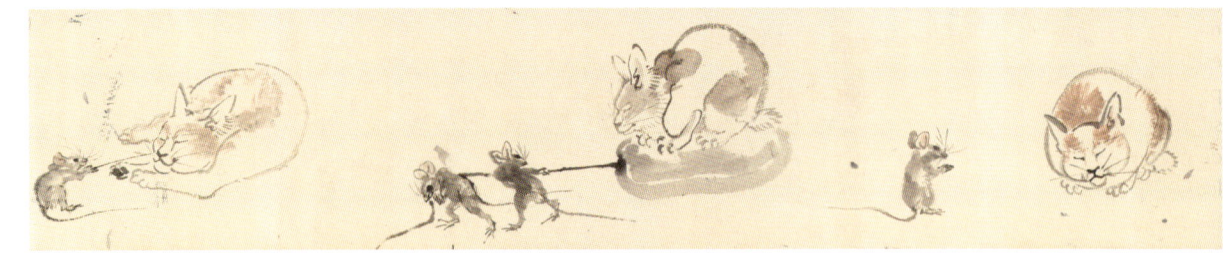

ARRIBA. **Kawanabe Kyōsai (1831-1889).**
*Detalle de figuras y animales haciendo
travesuras, alrededor de 1868-1989.
Pergamino, aguada, 629,9 x 27,6 cm. Museo
Metropolitano de Arte, fondo Fletcher.*

DEBAJO. **Tsukioka Yoshitoshi (1839-1892).** *La
guerra entre gatos y ratones, 1859. Publicado por
Enshūya Hikobei. Conjunto de tres xilografías, tinta y color
sobre papel, cada una aprox. 37,2 x 25,8 cm. Museo de
Bellas Artes de Boston, colección de William Sturgis
Bigelow.*

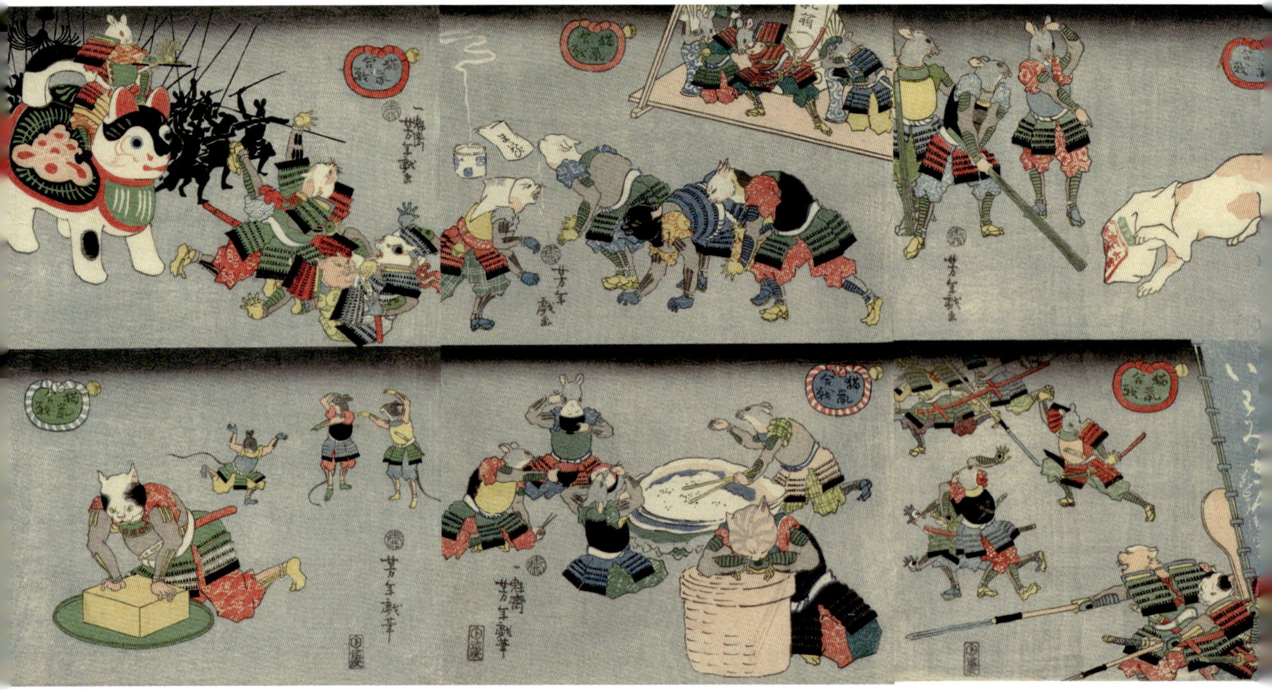

numerosas técnicas: desplegar un perro de papel maché para espantar a los gatos, atrapar sus cabezas en bolsas de papel para dulces, tentarles con el embriagante *matatabi* y saquear sus provisiones (servidas, como es costumbre, en una concha de oreja de mar), mientras el guardia duerme. Las cartelas con los títulos tienen forma de collar de gato.

El pergamino de la izquierda, de Kawanabe Kyōsai, convierte la hostilidad entre gatos y ratones en una crítica social. Una de las viñetas representa a unos ratones transportando, extenuados, a un gato que está posado cómodamente sobre una calabaza. En otra, un ratón con un brillo travieso en los ojos le tira de uno de los bigotes a su enemigo, aprovechando que está dormido. El gato, poderoso y autocomplaciente, ejerce su poder sobre los ratones, pero cuando baja la guardia, sus debilidades son expuestas.

Divertido a la par que terrorífico, el grabado de Yoshifuji, en la derecha, imagina cómo sería un infierno para ratones inspirándose en las visiones budistas japonesas del inframundo. Un rey Enma felino, coronado y vestido como un magistrado chino, arriba en el centro, supervisa sus ardientes dominios. Con su registro de pecados, juzga las almas de los ratones fallecidos y determina qué tipo de castigo deben recibir.

En la cuadrícula inferior, los recién fallecidos llegan a las orillas del río Sanzu, lo que marca su entrada al más allá. A la izquierda, la bruja Datsueba, con rostro de gato, recoge las ropas de los roedores y las pesa sobre la rama de un árbol para determinar la gravedad de sus pecados. A la derecha, unos ratones apilan piedras de río en señal de súplica a Daikokuten, quien representa a la misericordiosa deidad Jizō.

Arriba, los demonios felinos supervisan los diversos tormentos, entre los que se incluyen el terrorífico Caldero del Infierno, en el que los ratones son cocinados vivos; el Infierno de los Grandes Gritos, en el que sus lenguas son extraídas, y el Reino de los Fantasmas Hambrientos, en el cual se los maldice con un hambre insaciable.

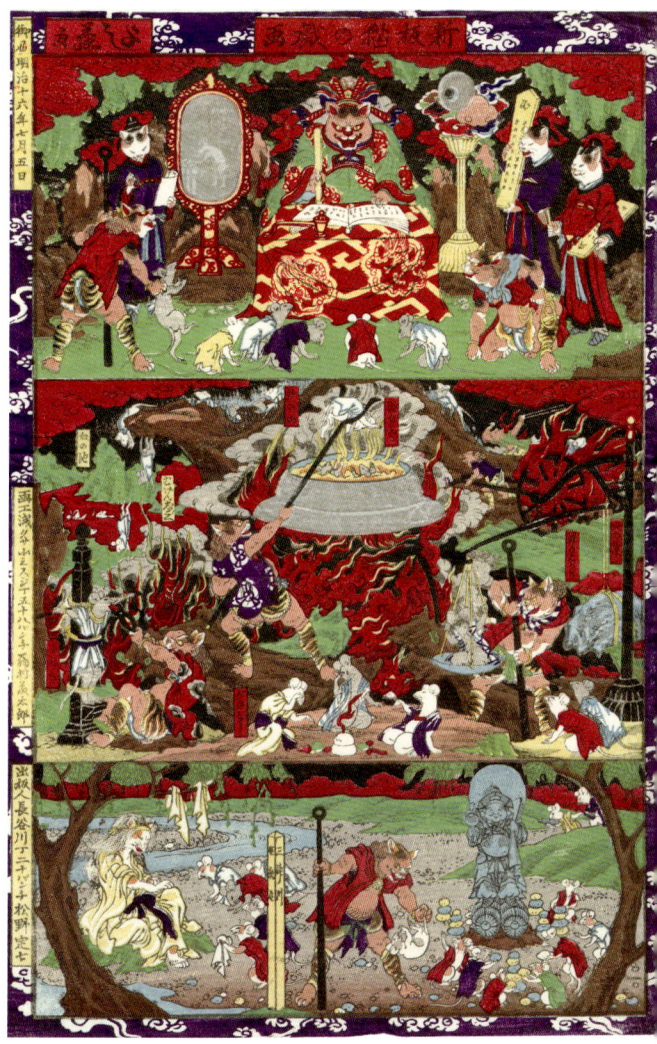

Utagawa Yoshifuji (1828-1887). *Nueva publicación de una historieta de gatos, 1883. Publicado por Matsuno Yonejirō. Xilografía, tinta y color sobre papel. 37,2 x 25 cm. Museo de Bellas Artes de Boston, colección de William Sturgis Bigelow.*

149

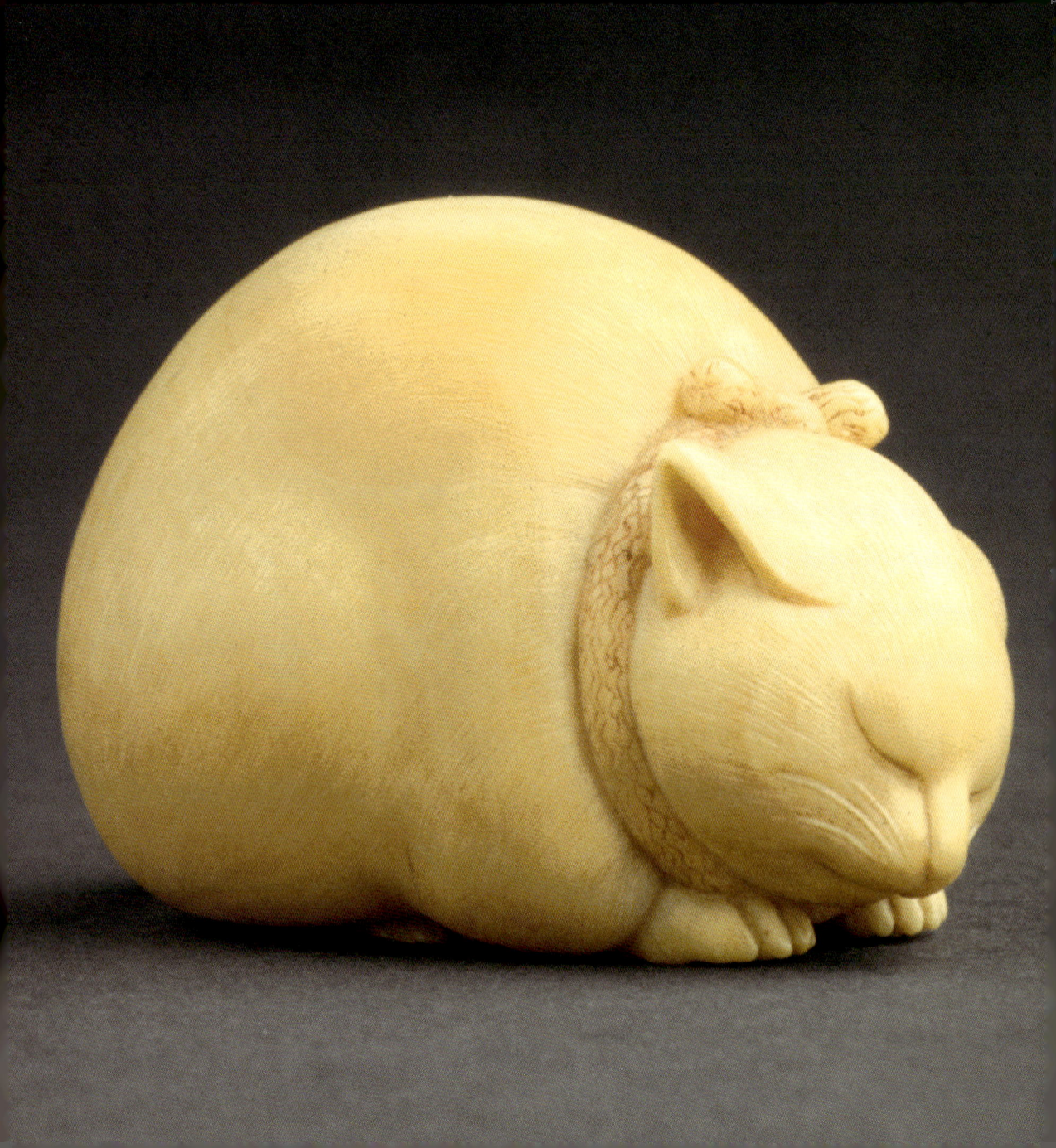

Gatos de filósofos, mascotas de profesores y mininos con mensaje

Simbolismo felino

En la cosmología de Asia oriental, el tigre es el tercer animal del zodiaco, un panteón con doce bestias totémicas que protegen la tierra: la rata, el buey, el tigre, el conejo, el dragón, la serpiente, el caballo, la cabra, el mono, el gallo, el perro y el cerdo. Sin embargo, a excepción de Vietnam, donde el gato se hizo con el lugar del conejo, el típico gato doméstico quedó excluido, según una leyenda, porque se quedó dormido el día en que tuvo lugar la selección. Por otro lado, hay otras leyendas que aseguran que el gato fue el único animal que no lloró la muerte de Buda.

A pesar de este desaire, en Japón el gato tiene un lugar inamovible a la vera del pensamiento filosófico, intelectual y religioso. La imagen del felino se usa para representar ideas complejas en los puntos más importantes de la historia de Japón, además de servir como agente de la iluminación en los textos budistas y protagonizar fábulas populares. Estos animalillos tan simpáticos suponen un apoyo narrativo muy atractivo, imparten enseñanzas de valor moral, aclaran los sinsentidos de los seres humanos, ponen en duda las verdades aceptadas e invitan a la meditación.

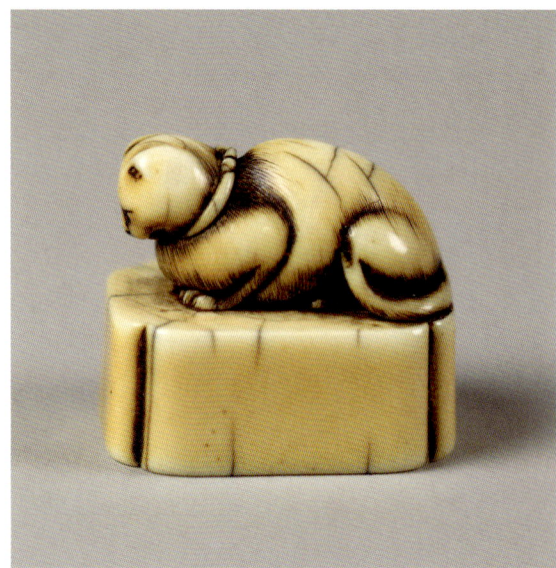

Capítulo ocho

152

DERECHA. **Ōgaki Shōkun (1865-1937).** *Bandeja con gato dormido sobre el Sutra del loto (detalle).*

IZQUIERDA. **Netsuke de gato con base en forma de sello, mediados o finales del siglo XIX.** *Marfil, pequeña mancha marrón, 2,5 cm x 3,2 cm. Museo Metropolitano de Arte, colección de Edward C. Moore, donativo de Edward C. Moore, 1891.*

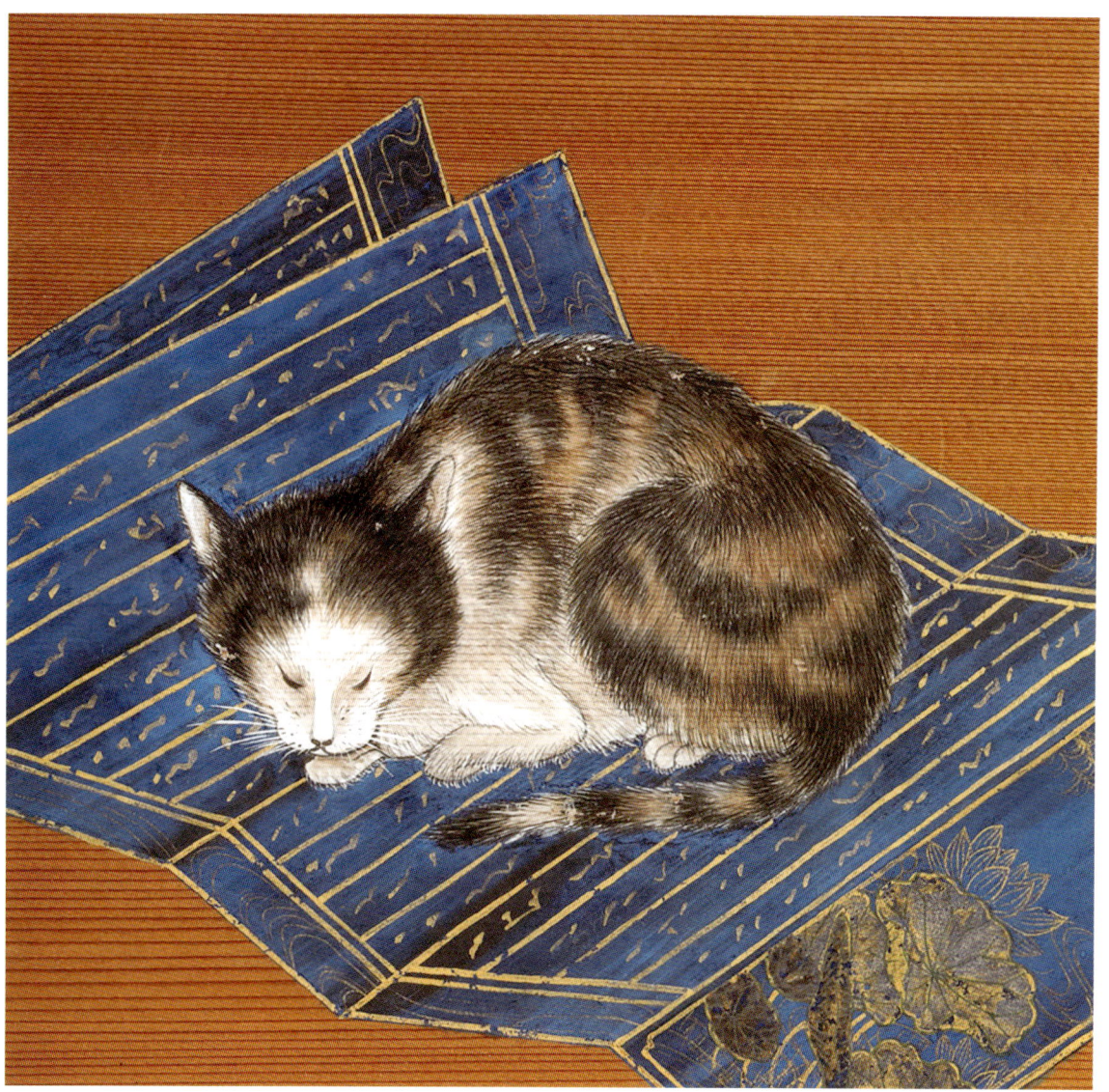

153

Gatos durmientes

Entre los felinos más famosos de Japón, se halla una escultura tallada en madera muy realista de un gato dormido, o *nemuri neko,* que se creó a principios del siglo XVII. Esta escultura forma parte de las elaboradas tallas arquitectónicas de Tōshōgu, el mausoleo del primer sogún, Tokugawa Ieyasu, que se encuentra en la ciudad de Nikkō, en la prefectura de Tochigi, al norte de Tokio. Esta escultura, declarada tesoro nacional de Japón, consiste en un gato de 20 centímetros de longitud, rodeado de peonías rojas y rosas. Asimismo, el reverso de la escultura tiene tallada una pareja de gorriones. Hay quien dice que el gato dormido simboliza la paz, pues los pájaros están revoloteando libremente, aunque también podría servir como protección contra las ratas y otras desgracias.

Esta escultura se atribuye al artista apócrifo Hidari Jingorō. Según la leyenda, Jingorō perdió su mano derecha, pero o bien era zurdo o bien tenía un talento prodigioso, ya que su lesión no afectó a su producción creativa. Como dato curioso, su nombre, *hidari,* significa 'izquierda'. El artista fue todo un héroe del pueblo durante el periodo Edo, y su vida y su legado se han magnificado y romantizado en los argumentos de las obras de teatro kabuki, en la ficción popular y en la pintura *ukiyo-e.* Un tríptico de Kuniyoshi representa al artista rodeado por multitud de vívidas creaciones suyas: deidades bodhisattvas y monjes taoístas y budistas, máscaras de *tengu,* bestias mitológicas, y un fantasma. Se cree que las esculturas son retratos de estrellas del teatro kabuki, disfrazadas juguetonamente para saltarse las leyes de la reforma Tenpō que prohibían su representación. También se sospecha que Kuniyoshi se incluyó a sí mismo en la escena, en el papel de Jingorō, pues

este mostraba ciertos atributos muy asociados a Kuniyoshi: una chaqueta *haori* decorada con escenas del infierno, el emblema de la familia bordado en su túnica y en su cojín, y la compañía de un gatito que se está aseando al lado del artista. Este último es una referencia a la famosa escultura de Jingorō, pero también a la reconocida pasión por los felinos de Kuniyoshi.

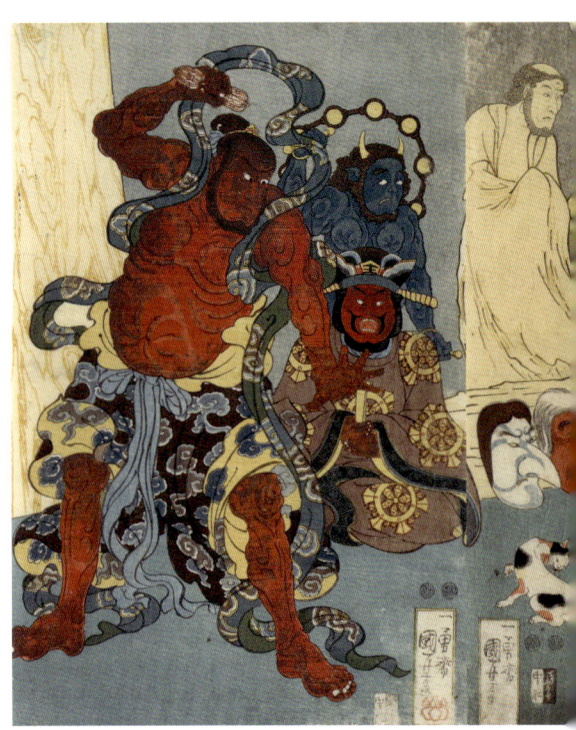

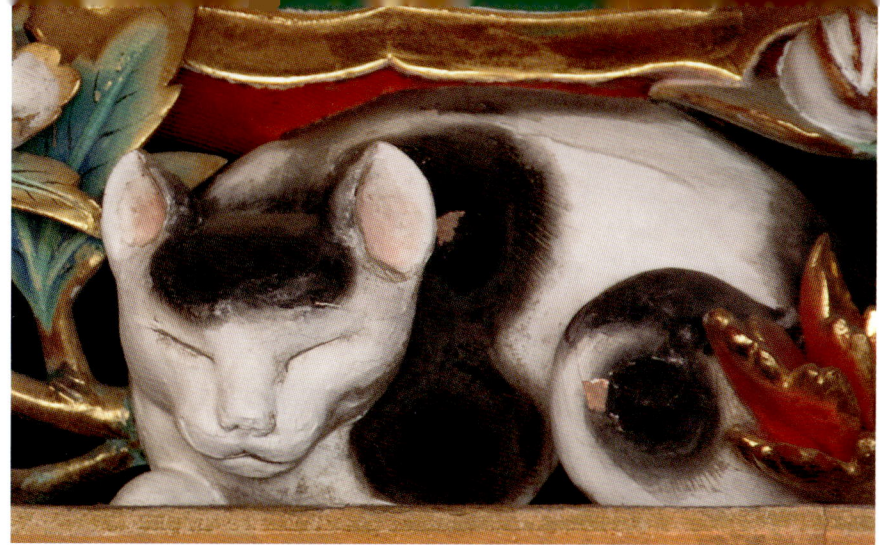

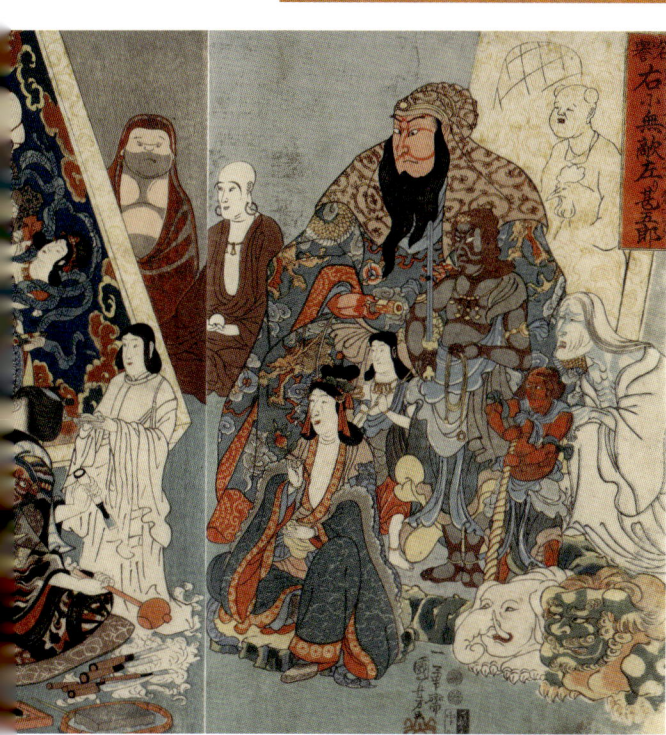

ARRIBA. **Gato durmiente, alrededor de 1634, Tōshōgu, Nikkō.**

IZQUIERDA. **Utagawa Kuniyoshi (1798-1861).** *El reconocido e incomparable Hidari Jingorō, alrededor de 1848. Publicado por Ebisuya Shōshichi. Tríptico de xilografías, tinta y color sobre papel, 36,6 x 73,4 cm. Biblioteca del Congreso, Washington D. C.*

«Bien dormido, el gato yace como si estuviera entre los profundos brotes de las peonías. ¡Quizá esté soñando que es una mariposa!».

—Traducción John T. Carpenter

Tan tranquilo como un Buda, duerme un gato bien alimentado. La simetría de su forma robusta solo queda manchada por la punta de su cola delgada, que apoya sobre sus patas delanteras. Las patas traseras, por otra parte, sobresalen como si de un segundo par de orejas se tratara, dándole un aspecto casi cómico. El artista añadió unas franjas con tinta diluida y un pincel húmedo. A la izquierda, aparece el poema ya mencionado, creado por el propio artista.

Este poema hace referencia a un famoso pasaje de *Zhuangzi*, un texto filosófico atribuido al filósofo taoísta Zhuang Zhou (alrededor de 369-286 a. C.), en el que el narrador sueña con ser una mariposa. El sueño es tan convincente que, al despertar, no tiene muy claro si es un hombre que soñaba con ser una mariposa o una mariposa que sueña con ser un hombre. En lugar de plasmar al filósofo, el artista Hōzōbō Shinkai, que era un monje budista, hace alusión a dicha historia a través de la imagen, mucho más encantadora, de un gato durmiendo.

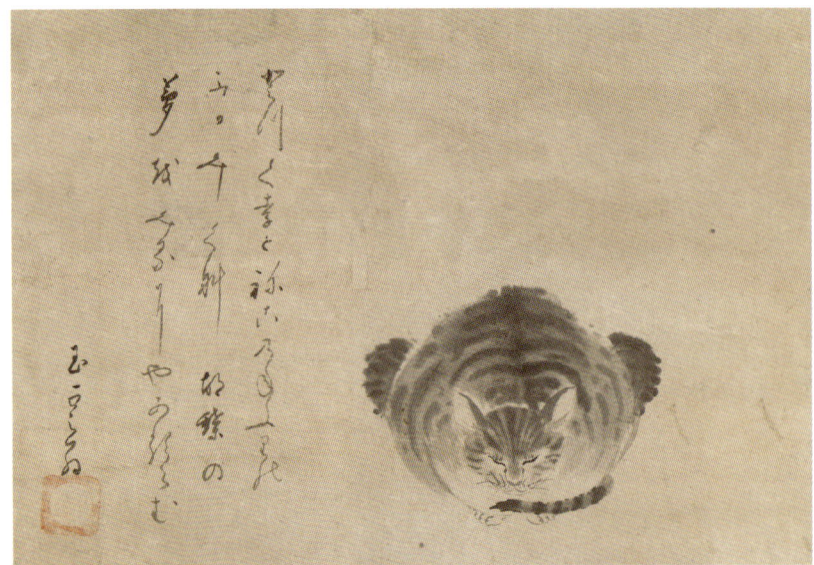

Hōzōbō Shinkai (1626-1688). Gato soñando, mediados del siglo XVII.
Pergamino japonés, tinta sobre papel, 27,9 x 40,6 cm (imagen). Museo Metropolitano de Arte, obsequio de Sue Cassidy Clark, en honor a John T. Carpenter, 2019.

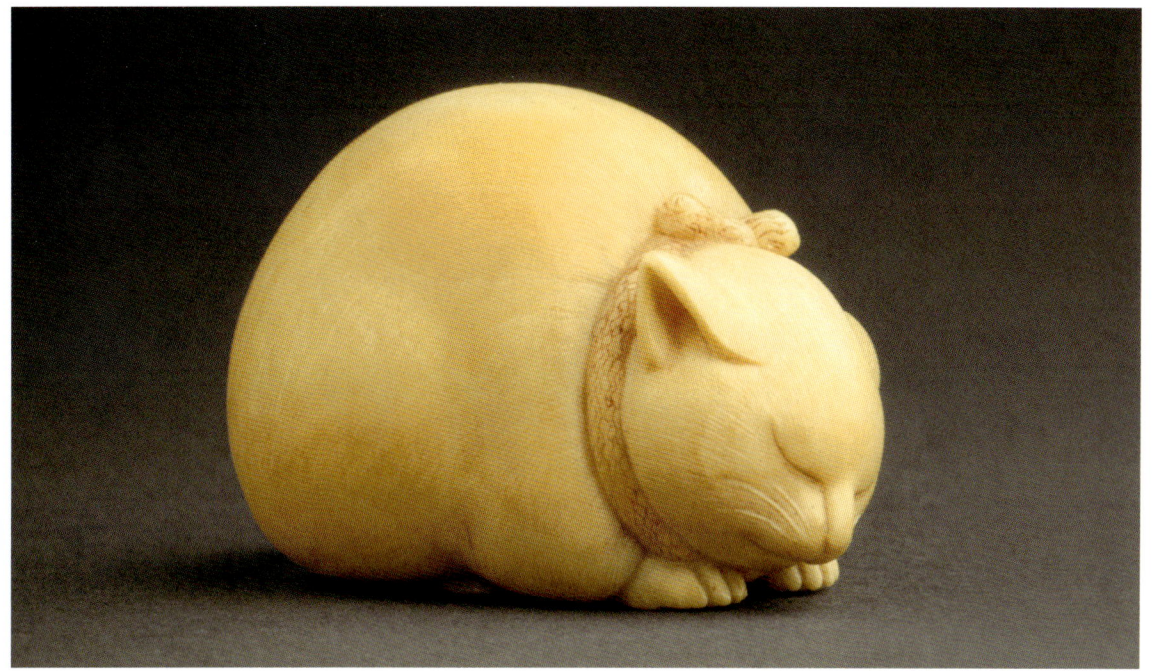

El *netsuke* **es una pequeña** pieza que servía como tope de un cordón con el que se podía colgar el monedero o el estuche del *obi*, un fajín que se lleva por encima del kimono. Antes de la adopción del código de vestimenta occidental, un *netsuke* bonito era el complemento esencial de cualquier caballero bien vestido. Los *netsuke* se elaboraban a partir de elementos naturales, como calabazas secas, o bien podían ser tallas de madera en miniatura, cuyos ejemplares mejor elaborados son auténticas obras de arte. El artista osaqueño Kaigyokusai, especializado en animales, transformó un bloque duro de marfil en un gato rechoncho quedándose dormido.

Su textura se asemeja a una auténtica mata de pelo, y su contorno redondeado le otorga un aspecto suave y blandito. Sin embargo, el ángulo de las orejas deja entrever que el gato aún no ha caído presa del sueño, así que los ratones deben andarse con ojo.

Kaigyokusai (Masatsugu) (1813-1892). *Gato durmiendo, de mediados a finales del siglo XIX. Marfil con sumi, pigmento rojo, 4,1 x 2,8 x 2,5 cm. Museo de Arte del Condado de Los Ángeles, colección de Raymond y Frances Bushell.*

Esta *tsuba*, o 'guarda de la espada', tiene la encantadora forma de un gato acurrucado, casi perfectamente circular. La *tsuba* se solía colocar en la base del mango de la espada y servía para proteger la mano del espadachín y para equilibrar la hoja. Durante la estabilidad relativa que reinó durante el periodo Edo, los miembros de la clase samurái, la aristocracia guerrera de Japón, solían portar la espada como símbolo de su estatus, aunque no tuvieran muchas oportunidades de esgrimirla en combate. Los diseños empezaron a ser cada vez más ornamentales y se adornaban con suaves aleaciones y metales preciosos. Al igual que sucedía con los *netsuke*, las armas se coleccionaban y se lucían como una forma de expresión de los gustos personales y del estatus de cada uno, se ofrecían como obsequio y se conservaban como una valiosa reliquia familiar. En esta pieza, el collar y los bigotes del felino resplandecen en contraste con la base de hierro ligeramente pintada. Los ojos del gato, cerrados o muy ligeramente abiertos, dejan entrever que esta temática tan caprichosa podría esconder un mensaje de alerta durante el periodo de paz que se estaba viviendo.

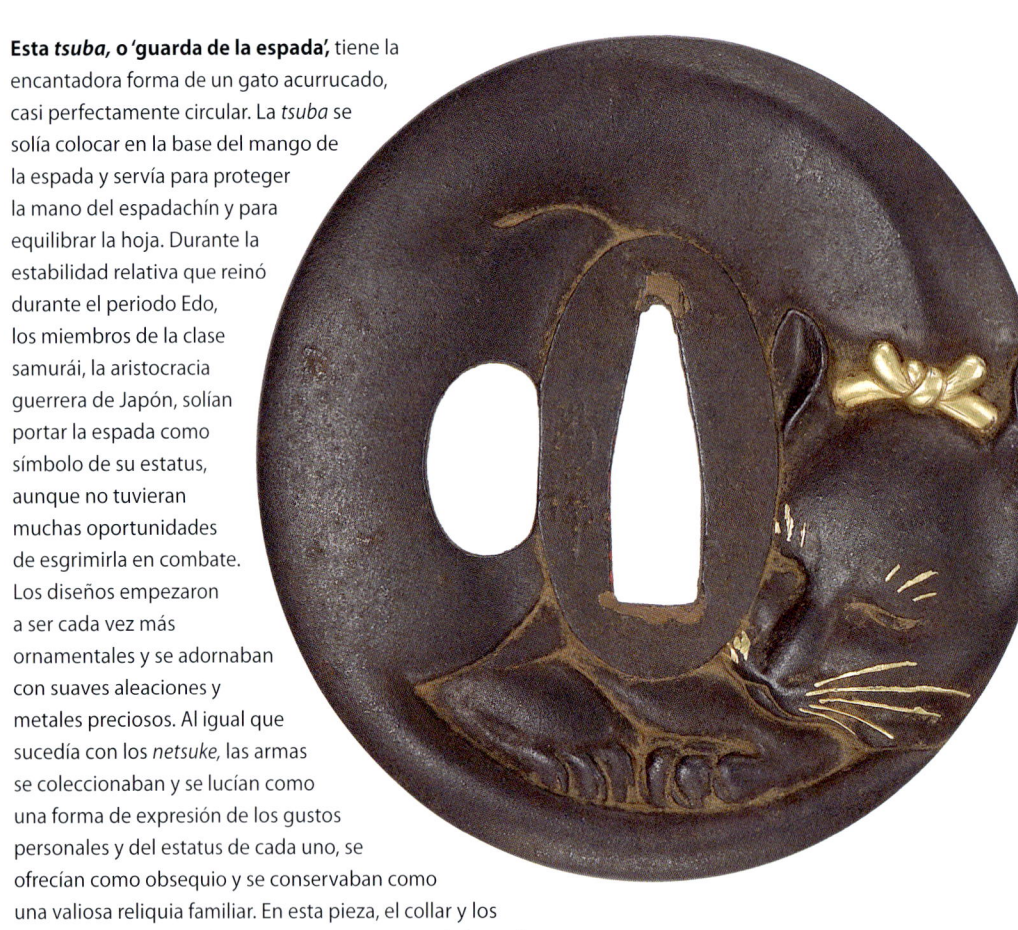

Tsuba con forma de gato durmiente, de mediados a finales del siglo XIX. *Hierro, oro, shakudō, cobre, sekigane, 7,7 x 7,5 x 0,8 cm. Museo de Bellas Artes de Boston, colección de William Sturgis Bigelow.*

Los adornos de porcelana a tamaño real, *okimono,* de gatos dormidos se empezaron a producir en masa para su exportación a Occidente, a finales del siglo XIX y principios del siglo XX. Este ejemplo destaca por el modelado naturalista del cuerpo y los delicados detalles a pincel de los rasgos faciales del gato, sus bigotes y su pelaje. El collar rojo y turquesa, aplicado mediante esmaltado, le añade una chispa de color.

Esta obra de arte es un ejemplo del renacer de las cerámicas de Kutani. El centro de cerámica de Kutani, en la provincia de Kaga (la actual prefectura de Ishikawa), se consolidó en el año 1656 bajo el mecenazgo del clan Maeda, que gobernaba por aquel entonces. Las porcelanas de Kutani, que estaban esmaltadas con reconocibles combinaciones de tonos rojos, amarillos, verdes, azules y morados, se producían en cantidades bastante reducidas para las élites locales. Sus hornos solo permanecieron activos durante unas pocas décadas, antes de su declive y posterior cierre a principios del siglo XVIII. En el año 1804, se reabrieron los hornos y la producción se descentralizó. Con la intensificación del comercio internacional desde mediados del siglo XIX, las cerámicas de Kutani empezaron a producirse a escala industrial.

Gato durmiendo; finales del siglo XIX-siglo XX. *Porcelana con esmalte, 10,2 x 24,1 x 17 cm. Museo de Arte John y Mable Ringling, donativo de John Ringling, 1936.*

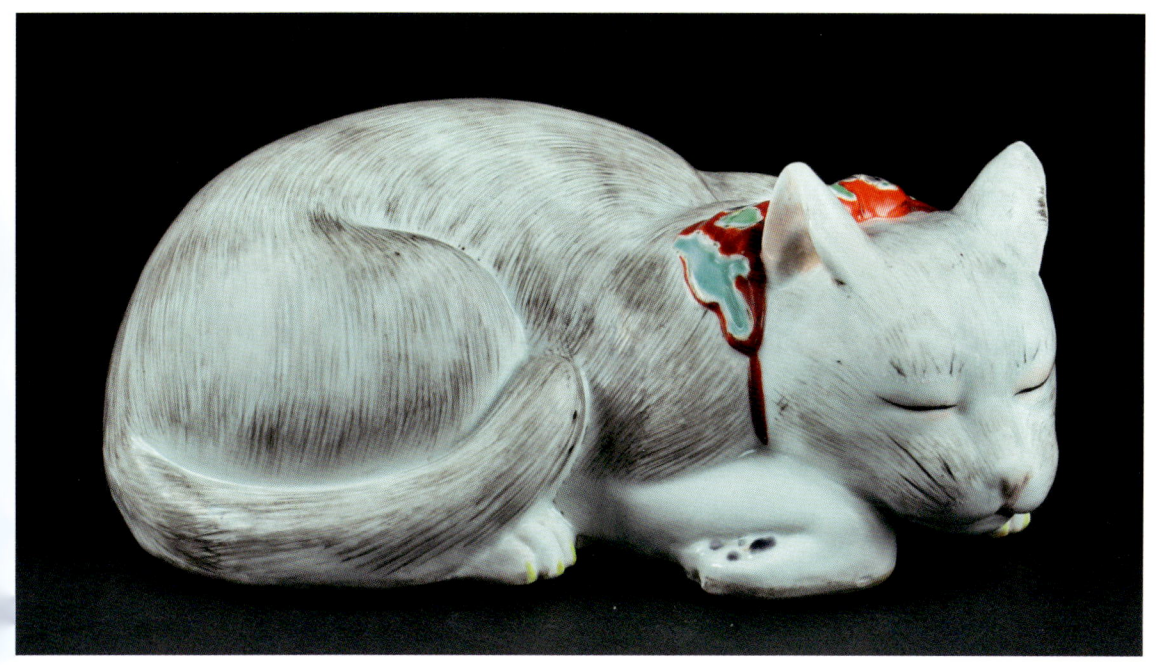

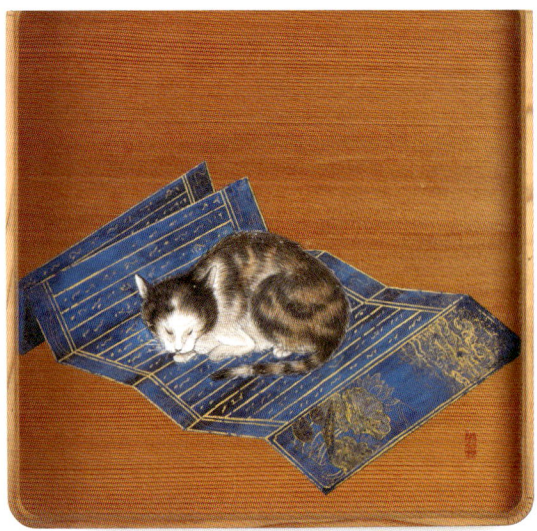

Cualquiera que haya tenido la suerte de compartir su hogar con un gato ha podido observar que estos compañeros peludos sienten un deseo irreprimible de sentarse o tumbarse sobre el periódico, el teclado del ordenador, la ropa doblada o cualquier otra cosa que pueda robarles la atención de sus humanos. Esta bandeja de madera, pintada con un diseño de un gatito tricolor flacucho que duerme sobre un hermoso manuscrito de un Sutra del loto, uno de los textos canónicos del budismo *mahāyāna*, demuestra que el comportamiento felino no ha cambiado mucho en los últimos cien años.

Las élites y los templos más pudientes pedían copias de lujo de los sutras para conseguir más favor espiritual. Los practicantes acumulaban méritos cantando sus sutras o pagando a los monjes para que los cantaran en su lugar. ¿Es posible que el gato de Shōkun represente a un humano devoto que se ha quedado dormido durante sus prácticas? ¿O acaso es el reflejo de uno de los mensajes clave del Sutra del loto, según el cual cualquier ser sintiente, aunque unos de forma más intuitiva que otros, puede alcanzar la iluminación?

Al yuxtaponer el gatito escuálido y el valioso sutra, el artista parece plantearse si la virtud yace más en la piedad o en la compasión, y se burla de la dependencia que el ser humano tiene de los bienes materiales.

Ōgaki Shōkun fue un artista y diseñador especializado en lacado, de la ciudad de Kanazawa, centro de producción de esta disciplina. Tras su formación con Takata Mosaburō (1836-1902), formó su propio estudio en 1892. Asimismo, fue galardonado en exposiciones tanto nacionales como internacionales gracias a sus delicadas creaciones lacadas. Esta bandeja, con el veteado a la vista, es una pieza bastante inusual dentro de su catálogo.

Ōgaki Shōkun (1865-1937). *Bandeja con gato durmiendo sobre el Sutra del loto, alrededor de la década de 1920. Tinta, pigmentos de oro y color sobre madera de hinoki, 28 x 28 x 3 cm. Museo de Arte John y Mable Ringling, compra del museo, 2021.*

Esta caja brillante es una adaptación de una temática y un medio tradicionales a la era de las máquinas, y traslada la forma compacta de un felino en reposo al lenguaje del diseño moderno. La laca y el polímero natural derivado de la savia del árbol *Toxicodendron vernicifluum* se han utilizado, desde tiempos ancestrales, para hacer artículos de uso diario y ceremonial. El color intenso de esta caja felina se ha conseguido tras la aplicación de múltiples capas de laca clara con cinabrio, y su pulido durante el endurecimiento. Asimismo, las rendijas de los ojos del gato están acentuadas con oro.

Ban'ura Shōgo nació y se formó en la prefectura de Ishikawa, famosa por su producción de lacas. Alrededor del año 1925 se mudó a Kioto, donde instauró su estudio. Fue un participante activo en las exposiciones oficiales patrocinadas por el Estado, y su contribución a la modernización del lacado fue reconocida con multitud de galardones, incluyendo un premio honorario en la Exposition Internationale des Arts et Techniques dans la Vie Moderne de París de 1937, y otro de la Orden del Sol Naciente en 1981.

Ban'ura Shōgo (1901-1982). *Caja felina, alrededor de la década de 1930. Laca seca sobre tela, 17,1 x 30,5 x 18,4 cm. Colección de Robert y Mary Levenson.*

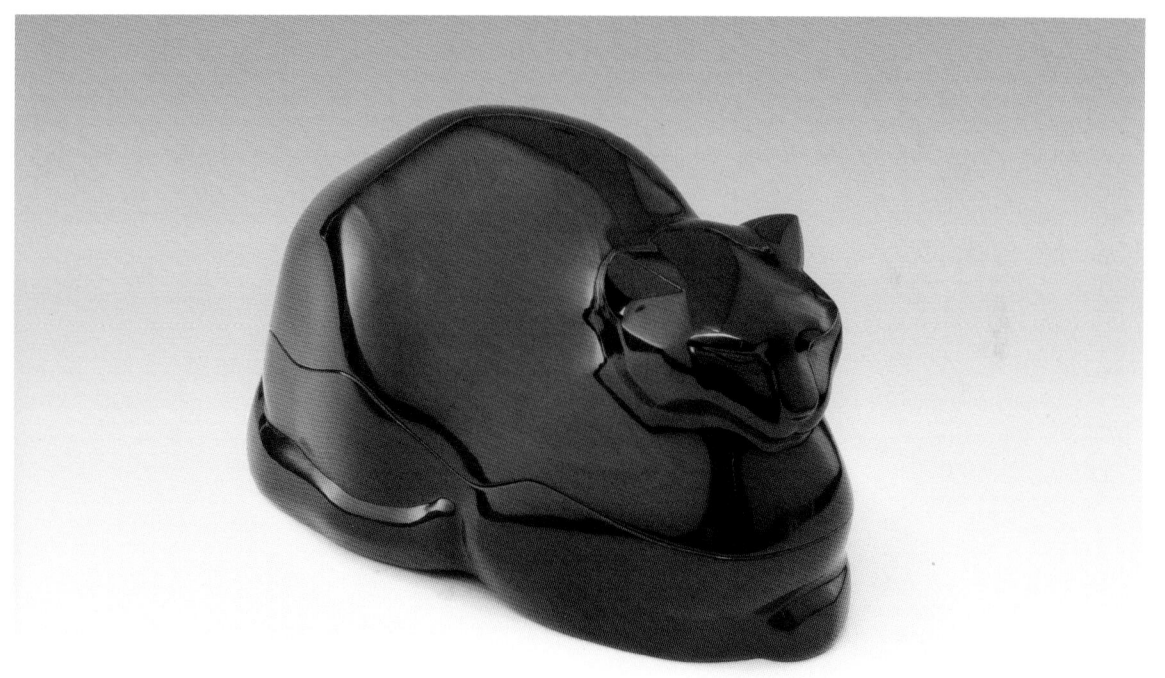

El maestro Nansen mata al gato

«Dos monjes se encontraban riñendo por un gato. Entonces, el maestro Nansen llegó y agarró al gato proclamando: "Si sois capaces de darme una respuesta, perdonaré la vida del gato. Si no, lo partiré por la mitad". Los monjes permanecieron en silencio, así que Nansen mató al gato. Esa misma noche, cuando Jōshū regresó, Nansen le contó lo que había sucedido. Jōshū se quitó las sandalias, se las puso en la cabeza y se marchó. Nansen dijo: "Si hubieras estado ahí, podría haberle perdonado la vida"».

Este famoso *kōan*, recogido por el monje zen chino, Wumen Huikai (en japonés, Mumon Ekai, 1183-1260), en su recopilación *La puerta sin puerta,* lleva siendo fruto de consternación para budistas, amantes de los animales y cualquiera con un cerebro racional, desde hace siglos. Y por ello se han propuesto muchas interpretaciones acerca de su significado.

Sin embargo, hubo muchos artistas que parecieron no sentirse incómodos con la historia, e incluso le vieron un lado divertido. El monje y también pintor Shōkei se imaginó a Nansen, con los ojos fuera de sí y mordiéndose el labio inferior, lleno de determinación, sosteniendo en el aire a su víctima, de forma teatral. El gato, pintado de manera delicada y con pinceladas finas, mira inquieto al sacerdote. El Nansen de Sozan Genkyō se muestra frío e impasible, dirigiendo una ceja arqueada hacia los monjes, mientras el pobre gato pende de su cola. Asimismo, la xilografía de Shibata Zeshin representa a Nansen agarrando del cuello al gato, listo para hundir la espada en sus carnes blandas, mientras el animal observa con horror su cruel destino.

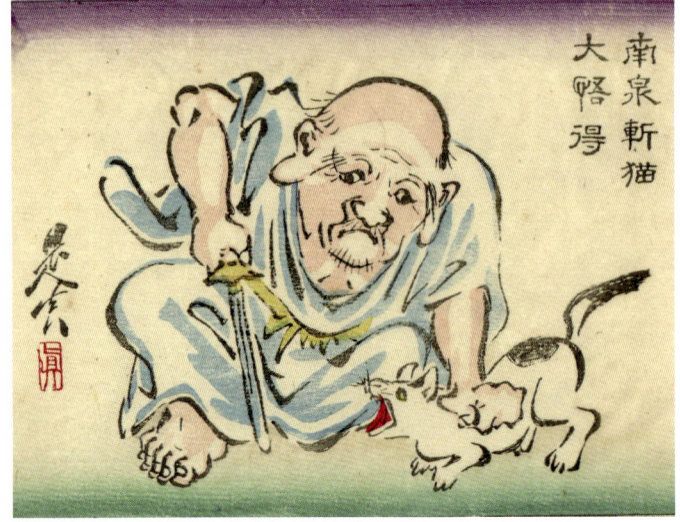

IZQUIERDA. **Shibata Zeshin (1807-1891).** *Nansen mata al gato y provoca la iluminación, 1878. Detalle de una hoja harimaze de Zeshin, Utagawa Hiroshige III (1842-1894), y Matsukawa Hanzan (1818-1882). Publicado por Mizuno Keijirō. Xilografía, tinta y color sobre papel, 36 x 24 cm. Imagen cortesía de la Galería Shukado.*

DERECHA. **Shōkei, siglo XV.** *El honorable Nansen mata a un gato, 1495. Pergamino japonés, tinta y color ligero sobre papel, 83 x 40 cm. Museo Rietberg, obsequio de Julius Meuller, © Museum Rietberg, Zúrich, fotografía de Rainer Wolfsberger.*

EXTREMO DERECHO. **Sozan Genkyō (1799-1868).** *Monje Nansen, mediados del siglo XIX. Pergamino japonés, tinta y color ligero sobre papel, 106 x 27,1 cm. Museo de Israel, obsequio de la colección de Gitter-Yelen.*

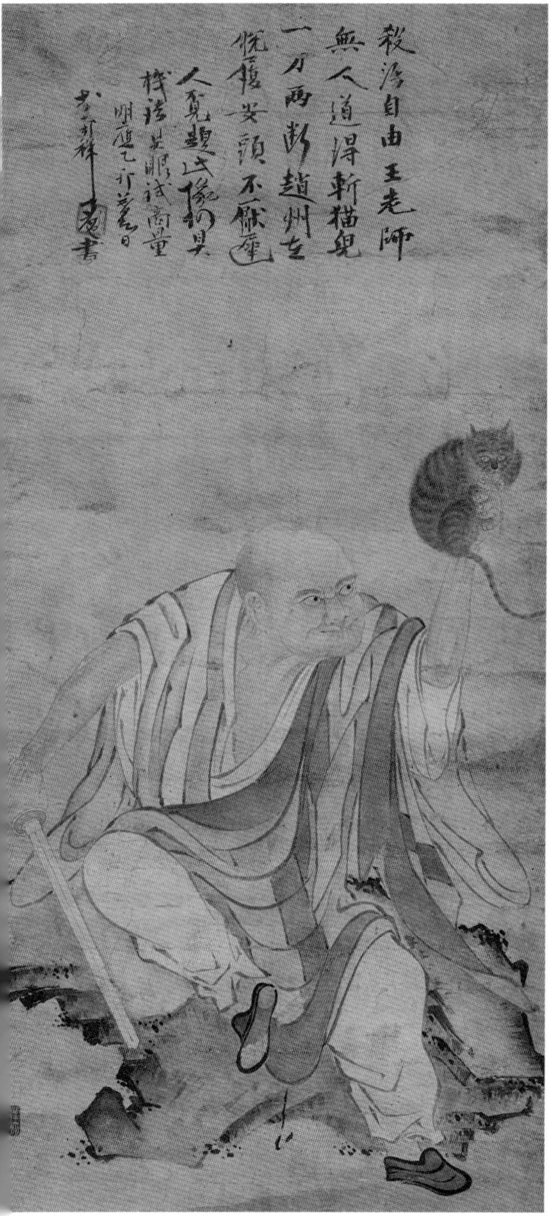

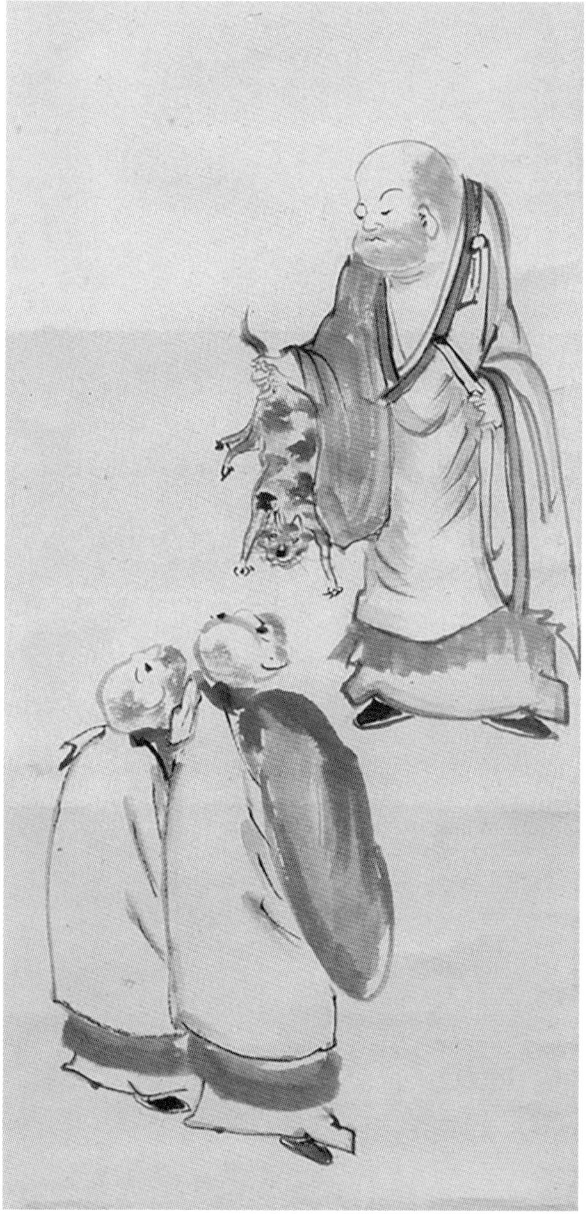

Pinturas tradicionales Õtsu-e

La relación entre gatos y ratones ha inspirado muchas fábulas sobre la ignorancia del ser humano. En la primera de las dos pinturas Õtsu-e, un ratón, se bebe de golpe un plato de sake, mientras su compañero felino, con los ojos bien puestos en él, le ofrece una guindilla roja picante para darle aún más sed. La causa directa de la embriaguez del ratón aparece en primer plano: un decantador hecho con una calabaza hueca.

Las inscripciones reiteran la moraleja del dibujo: si con ingenuidad olvidas cuidarte, atraerás la calamidad. De todos modos, para rebajar la dureza de la lección, en el cuarto verso se hace un juego de palabras entre la palabra nada y la onomatopeya japonesa para *miau: nyan*.

«No solo presa del engaño, [el ratón]

danza con alegría para luego ser capturado.

La mente insensata, que piensa que no tiene "nyan-da"

que temer, abotarga el cuerpo.

Un sabio dijo que, igual que el ratón fue destruido por el gato,

agasajar a los superiores es buscarse el desastre.

Sin ser consciente de que el gato que le está llenando el plato de sake

piensa acabar con su vida,

el ratón bebe, glu, glu, glu.

Quienes no escuchan las lecciones de los sabios,

tarde o temprano acabarán en la ruina».

El Õtsu-e es un tipo de pintura popular que data de principios del siglo XVII. Se realizaban en grandes cantidades, y se vendían a precios bajos, en puestos a pie de calle cerca del pueblo de Õtsu, la última parada de las rutas Tōkaidō y Nakasendō, por las que pasaban los viajeros que iban de Kioto a Edo (la actual Tokio). En otros ejemplos de esta temática, los roles del gato y el ratón están intercambiados, y es el roedor quien atiborra de alcohol al felino.

DERECHA. **Gato y ratón, primera mitad del siglo XVIII.** *Pintura colocada como pergamino japonés, tinta y color sobre papel, 41,6 x 27,8 cm. Instituto de Artes de Minneapolis, obsequio de Harriet y Edson Spencer.*

EXTREMO DERECHO. **Gato y ratón, siglo XIX.** *Pintura colocada como panel enmarcado, tinta y color sobre papel, 61 x 24 cm. Colección privada.*

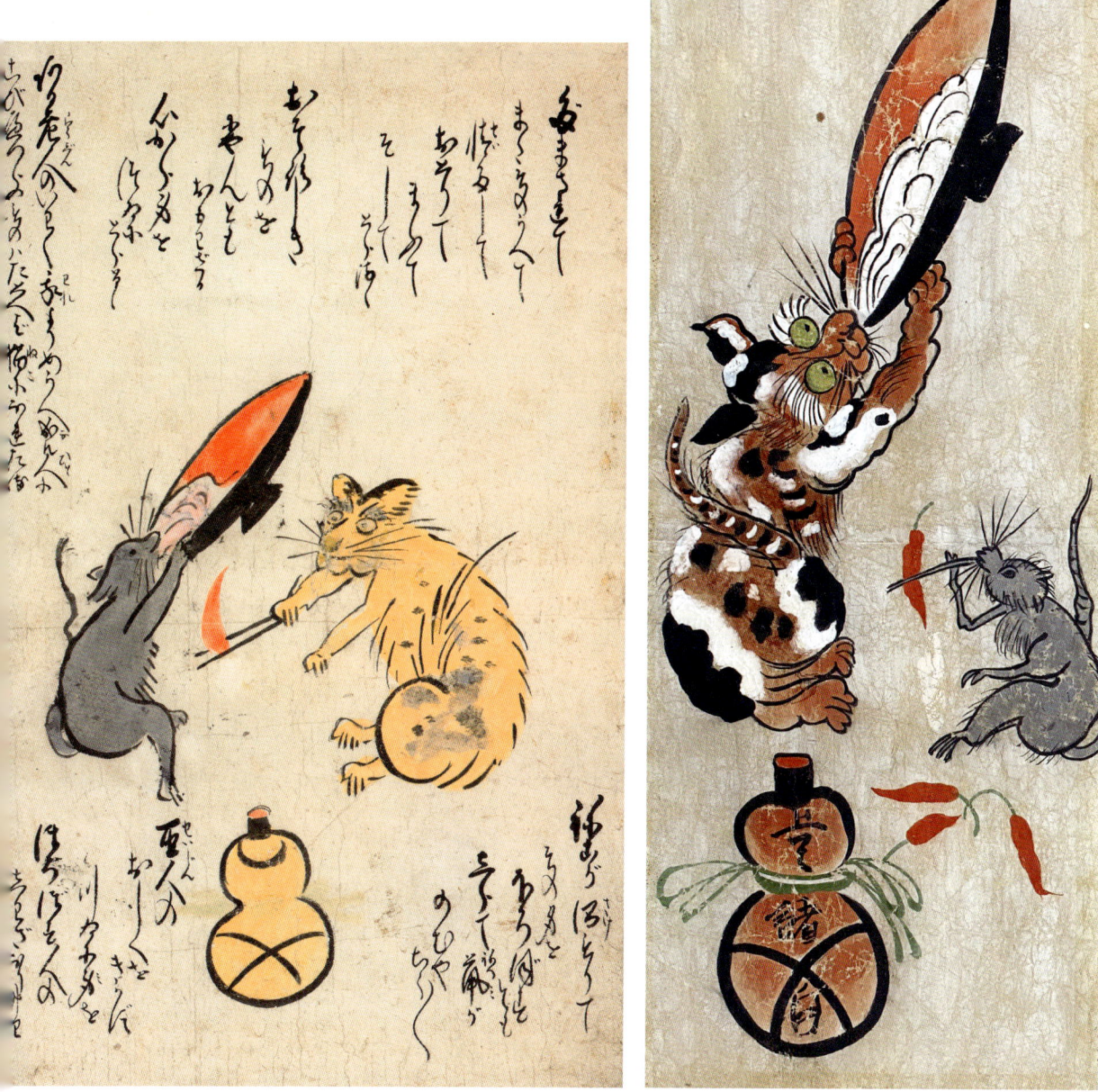

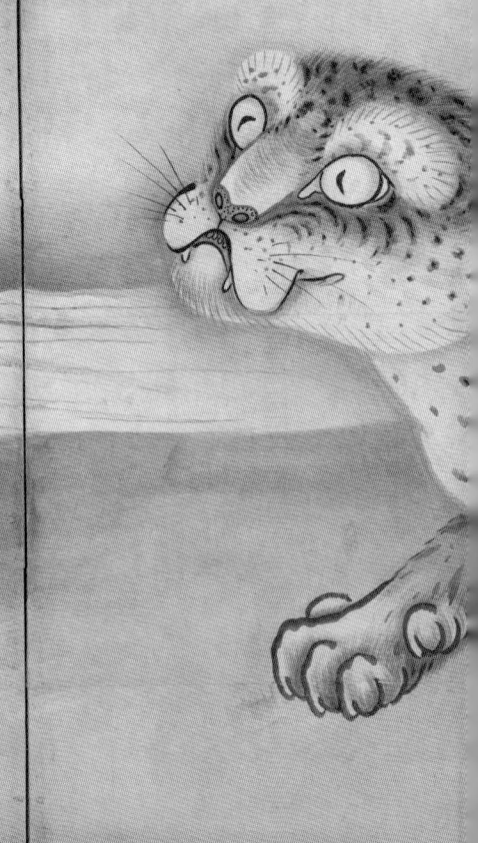

Gatos grandes

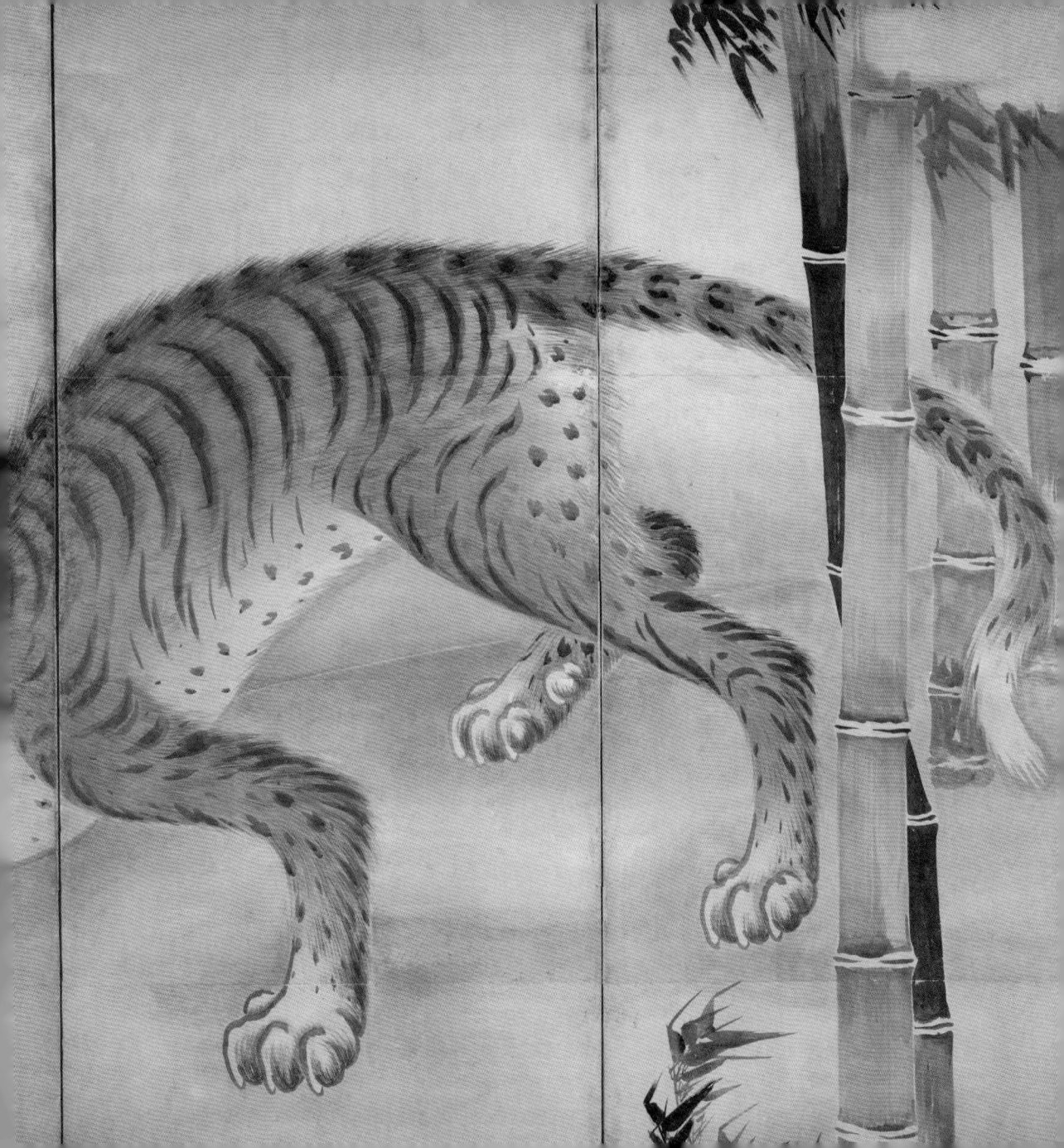

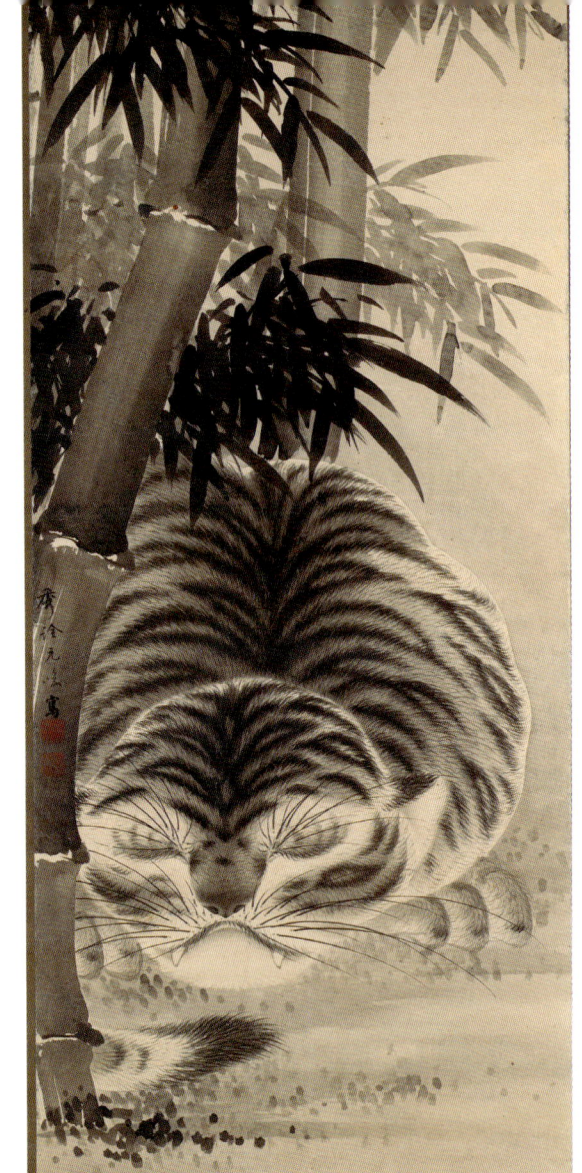

Simbolismo del tigre

Japón lleva milenios sin estar habitado por felinos grandes como los tigres. Aunque estas criaturas han adquirido un estatus casi mítico en la zona, eso no les impide campar a sus anchas por la cultura visual del archipiélago. Estos animales se importaban de manera ocasional durante el siglo XVIII para colecciones privadas de animales, así que la mayoría de artistas no podía aspirar más que a imaginar qué aspecto tendrían, basándose en las pieles y pinturas que llegaban desde China y Corea, y en sus primos pequeños, los gatos. Como resultado, a menudo se representaban de una manera muy estilizada, pareciendo, más bien, gatos domésticos enormes.

Gran parte del simbolismo adoptado en Japón surge en Asia continental, donde los tigres, antaño, eran comunes. Aunque suponían una amenaza contra la vida humana que acechaba entre la maleza, siempre fueron considerados unas criaturas majestuosas e incluso sagradas, además de representar la fuerza física, el valor militar y un liderazgo bien merecido. También se creía que las marcas de su frente se asemejaban al carácter chino 王, que significa 'rey'.

En la cosmología de Asia oriental, el tigre es el tercer animal del zodiaco. Se dice que las personas nacidas en el año del tigre son valientes y enérgicas, aunque también algo temperamentales, deseosas de llamar la atención e impulsivas.

Watanabe Shūsen (1736-1824). *Tigre durmiendo entre el bambú, finales del siglo XVIII. Pergamino japonés, tinta sobre papel, 125,1 x 56,2 cm (imagen). Instituto de Artes de Minneapolis, obsequio de Harriet y Ed Spencer.*

Junto al dragón azul del este, el ave bermellón del sur y la tortuga negra del norte, el tigre blanco del oeste (en japonés, *Seihō byakko*) es una de las cuatro deidades que protegen el cosmos desde cada uno de los puntos cardinales. La constelación del tigre blanco engloba Andrómeda, Piscis, Aries, Tauro y Orión. En la tradición taoísta, los tigres encarnan el *yin,* o la energía femenina, y sirven de contrapunto al *yang* masculino del dragón.

Para la clase burocrática de China, la imagen del tigre emergiendo sigilosamente de un matorral de bambú transmitía la idea de un líder recto que sorteaba peligros de manera justa. En el arte japonés, la fuerza y la resistencia del bambú, que se do-bla sin llegar a romperse, y las características positivas asociadas al tigre, lo convirtieron en un motivo atractivo y que traía buenos presagios. Pintado en tinta, el contraste entre los tallos gruesos y rectos de bambú, las hojas agitadas y el suave pelaje del tigre permitía al artista mostrar su pericia con pinceladas de diversas texturas.

El tigre durmiente de Watanabe Shūsen es una reinterpretación jocosa de este tema (página 168). Hecho un ovillo entre los brotes de bambú, el tigre duerme plácidamente; así, el artista nos dice, de manera sutil, que esa sería la única manera de acercarse lo suficiente al rey de las bestias como para poder hacerle un boceto. Aunque no sea una representación realista de un tigre, los trazos de Shūsen son muy detallados: las orejas gachas, unos ojos firmemente cerrados y la boca curvada hacia abajo dejan patente el sueño profundo del animal. Mientras el tigre descansa, el viento también se detiene y todo queda en calma.

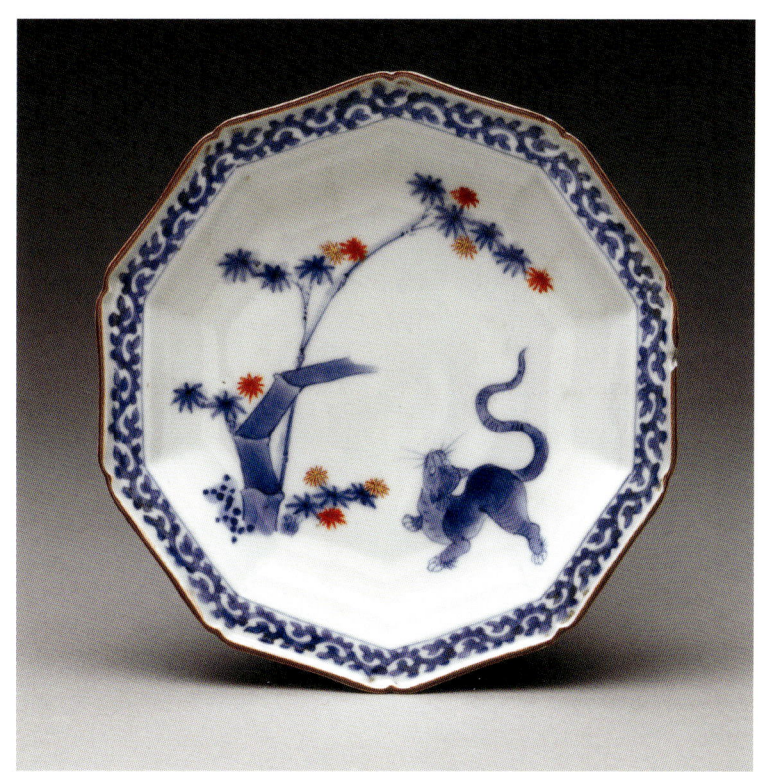

Plato con un tigre y bambú, alrededor de 1720. *Porcelana de pasta dura pintada con azul cobalto bajo esmalte transparente (vajilla Hizen; tipo Kakiemon). Diámetro: 14 cm. Museo Metropolitano de Artes, colección de Hans Syz, obsequio de Stephan B. Syz y John D. Syz, 1995.*

GATOS GRANDES

Tigres y dragones

«Las nubes siguen al dragón, los vientos siguen al tigre».
—Libro de las mutaciones

Entre las nubes revueltas, un descontrolado dragón siembra el caos en el firmamento. Debajo, un tigre sonriente salta de un bosque de bambú a la orilla de un río agitado por el viento y la lluvia. Esta contraposición se narra en el *Libro de las mutaciones (I Ching),* una de las principales fuentes canónicas de las filosofías confucianista y taoísta, que se recopiló en el periodo en el que la dinastía Zhou gobernaba China (1046-256 a. C.). Según dicho texto, la combinación del tigre y el dragón simbolizaba el principio taoísta del yin y el yang, que representaba la complementariedad entre hombre y mujer, tierra y cielo, viento y lluvia. En el tao, todo emana de la interacción entre estas dos fuerzas.

En el budismo zen, el tigre y el dragón representan la paz mental y la elevación del espíritu que llegan con la iluminación. Como consecuencia de esto, es frecuente encontrar imágenes de tigres y dragones en los templos zen. Durante la era medieval de Japón, los monjes importaban pinturas chinas con esta temática, antes de que calara entre pintores y sacerdotes locales, como Sesson Shukei. Los aspectos positivos que simbolizaban los tigres atrajeron a las élites militares sinófilas, quienes encargaban pinturas de tigres para templos o como obsequios con intenciones políticas.

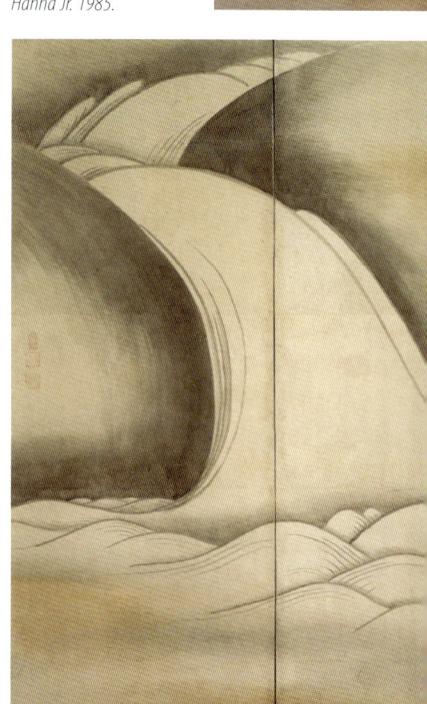

Pareja de biombos atribuidos a Soga Nichokuan, activo a mediados del siglo XVII. *Dragón y tigre, principios o mediados del siglo XVII. Pareja de biombos de seis paneles, tinta sobre papel. 173,4 x 377,2 cm cada uno. Museo de Arte de Cleveland, Fondo de Leonard C. Hanna Jr. 1985.*

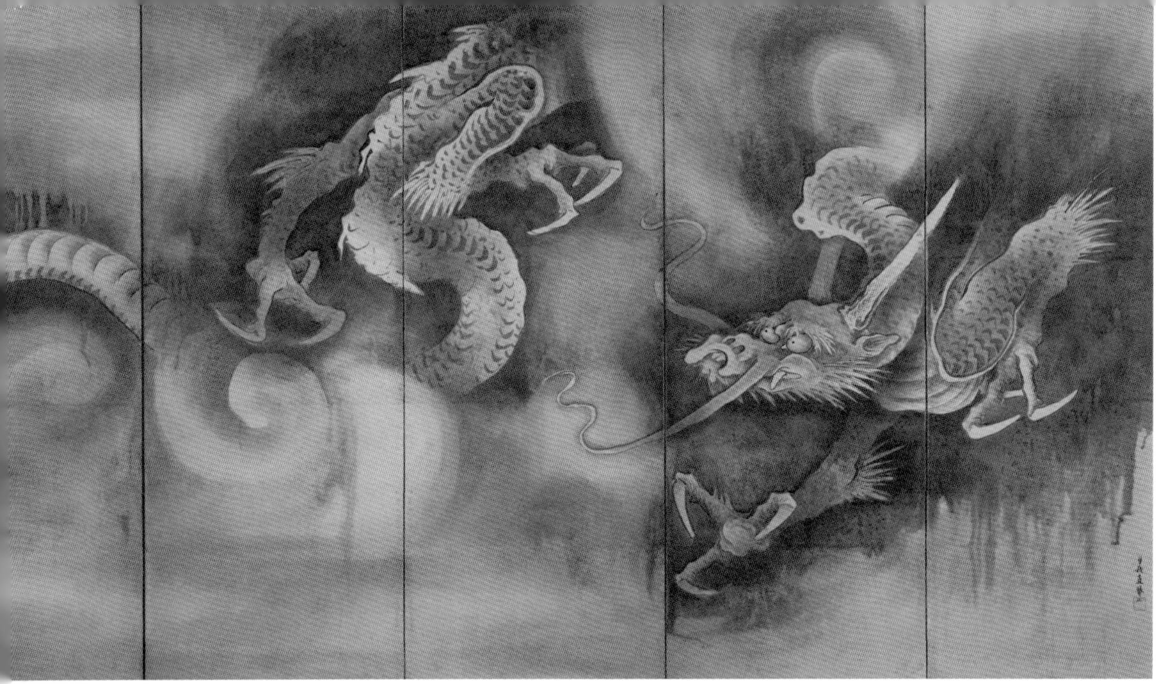

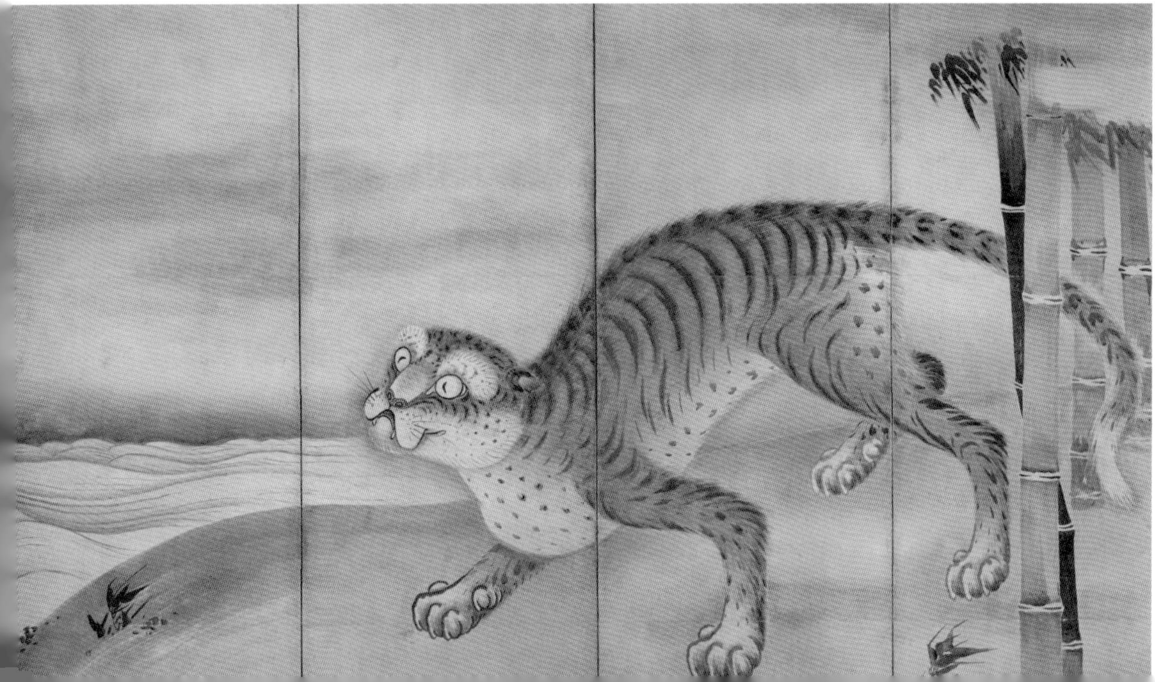

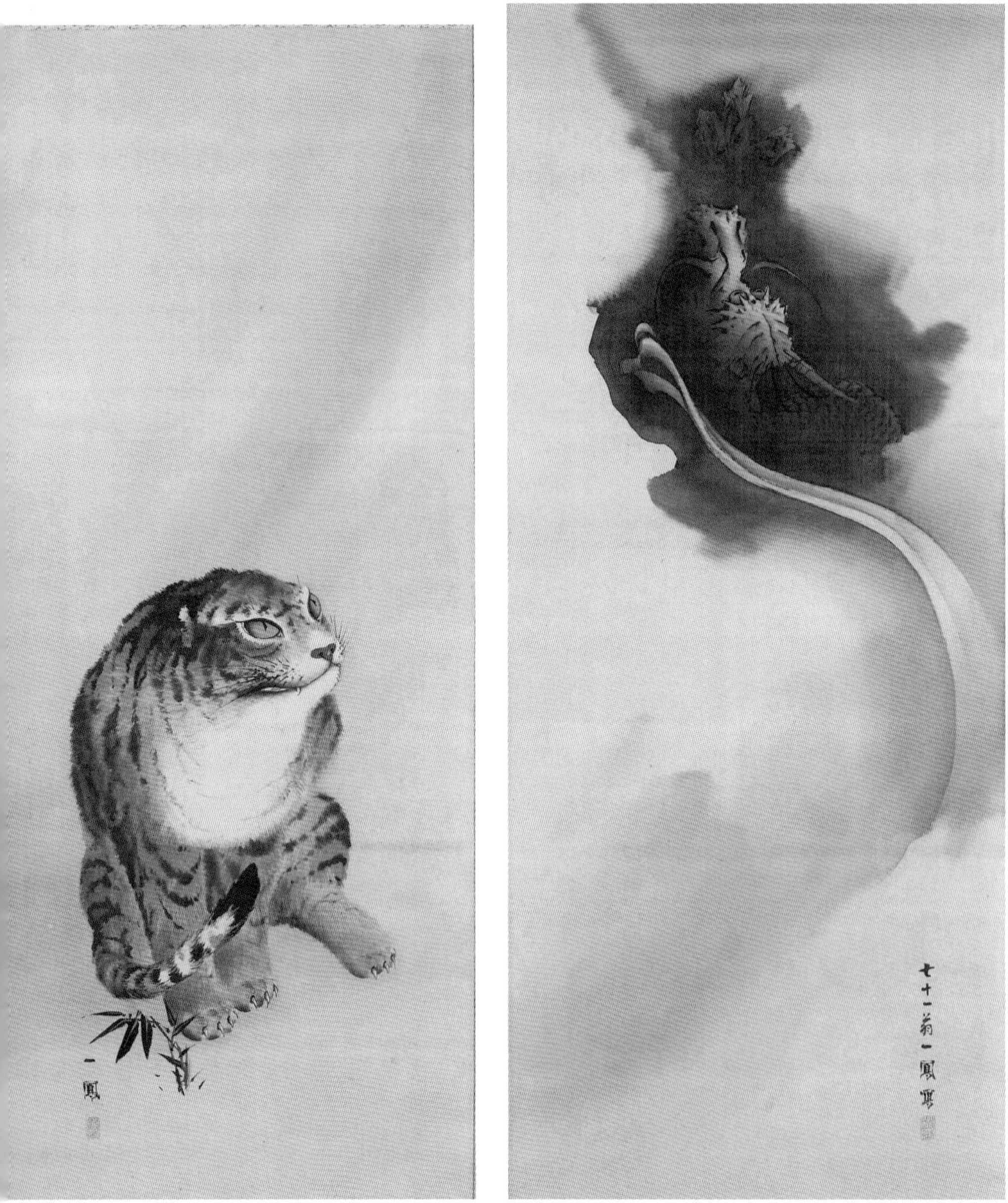

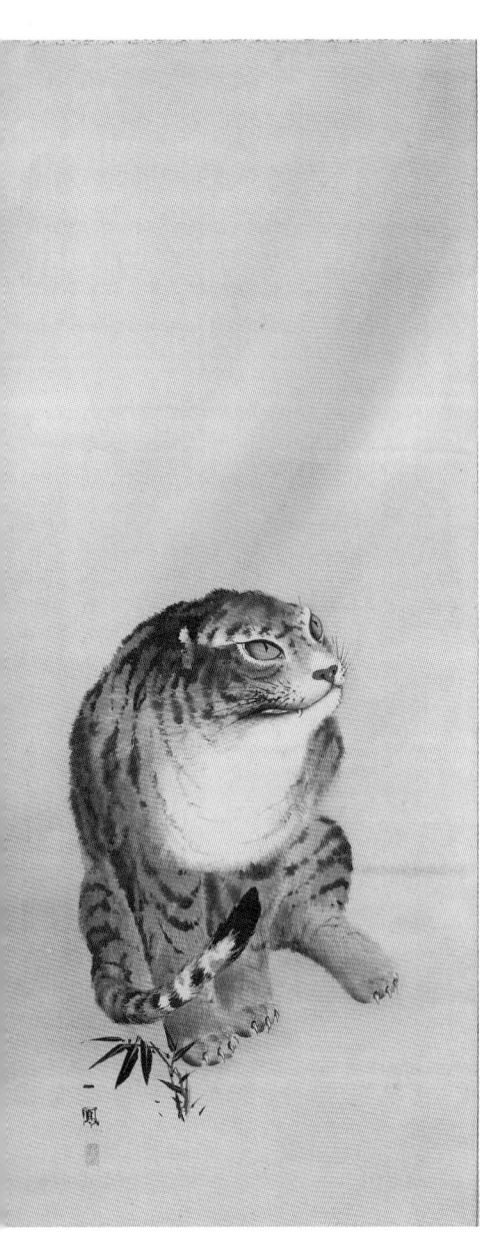

Mori Ippō (1798-1871).
Tigre y dragón, 1868. Pareja de pergaminos japoneses, tinta sobre seda, 102,55 x 42,55 cm (imagen, Tigre); 103,51 x 42,55 cm (imagen, Dragón). Instituto de Artes de Minneapolis, obsequio de Harriet y Ed Spencer.

Los cuatro durmientes

Acurrucados y durmiendo plácidamente se encuentran «los cuatro durmientes»: el maestro zen Bukan (en chino, Fenggan) y su tigre domesticado, el monje Jittoku (en chino, Shide) y el poeta solitario Kanzan (en chino, Hanshan). Se dice que el misterioso y carismático maestro Bukan, al que ya se ha mencionado anteriormente, se presentó en el templo Guoqing del monte Tiantai, subido a lomos de su compañero felino, para espanto de los monjes que allí vivían. En el templo, adoptó bajo su ala a Jittoku, un huérfano, y empezó a realizar sanaciones milagrosas. Que fuera capaz de domar

Los cuatro durmientes, siglo XVII. *Pintura preparada sobre pergamino japonés, tinta y color sobre seda, 34,13 x 45,4 cm (imagen). Instituto de Artes de Minneapolis, obsequio del Centro Clark de Arte y Cultura Japonesas.*

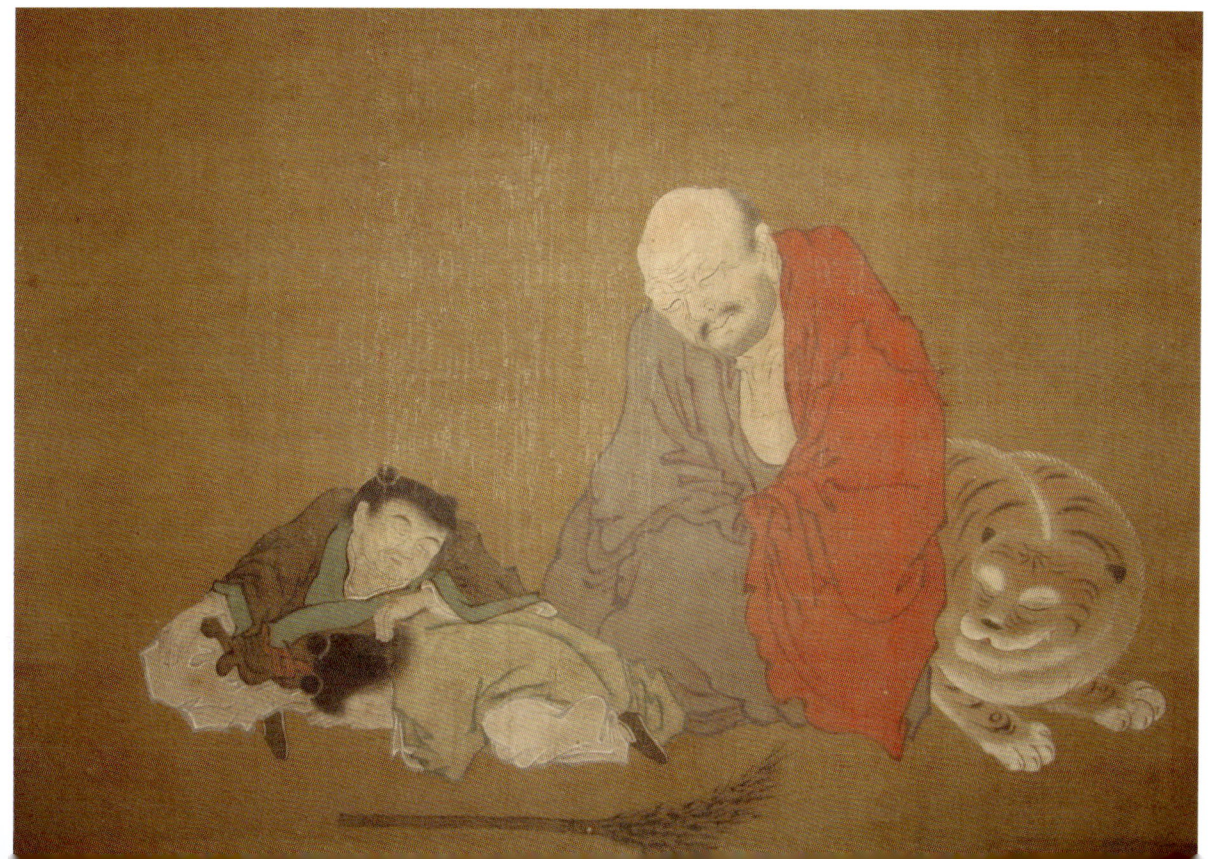

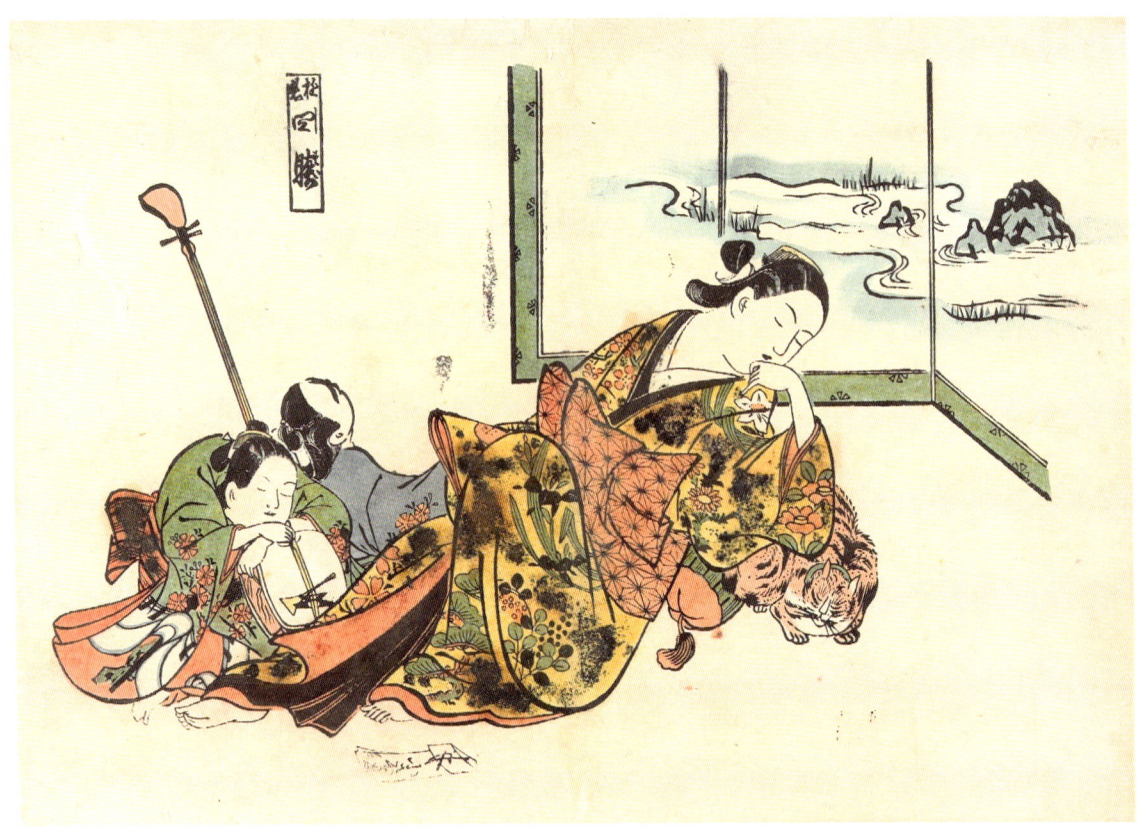

a un depredador era una forma de expresar sus capacidades sobrenaturales. El motivo de «los cuatro durmientes» está extraído de la poesía china de la dinastía Tang, y representa la serenidad y la comunión con la naturaleza de la mente iluminada.

Este es uno de los muchos motivos clásicos que los artistas japoneses del *ukiyo-e* reinterpretaron, haciendo gala del carácter irreverente de su estilo. Okumura Masanobu, uno de los fundadores del género, sustituyó, de manera divertida, a Bukan por una cortesana, a Jittoku y Kanzan por sus ayudantes, y al tigre por el gato del burdel, que duerme entre arrumacos. La escoba de Jittoku, que casi siempre le acompaña en el imaginario clásico, en este caso queda reemplazada por un *shamisen*. De esta manera, la temática budista queda transformada en una escena tranquila y doméstica del mundo flotante.

Okumura Masanobu (1686-1764). *Prostitutas imaginando a los cuatro durmientes, década de 1720. Xilografía, tinta y color limitado sobre papel, con coloreado aplicado a mano, 26,1 x 38,6 cm. Instituto de Artes de Minneapolis, obsequio de Louis W. Hill, Jr.*

Tigres y guerreros

A diferencia de lo que sucedía con sus equivalentes continentales, los héroes japoneses tenían pocas ocasiones para medir su valía cazando o domesticando tigres. Sin embargo, tal hazaña se daba por doquier en el teatro, la ficción y la cultura visual del periodo Edo.

Inspirados por los eventos que tuvieron lugar durante las campañas militares de China o Corea, los artistas y escritores imaginaron encuentros fervientes entre tigres y valientes guerreros. Un protagonista habitual de este tipo de obras fue Katō Kiyomasa (1562-1611), que fue un comandante veterano durante la guerra de Imjin (1592-1598) ocurrida entre Japón y la Corea Joseon.

Entre batalla y batalla, Kiyomasa cazaba tigres por deporte y enviaba la carne a Japón con la esperanza de que esta devolviera el vigor a su líder, el general Toyotomi Hideyoshi (1536-1598). En una ocasión, fue enviado a la corte un tigre vivo, el cual, según la leyenda, se intentó abalanzar sobre Kiyomasa, quien lo detuvo con una sola mirada.

Los encuentros de Kiyomasa con los tigres fueron muy populares y aparecieron plasmados en gran variedad de objetos. Por ejemplo, hay una *tsuba,* la guarda que se

Kawanabe Kyōsai (1831-1889). *Mayo, el quinto mes, de la serie Los doce meses, 1887. Publicado por Fukado Komajirō. Xilografía, tinta y color sobre papel, 35,7 x 77,1 cm. Imagen cedida por cortesía de la Galería Egenolf.*

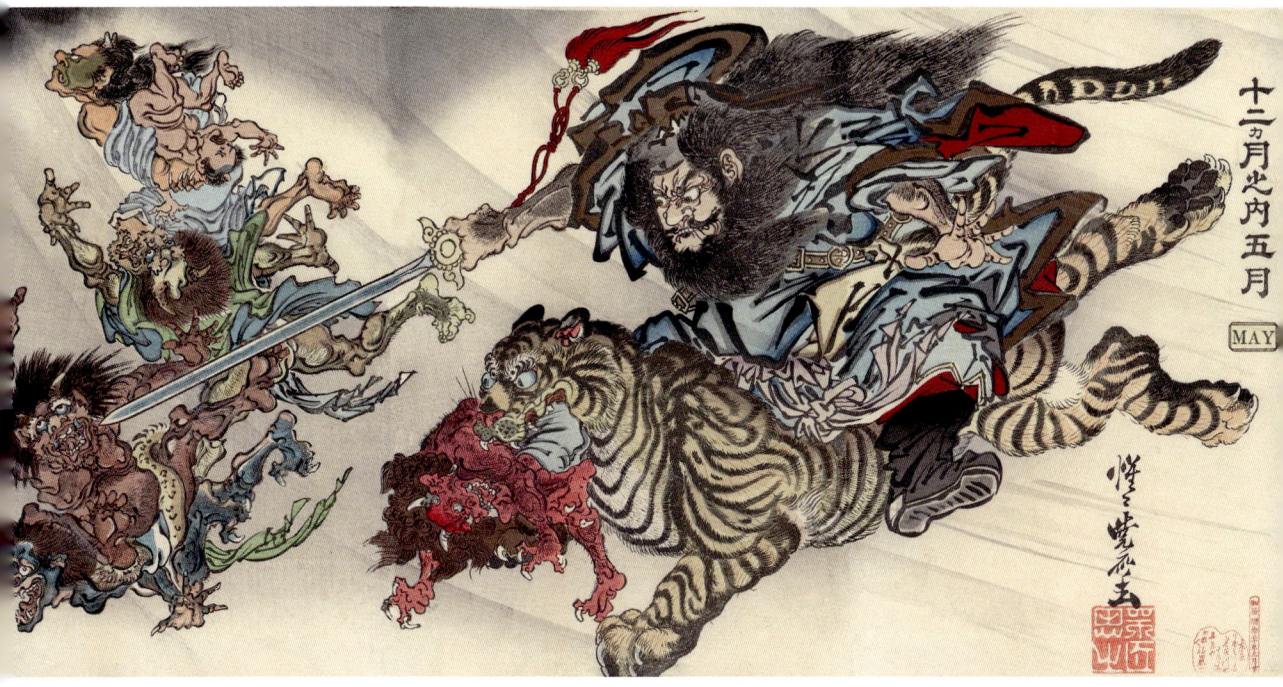

encuentra entre el mango y la hoja de la espada, decorada con una escena de un guerrero acechando a un tigre que ruge en un pinar. También puede verse una interpretación humorística de esta leyenda en una chaqueta acolchada de bombero (página 179), en la que un tigre juguetón huye con el casco de Kiyomasa.

Otro famoso enfrentamiento entre un guerrero y el rey de las bestias queda teatralizado en la obra de títeres de Chikamatsu Monzaemon (1653-1725), *Las batallas de Coxinga* (páginas 177 y 178). Basándose vagamente en las proezas del líder militar chino, Zheng Chenggong (1624-1662), el héroe trágico de Chikamatsu, Watōnai, nace en Japón, hijo de un mercader chino y una mujer japonesa (de ahí su nombre, que significa 'entre Japón y China'). Watōnai se dirige a Asia continental para liberar a China del yugo manchuriano y devolver así el poder a los Ming, pero, mientras cruza un bosque de bambú, se topa con un feroz tigre que huye de sus cazadores. Watōnai consigue domarlo con sus manos desnudas, de manera que el animal empieza a hacer frente a sus enemigos y a destruir sus armas.

En un exuberante diseño de Kyōsai (página 175), un héroe del folclore une fuerzas con un felino de la buena suerte. Blandiendo su espada de la sabiduría, Shōki (en chino, Zhongkui), un dios del panteón taoísta, conocido como «el apaciguador de demonios», se deshace de una turba de demonios aterrorizados. Un valiente tigre con las orejas hacia

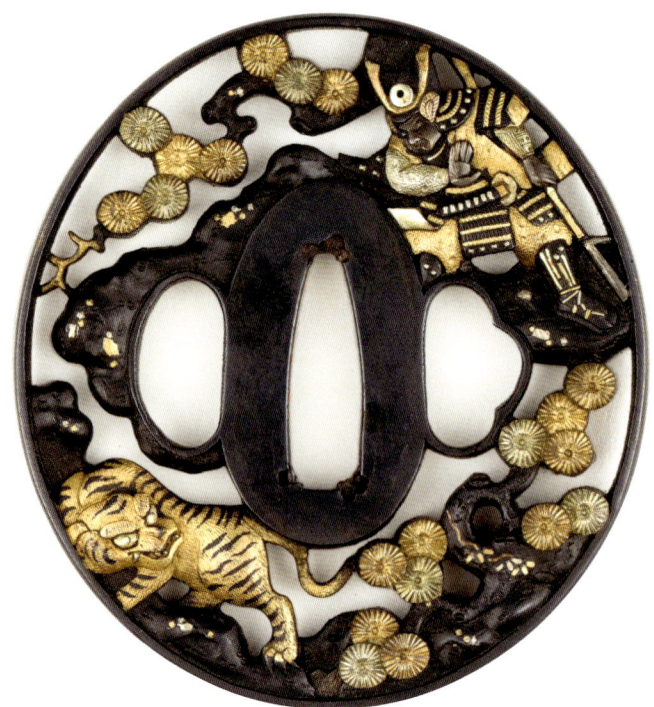

IZQUIERDA. **Guarda de espada (tsuba), siglo XVIII.** *Japón, periodo Edo (1615-1868). Hierro, aleación de cobre y oro (shakudō), plata, 7,6 x 7 cm. Museo Metropolitano de Artes; fondos de varios donantes, 1946.*

DERECHA. **Utagawa Kunisada (1786-1865).** *Watōnai, de la serie Transparencias de linternas mágicas en una danza con siete cambios, 1857. Publicado por Daitokuya Kinjirō. Xilografía, tinta y color sobre papel, 39 x 27 cm. Museo Conmemorativo del Teatro de Tsubouchi, Universidad de Waseda.*

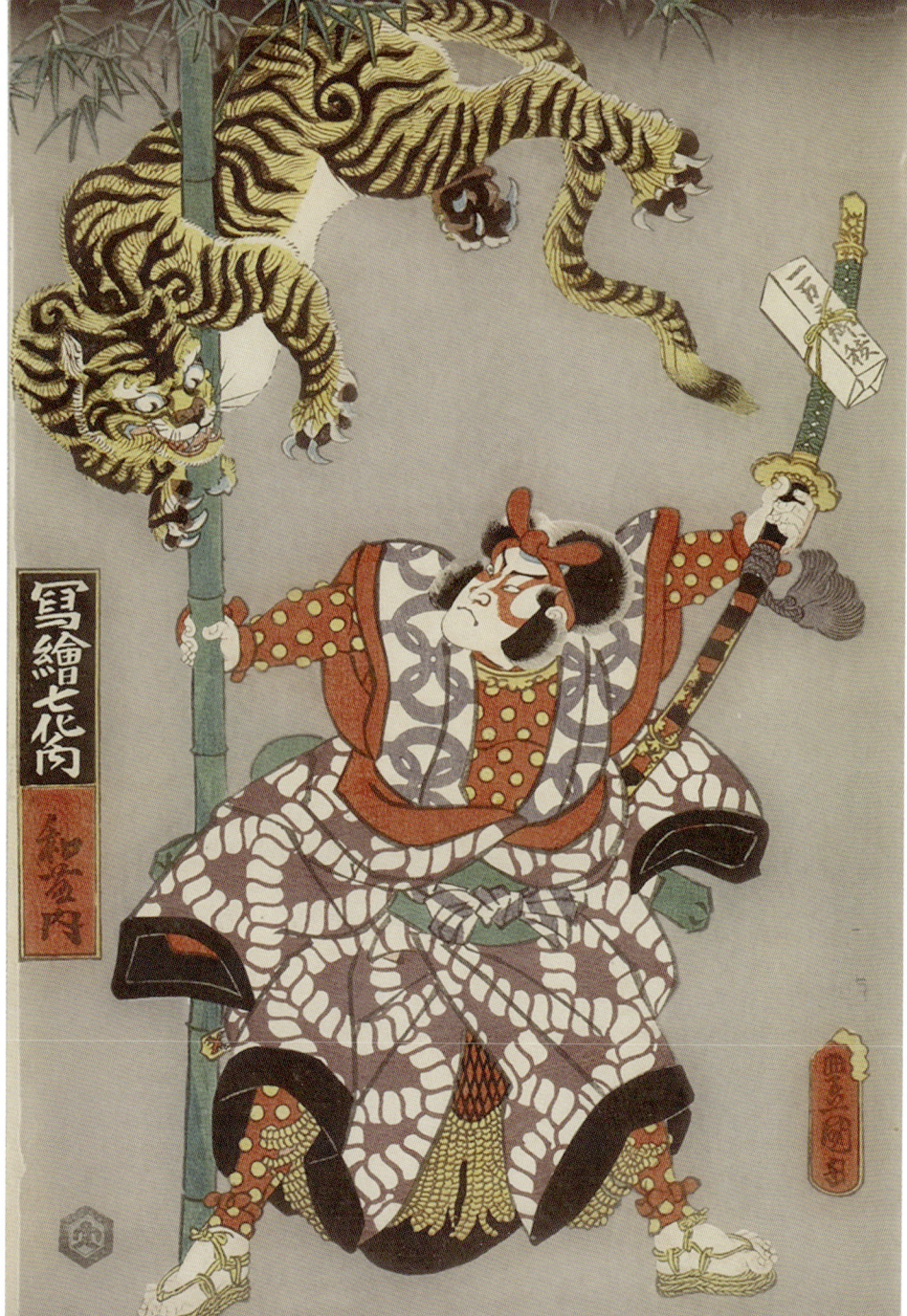

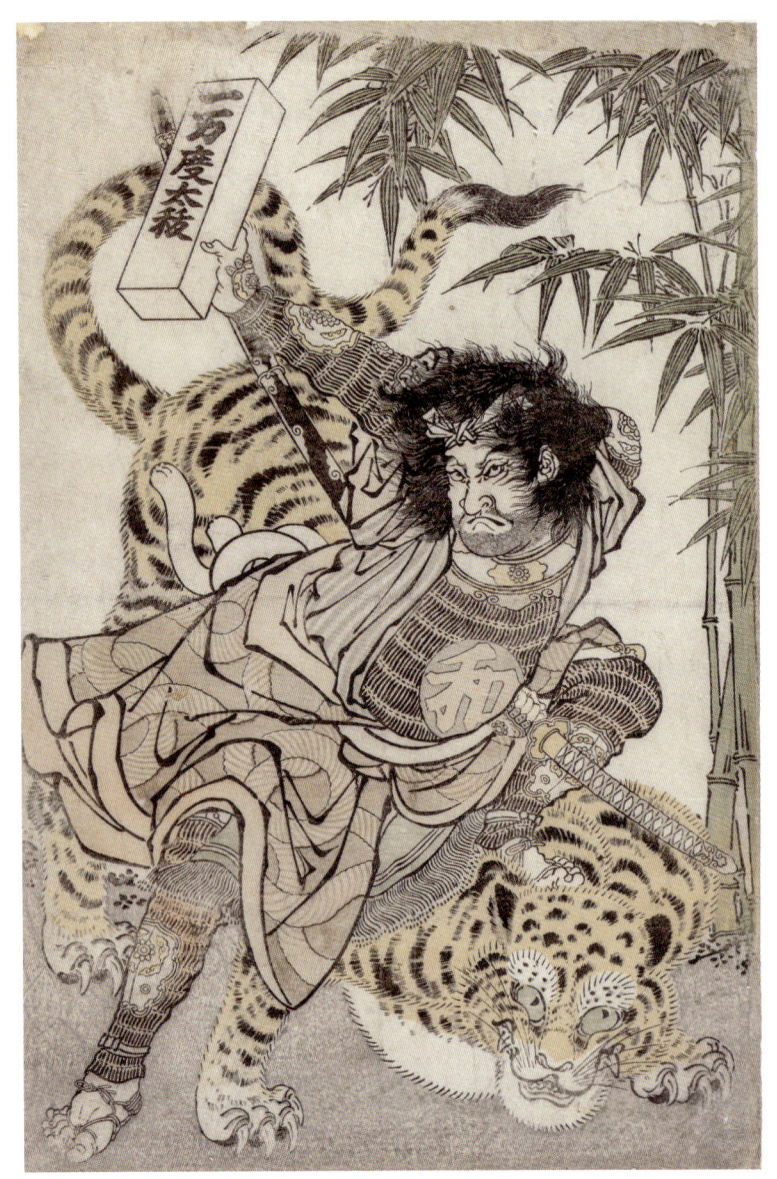

Watōnai y el tigre en el bosque de bambú, década de los 1780.
Xilografía, tinta y color sobre papel, 38,4 x 25,4 cm. Museo de Artes de Cleveland, obsequio del Sr. y la Sra. J. H. Wade.

DERECHA. **Chaqueta de bombero, mediados del siglo XIX.** *Japón, periodo Edo (1615- 1868). Algodón con acolchado (sashiko) y decoración hecha a mano con pasta (tsutsugaki), 99 x 126 cm. Imagen cedida por cortesía de Kagedo Japanese Art.*

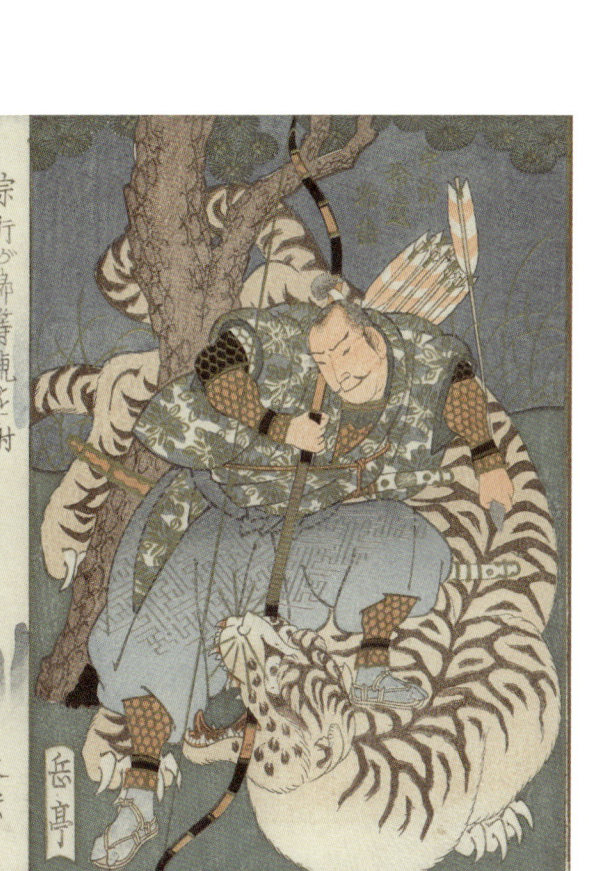

atrás le guía hacia la batalla, llevando entre sus fauces a un oni de piel roja. Shōki suele estar asociado con el Día de los niños, que se celebra el quinto día del quinto mes. Se cree que protege del mal; concretamente de aquel que llega en forma de enfermedades infecciosas como la viruela. La turbulenta energía de Shōki y su agresivo tigre son una muestra del humor, la inventiva y la pericia de Kyōsai.

IZQUIERDA. **Yashima Gakutei (1786-1868).** *Muneyuki disparando al tigre, de la serie Historias contadas por un consejero Uji, alrededor de 1829. Xilografías (surimono), tinta y color sobre papel, 20,8 x 18,3 cm. Rijksmuseum, donativo de J. A. Bierens de Haan, Ámsterdam.*

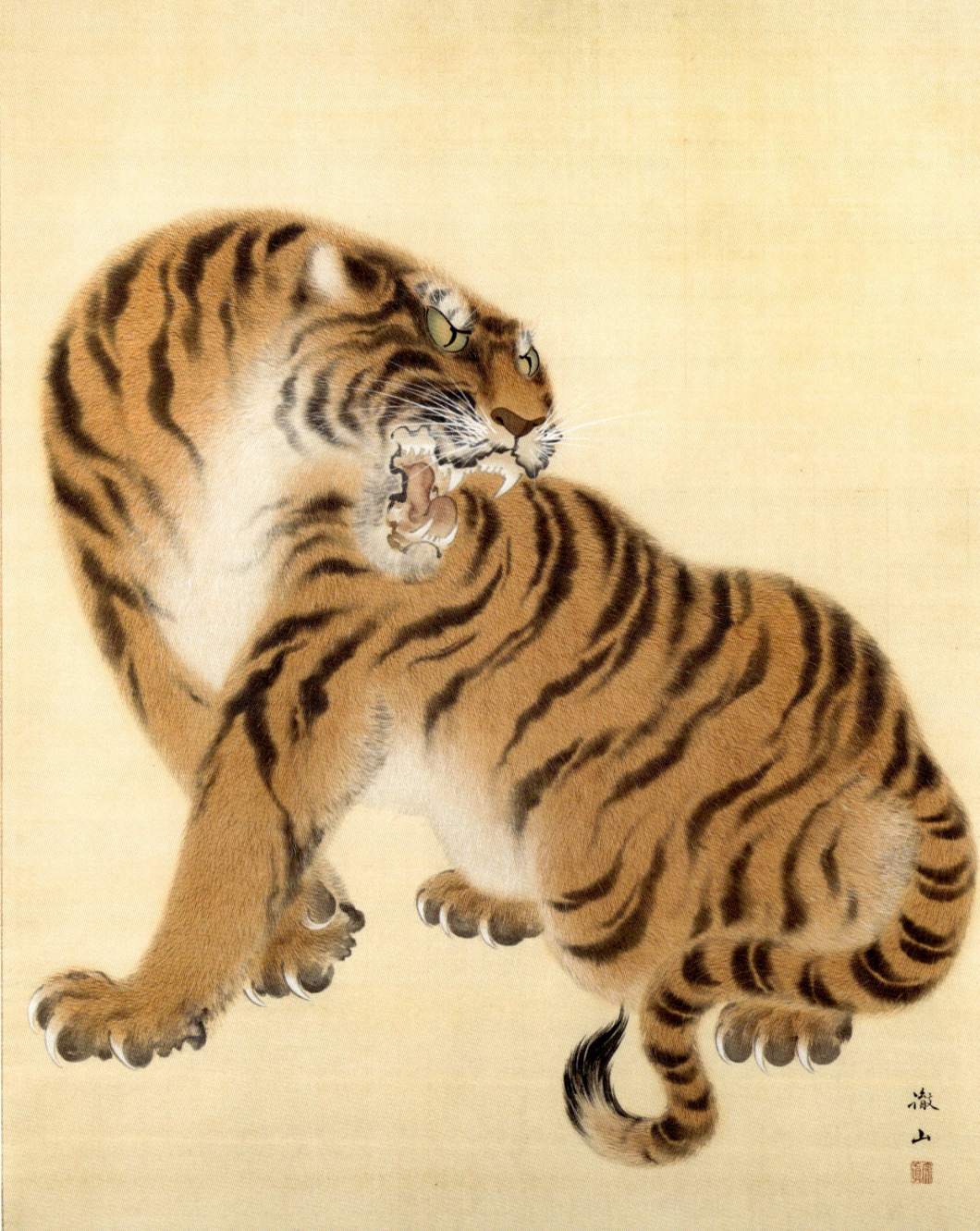

Ferocidad auténtica

El pintor de Kioto de finales del siglo XVIII, Maruyama Ōkyo, fue un pionero al mezclar elementos del realismo de estilo occidental con los valores abstractos y las aspiraciones decorativas de la pintura de Asia oriental. La imagen que se muestra a continuación de un tigre sentado, una de las temáticas favoritas de Ōkyo, combina un naturalismo muy vivo con una gran atención al detalle. Con los bigotes erizados, la criatura observa al espectador con sus brillantes ojos verdes. La textura densa y el magnífico patrón de su manto se consiguen al añadir capas de color con miles de pinceladas finas, simulando los propios folículos del tigre. El pupilo de Ōkyo, Mori Tetsuzan, cuya pintura podemos ver a la izquierda, buscaba unos niveles aún mayores de realismo formal. La expresión feroz, la masa muscular arrugándose y el lustroso manto de su tigre rugiente son todo un espectáculo de fuerza y belleza.

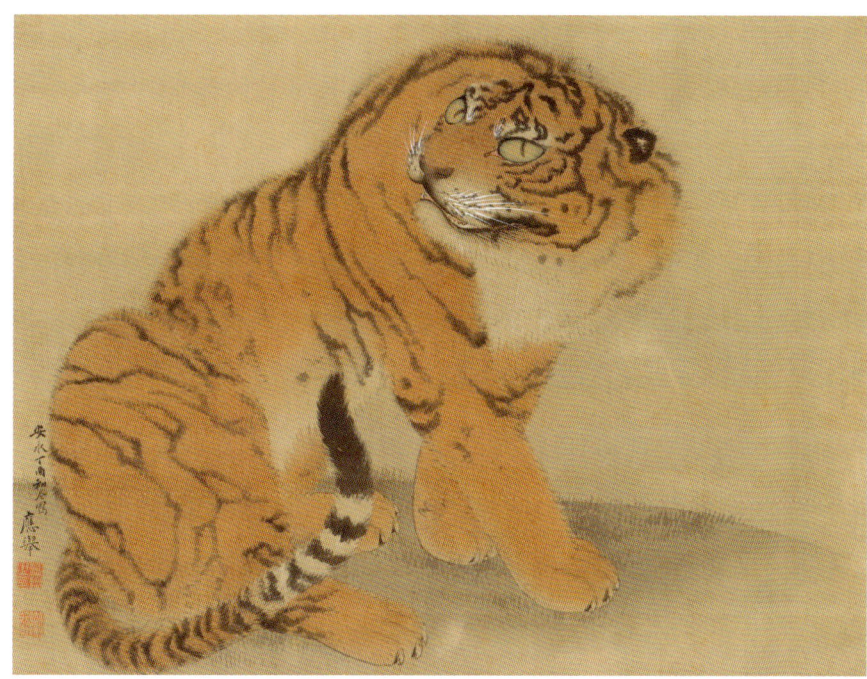

IZQUIERDA. **Mori Tetsuzan (1775-1841).** *Tigre, segundo cuarto del siglo XIX. Pintura preparada sobre pergamino japonés, tinta y color sobre seda. 129 x 84,8 cm (imagen). Museo de Arte John y Mable Ringling, compra del museo, 2018.*

DERECHA. **Maruyama Ōkyo (1733-1795).** *Tigre sentado, 1777. Pintura preparada sobre pergamino japonés, tinta y color sobre seda, 45,09 x 58,9 cm (imagen). Instituto de Artes de Minneapolis, obsequio de Harriet y Ed Spencer.*

El tigre de Ryōgoku

La llegada de un «tigre» vivo durante el séptimo mes de 1860 al distrito Ryōgoku de Edo, una zona famosa por sus actuaciones callejeras, sus exposiciones y cualquier fenómeno extraño o maravilloso, supuso la difusión de toda una oleada de imágenes. Esta exótica criatura, que importaron unos comerciantes neerlandeses hasta Yokohama, atrajo las miradas de decenas de miles de espectadores. Se dice que el enorme felino tenía seis meses de edad y medía siete *shaku* de longitud (unos dos metros). A juzgar por la cantidad de imágenes grotescas del animal despedazando a sus presas aún vivas, parece que el público mostraba un especial interés por la hora de la comida, en el momento en el que sus cuidadores echaban pollos dentro de la jaula.

No obstante, la mayoría de grabados vinculados a este acontecimiento no mostraban un tigre, sino un leopardo longibando, pues en aquel entonces se pensaba que se trataba de una hembra de tigre. La interpretación de Kunimaro muestra a un animal más cercano a una foca amigable que a un fiero felino, emborronando así la afirmación de que fue «dibujado en vivo». El editor Ebisuya Shōshichi, deseoso de aclarar esta confusión, publicó un díptico al mes siguiente con imágenes de Kawanabe Kyōsai y un texto del periodista Kanagaki Robun (1829-1894) en el que explicaba las diferencias entre tigres *(tora)* y leopardos *(hyō)* (página 185).

Al año siguiente, los neerlandeses llevaron un tigre auténtico a las gentes de Edo y lo exhibieron en los terrenos del templo Fukujuin de Kōjimachi. Ebisuya encargó a Kyōsai retratar al animal devorando un perro (página 184), y Robun aportó una nueva narración con su prosa florida.

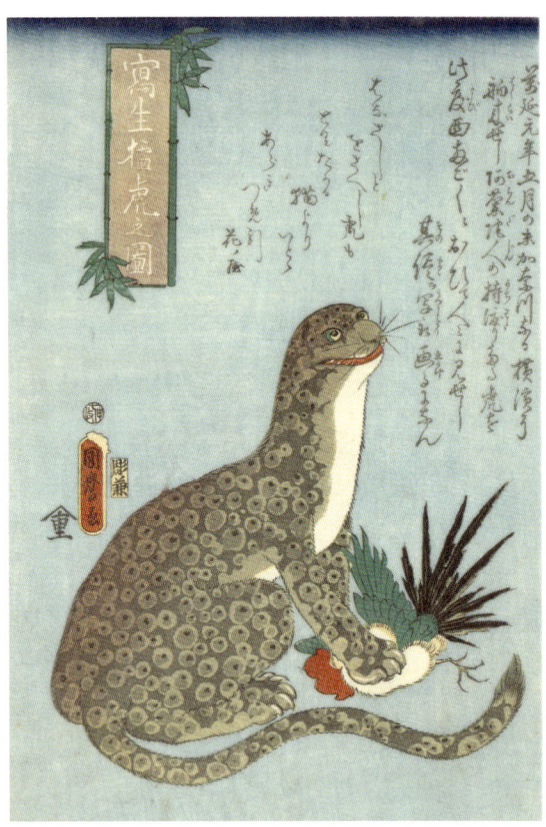

ARRIBA. **Utagawa Kunimaro (activo alrededor de 1850-1875).** *Un fiero tigre dibujado en vivo, 1860. Publicado por Jōshūya Jūzō. Xilografía, tinta y color sobre papel, 37 x 25,1 cm. Rijksmuseum, Schenking van de Heer J. P. Filedt Kok, Ámsterdam.*

DERECHA. **Utagawa Hirokage (activo en la década de 1860).** *El tigre de Ryōgoku de la serie Historias reales de Hirokage, 1860. Publicado por Ebisuya Shōshichi. Xilografía, tinta y color sobre papel, 36,2 x 24,8 cm. Museo Metropolitano de Arte, donativo de William S. Lieberman.*

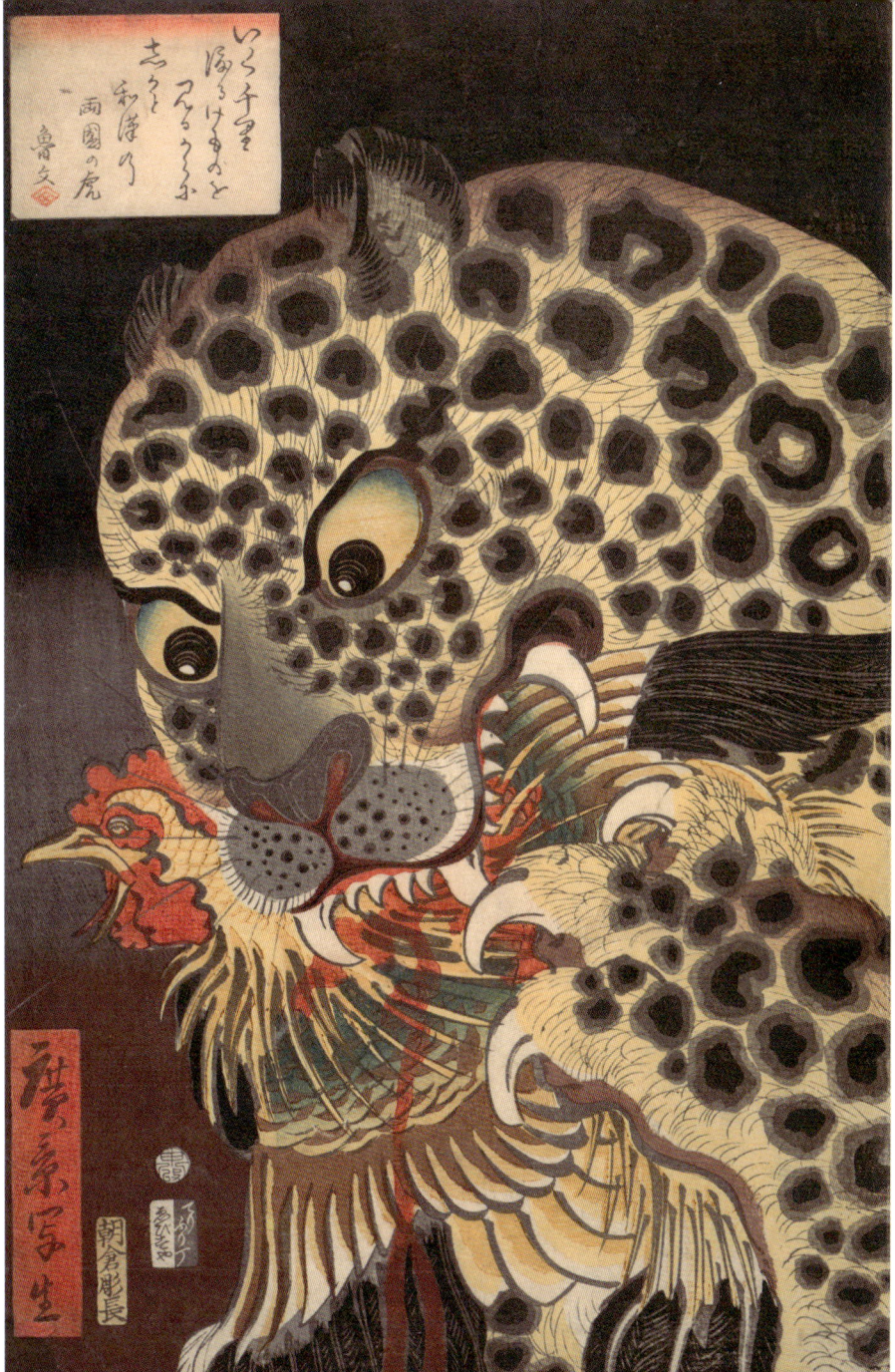

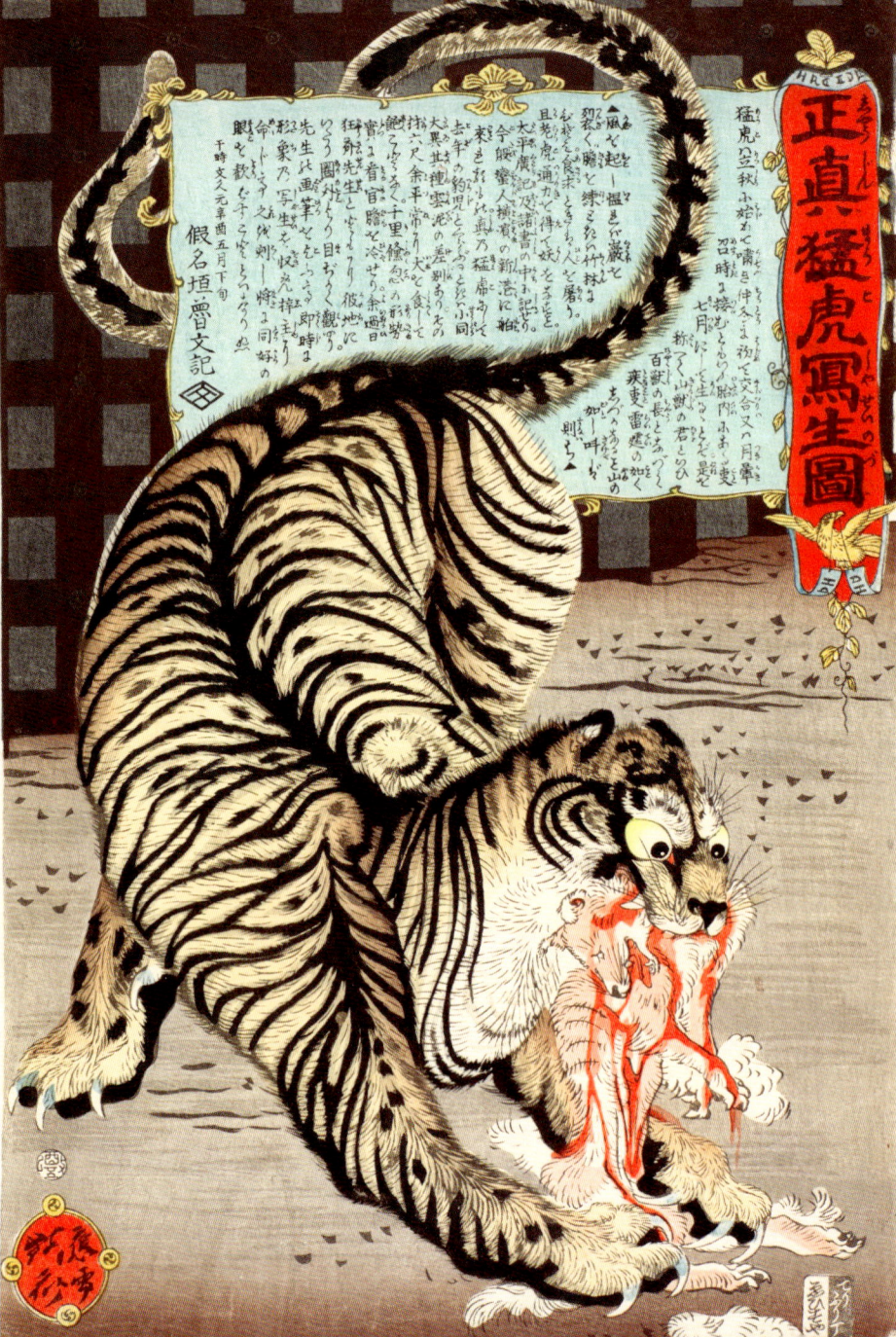

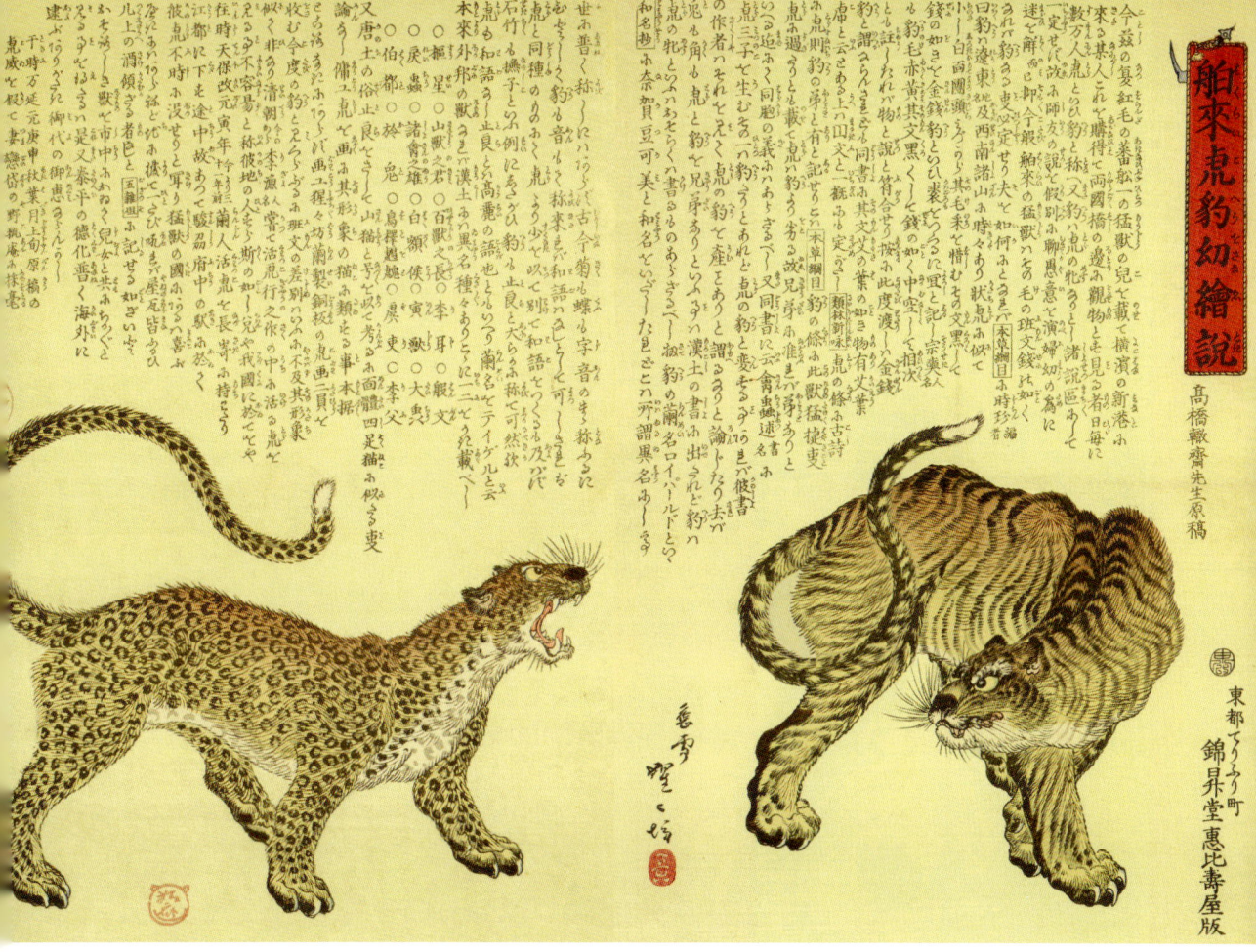

ARRIBA. **Kawanabe Kyōsai (1831-1889).** *Narración ilustrada de un tigre y un leopardo extranjeros para lectores jóvenes, 1860. Publicado por Ebisuya Shōshichi. Díptico de xilografías, tinta y color sobre papel. Cada hoja, 38 x 26,1 cm. Colección de Israel Goldman, Londres. Fotografía: Centro de Investigación de Arte, Universidad Ritsumeikan.*

IZQUIERDA. **Kawanabe Kyōsai (1831-1889).** *Dibujo de un auténtico tigre feroz dibujado en vivo, 1861. Xilografía, tinta y color sobre papel, 37,9 x 25,8 cm. Colección privada.*

«Cuando se mueve rápido, es como una tormenta;
cuando está tranquilo, es como una montaña;
cuando ruge, parece que el viento se levante;
cuando se enfada, las rocas se hacen pedazos».

Como él comentaba, había todo un mundo de diferencia entre el «auténtico tigre feroz» y el leopardo del año anterior.

185

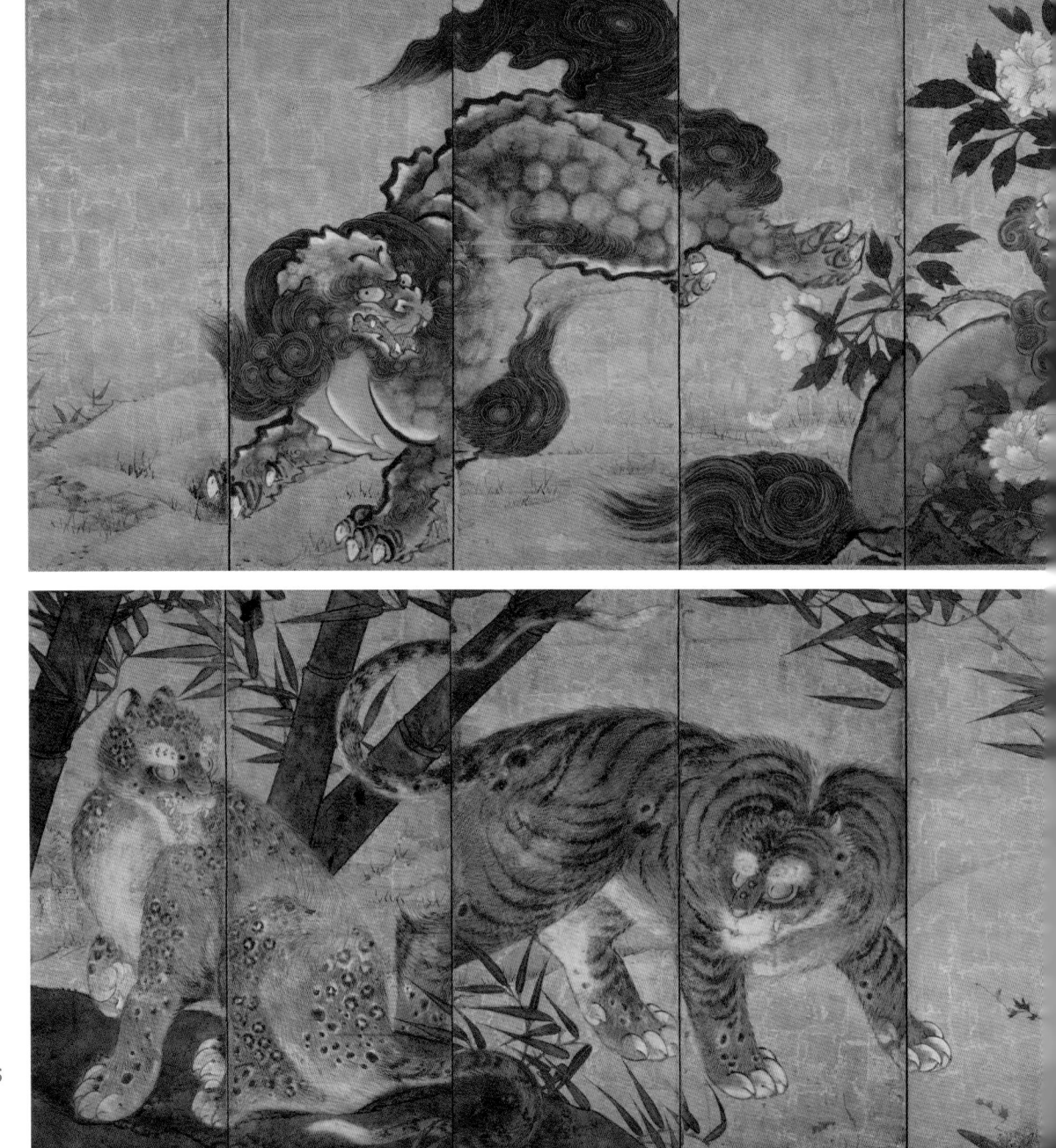

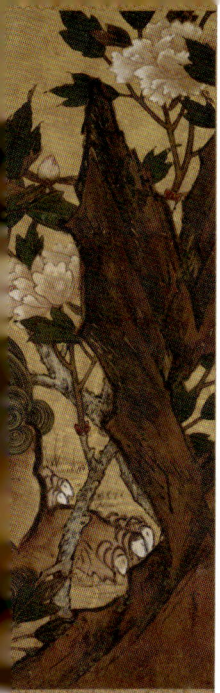

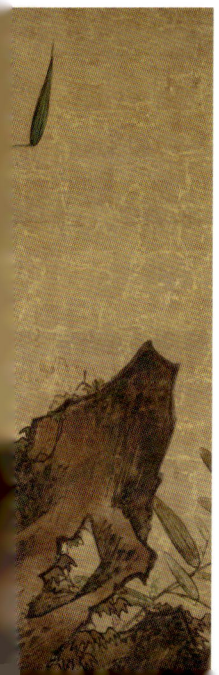

Leones y tigres

El semimitológico tigre se representaba ocasionalmente junto a otra bestia fabulosa, el *shishi*, o león guardián. A través de la India y Asiria, la iconografía budista absorbió la imagen del *shishi*. En Japón, se colocaban esculturas de *shishi* en la entrada de los templos budistas, como símbolo de protección y autoridad. Monju (en sánscrito, Mañjuśri), *bodhisattva* de la sabiduría, solía aparecer representado montado o sentado cómodamente sobre un shishi.

Los *shishi* aparecían como motivo decorativo en las pinturas de los periodos Momoyama y Edo. En el biombo de la derecha, realizado en el siglo XVII, aparece pintada una fantástica escena con unos leones moteados retozando sobre un paisaje de peonías en flor. La combinación de los *shishi* y las peonías también aparece en una famosa escena de la obra de teatro *nō*, El puente de piedra, en la que un *shishi*, interpretado por un actor con peluca de cabello largo, danza entre las peonías. Los pigmentos metálicos dan vida a los exuberantes rizos de las melenas y colas de estos animales, y sus ojos saltones y dentaduras sonrientes les otorgan un aspecto humorístico. En este caso, su aura festiva y auspiciosa les hace parecer más unos gatitos divertidos que unos guardianes solemnes.

El biombo de la izquierda, que vemos más abajo, muestra una pareja de tigres, o más bien un tigre y un leopardo. A los pintores del Japón moderno temprano, el leopardo les era aún más extraño que el tigre y, como se mencionaba antes, pensaban que se trataba de la hembra de este. De manera apropiada, están representados en la linde de un bosque de bambú que se agita por los fuertes vientos.

El imaginario realista de los leones llegó gracias a los comerciantes europeos y, con ello, empezó a reproducirse

Yamaguchi Sekkei (1644-1732). *Leones y tigres entre las peonías y el bambú, 1668. Pareja de biombos de seis paneles, tinta y color sobre papel bañado en oro. Museo de Arte de Cleveland, fondo de John L. Severance.*

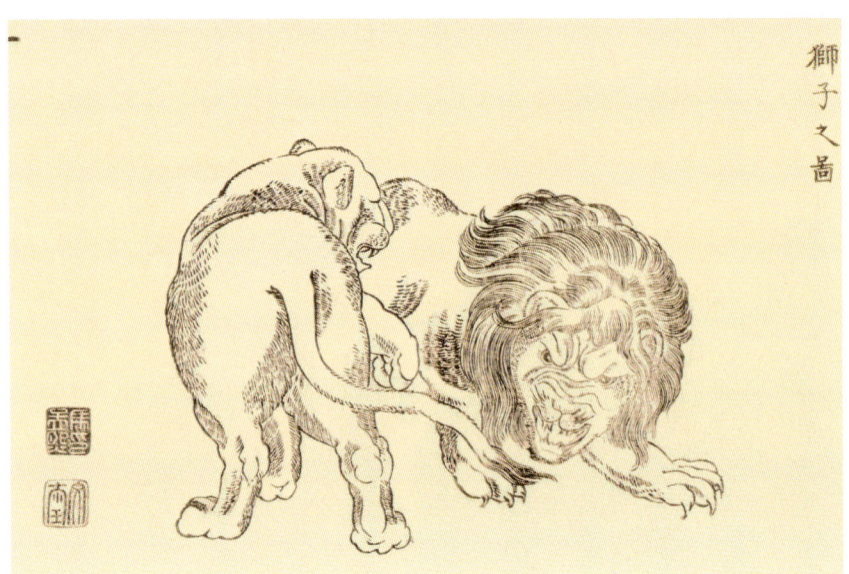

velozmente en xilografías para el público curioso. Miscelánea de pelos rojos es una compilación de información que recogió Morishima Chūryō de los neerlandeses que pasaban por el puerto comercial de Nagasaki y de sus aprendices locales. Estos cinco volúmenes son un estudio de anatomía, microbiología, zoología e ingeniería, entre otros temas que se mueven entre lo científico y lo mundano. La ilustración del león del pintor Kitayama Kangan es una copia de un grabado del *Historiae naturalis de quadrupedibus libri, cum aeneis figuris*, de Johannes Jonston (1657).

Más de doscientos años después, el gobierno japonés envió al pintor kiotense, Takeuchi Seihō, a la Quinta Exposición Internacional de Artes e Industria de París del año 1900. Su misión era «inspeccionar la situación del mundo del arte en las ciudades europeas más grandes y recopilar materiales para la educación artística». Durante los seis meses que pasó fuera, Seihō no solo estudió el arte occidental, sino que también visitó casi todos los zoológicos con los que se cruzó, y realizó bocetos de sus animales en vivo. En el zoo de Dresde pudo ver su primer león. A su regreso, pintó multitud de felinos grandes, incluyendo esta pareja de pergaminos japoneses con un león y un tigre. La combinación tan fresca entre técnica de dibujo y el expresionismo de las pinceladas de estos cuadros, sin duda, hizo las delicias de su público japonés.

ARRIBA. **Texto de Morishima Chūryō (1756-1810); ilustración de Kitayama Kangan (1767-1801).** *Dibujo de leones, del cuarto volumen de Miscelánea de pelos rojos (Kōmō zatsuwa), 1787. Publicado por Shio Yakisuke. Xilografía, tinta y color sobre papel, aprox. 22,3 x 15,7 cm. Biblioteca de la Dieta Nacional de Tokio.*

DERECHA. **Takeuchi Seihō (1864-1942).** *León y tigre, 1901. Periodo Meiji, 1868-1912. Pareja de pergaminos japoneses, tinta y color sobre seda. Cada uno, 128,3 x 50,3 cm (imagen). Museo de Artes de San Luis, fondo The Langenberg Endowment.*

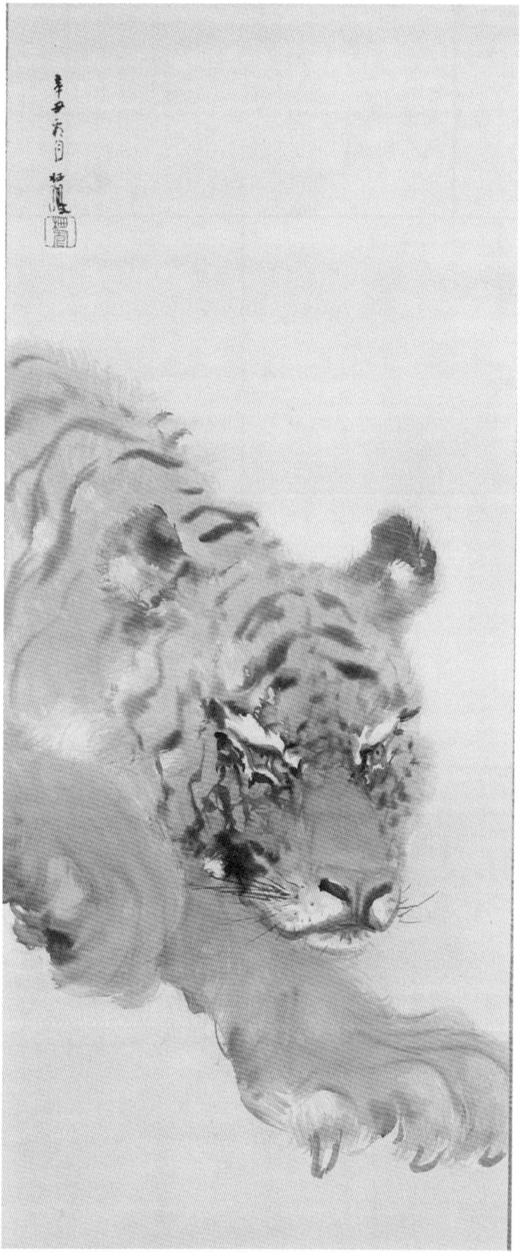

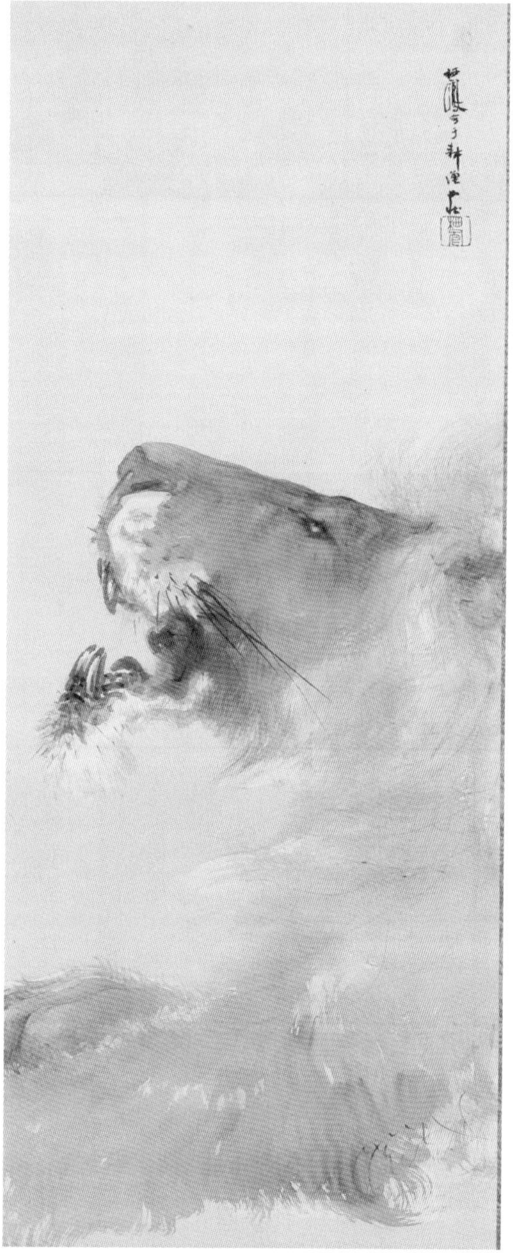

VERSIONES COMPLETAS DE IMÁGENES RECORTADAS

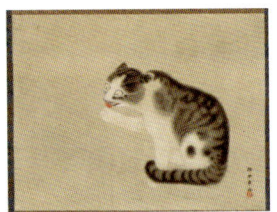

PÁGINA 8

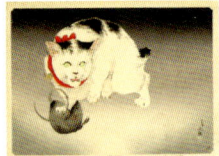

PÁGINA 27 (arriba)

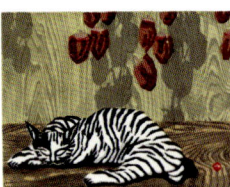

PÁGINA 32–33

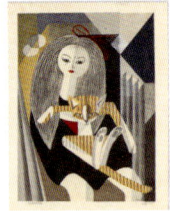

PÁGINA 47

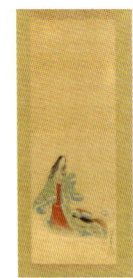

PÁGINA 56

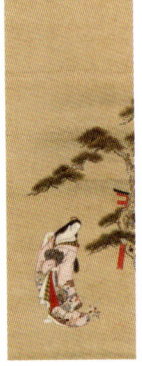

PÁGINA 59
(izquierda)

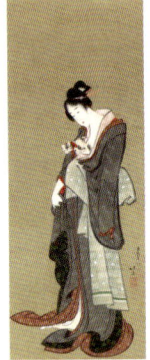

PÁGINA 63

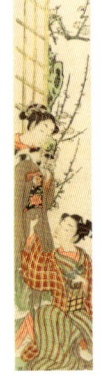

PÁGINA 67

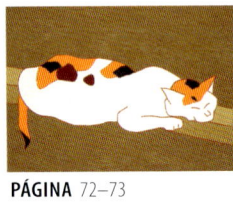

PÁGINA 72–73

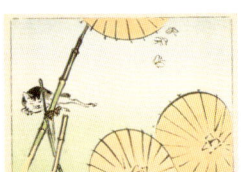

PÁGINA 99

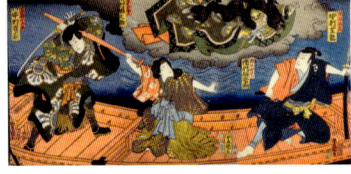

PÁGINA 112–113

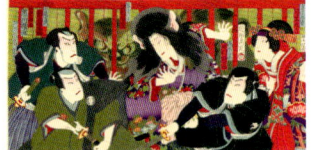

PÁGINA 122–123

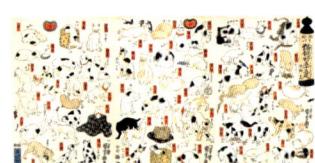

PÁGINA 132–133

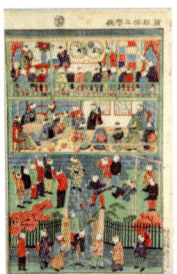

PÁGINA 144

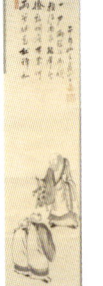

PÁGINA 163

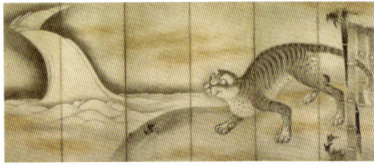

PÁGINA 166-167

A mi madre, Lyndall Paget, reina de los gatos.

AGRADECIMIENTOS

Agradecemos por su colaboración a los propietarios y titulares de los derechos de autores de las imágenes que se han reproducido en este libro. A pesar de nuestros mejores esfuerzos, no hemos podido contactar con todos los titulares de los derechos de autor. Invitamos a que los titulares no reconocidos contacten con la editorial para incluir su reconocimiento en próximas impresiones.

Agradecemos su apoyo a las siguientes instituciones y personas: Fumiko Nakamura, Centro de Artes Aichi; Taiko Tobari, Museo de Escultura de Asakura; Instituto de Arte de Chicago; Universidad Brigham Young; Rosina Buckland y Lucia Rinolfi, Museo Británico; Andrea Selbig, Museo de Arte Chazen; Museo de Arte de Cleveland; Eisei Bunko; Karin Breuer y Britta Traub, Museo de Bellas Artes de San Francisco; Jeff Steward, Museo de Arte de Harvard/Museo Arthur M. Sackler; Stephen Salel y Kyle Swartzlender, Museo de Arte de Honolulu; Museo de Israel; Heidi Taylor, Museo Ringling de Arte; Biblioteca del Congreso de Estados Unidos; Museo de Arte del Condado de Los Ángeles; Museo Metropolitano de Arte; Museo Internacional Mingei; Andreas Marks, Instituto de Artes de Minneapolis; Sarah Thompson y Carolyn Cruthirds, Museo de Bellas Artes de Boston; Khanh Trinh y Delphine Jakab, Museo Rietberg; Biblioteca Nacional de la Dieta de Tokio; Peter Huestis, Galería Nacional de Arte; Museo de Etnología de Leiden; Kōichi Sunaga, Museo de Historia de Nittaso; Rijksmuseum; Museo de la Escuela de Diseño de Rhode Island; Philip Hu y Jason Gray, Museo de Arte de San Luis; Jenna Post, Museo de Arte David y Alfred Smart, Universidad de Chicago; Bibliotecas Smithsonian; Museo Metropolitano de Arte; Yurika Saitō, Colección de nishiki-e Tejidos de seda, Museo Nacional de Ciencia y Naturaleza, Universidad de Agricultura y Tecnología de Tokio; Biblioteca Metropolitana de Tokio; Museo Nacional de Tokio; Museo Conmemorativo del Teatro Tsubouchi, Universidad de Waseda; Biblioteca de la Universidad de Waseda; Chiaki Ajioka; Charles y Robyn Citrin; John Fiorillo; Kurt Gitter; Patricia Graham; Mami Hatayama; Tomo Kosuga, Koga Arts; Noriko Kuwahara; Guillermina Emy LaFever; Robert y Mary Levenson; Hendrick Lühl; Veronica Miller, Galería Egenolf; Israel Goldman y Koto Sadamura, colección de Israel Goldman, Londres; Jeffery Cline y William Knospe, Kagedo Japanese Art; Tsuyoshi Morimiya, Galería Morimiya; Ross Walker, Galería Ohmi; Phil Marston, Sanders of Oxford; Katherine Martin, Scholten Japanese Art; Akiko Yamada, Galería Shukado.

Páginas 46, 47 y 93, en la parte inferior: cortesía de Junpei Sekino; **páginas 50, 51:** © Archivos de Masahisa Fukase, cortesía de Atelier EXB en París; **páginas 74 y 79, en la parte inferior:** © Fundación Foujita/ADAGP; **páginas 80, 81:** cortesía de Museo de Escultura de Asakura; **páginas 90, en la parte inferior, 91, en la parte superior e inferior, 92:** cortesía de Watanabe Hisako; **páginas 32-33 y 48, en la parte superior:** cortesía de Yamaguchi Ayumu; **página 48, en la parte inferior:** cortesía de Kasamatsu Michiko; **página 162:** © Museum Rietberg, Zürich, fotografía de Rainer Wolfsberger.

Fotografías de las guardas delanteras de *Shutterstock:* Kelly.Lam; **páginas 96-97:** MyPixelDiaries

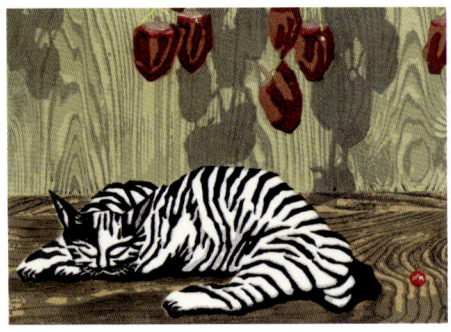

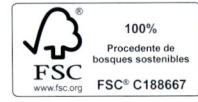

© 2025, Editorial LIBSA
C/ Puerto de Navacerrada, 88
28935 Móstoles (Madrid)
Tel.: (34) 91 657 25 80
e-mail: libsa@libsa.es
www.libsa.es

ISBN: 978-84-662-4460-2

Derechos de edición para todos los países de habla española.
© 2023, Rhiannon Paget
Traducción: Rebeca Fuentes Martínez
Título original: *Divine Felines. The cat in Japanase Art*

DL: M-9118-2025

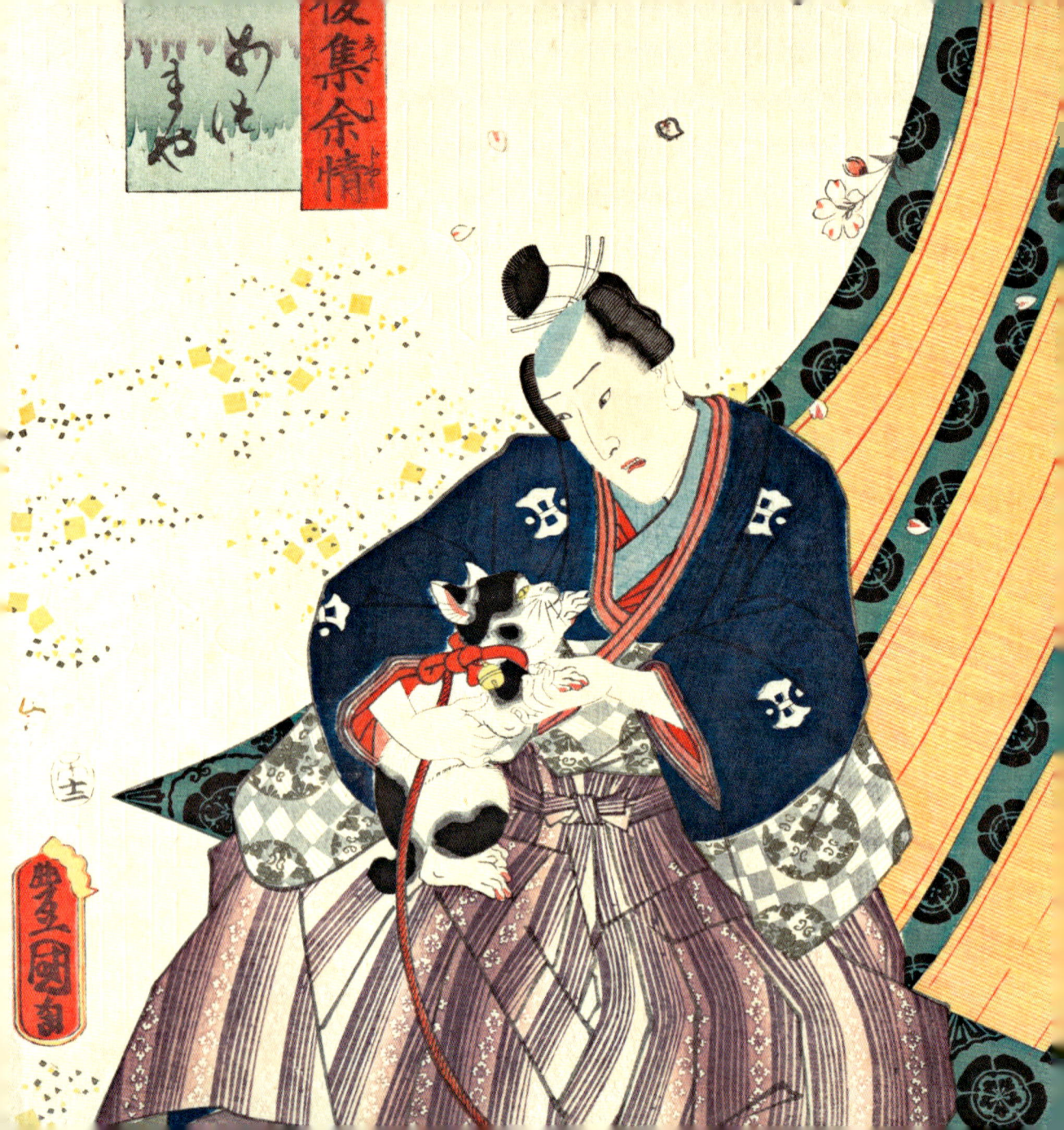